W0023150

ullstein

Das Buch

Nick Zakos trotzt dem langen Münchner Winter und sehnt sich den griechischen Frühling herbei. Viel lieber als im grantigen Bayern würde er im mediterranen Süden ermitteln. Dass ihn schon der nächste Fall wieder dorthin bringen würde, hätte er nicht gedacht: Eine Graphikerin wird ermordet, und ein afrikanischer Flüchtling gerät unter Verdacht. Dieser ist allerdings längst nicht mehr in Deutschland, er befindet sich in Athen. Zakos reist dem Flüchtling hinterher und prompt bekommt er seinen Frühling: In Griechenland blüht schon alles, und die Menschen tümmeln sich in Straßencafés. Zakos trifft seine Kollegin Fani wieder, die ihn bei dem Fall – und darüber hinaus – ordentlich unterstützt, und auch Zakos' Vater hilft seinem Sohn bei einigen Konfliktlösungen – privater Natur ...

Die Autorin

Stella Bettermann, Tochter einer Griechin und eines Deutschen, lebt mit ihrer Familie in München, wo sie als Journalistin und Autorin arbeitet. Ihre Griechenlandbücher *Ich trink Ouzo, was trinkst du so?* und *Ich mach Party mit Sirtaki* waren *Spiegel*-Bestseller. *Griechische Begegnung* ist ihr zweiter Kriminalroman in der Reihe um den Kommissar Nick Zakos.

Von der Autorin ist in unserem Hause bereits erschienen:
Griechischer Abschied

Stella Bettermann

GRIECHISCHE BEGEGNUNG

Kriminalroman

Ullstein

Besuchen Sie uns im Internet:
www.ullstein-taschenbuch.de

Originalausgabe im Ullstein Taschenbuch
1. Auflage Mai 2016
© Ullstein Buchverlage GmbH, Berlin 2016
Umschlaggestaltung: ZERO Werbeagentur, München
Titelabbildung: © FinePic®, München
Satz: LVD GmbH, Berlin
Gesetzt aus der Minion und Fago
Druck und Bindearbeiten: CPI books GmbH, Leck
Printed in Germany
ISBN 978-3-548-28655-6

Prolog

Sophia starrte ihn an, als wäre er ein Gespenst. Sie stand da und starrte, und er konnte sehen, wie ein Schweißtropfen von ihrer Stirn über die runde Wange und das Doppelkinn lief, um schließlich in ihren weichen Ausschnitt über der bunten Kittelschürze zu versickern.

»Kalimera«, murmelte er verlegen, »ich bin zurück.« Seine Stimme klang belegt und wurde von Geschirrklappern und allgemeinem Stimmengewirr übertönt, in das sich allmählich ungehaltene Rufe mischten.

»Mama Sophia! Was ist los?! Wann geht's weiter? Wir haben Hunger!« Sogar ein paar ungehaltene Pfiffe wurden laut. Sophia aber hatte den Schöpflöffel sinken lassen, und ihr erschrockener Blick war einem tief bekümmerten Ausdruck gewichen, während die Leute in der Schlange hinter ihm langsam ungeduldig wurden und drängelten, so dass sein Unterkörper an den Tresen gedrückt wurde.

Draußen im Hof prasselte Regen auf die in Reihen aufgestellten Tische. Irgendjemand, vielleicht der knorrige alte Pope mit dem langen Bart, der ihm immer wie eine Gestalt aus den griechischen Sagen vorgekommen war, hatte die Plastikstühle schräg mit der Lehne daran angelehnt, damit das Wasser abfließen konnte. Wegen des Wolkenbruchs sammelten sich die Hilfesuchenden heute im Gemeinderaum. Die Luft war zum Schneiden dick, und er spürte, wie auch ihm der Schweiß ausbrach. Irgendwo hinten bei den Bänken an der Wand weinte ein Kind, und zwei alte Trinker, deren gerötete Gesichter er wiedererkannte, stritten lautstark an einem Tisch bei der Tür. Eine angespannte Stimmung lag in der Luft, wie immer, wenn sich zu viele Menschen in einen zu kleinen Raum drängten.

Er hatte nicht herkommen wollen. Ausgerechnet hierher. Wo doch alle glaubten, ihm sei endlich der Absprung in ein besseres Leben geglückt. Seine Anwesenheit hier war die reinste Schmach, der Beweis, dass er es doch nicht geschafft hatte. Aber er musste etwas essen, er hatte Hunger, und sein Geld war fast aufgebraucht. Stolz konnte er sich nicht leisten, hatte er sich gesagt. Als aber nun Sophia wie aus einer Trance erwachte, mit einer heißen Hand über den Tresen langte und tröstend die seine drückte, überwältigte ihn trotz allem die Scham.

Abrupt entwand er sich ihrem Griff, ließ sein Tablett mit den zwei Scheiben Weißbrot, die in eine dünne Papierserviette gewickelt waren, einfach vor sich stehen und lief hinaus ins Nass, lief und lief, bis seine Sachen triefend an ihm hingen, und auch noch, als sie allmählich wieder trockneten und einen Gestank von Regen und Abgasen ausdünsteten, während seine Schuhe, die neuen kobaltblauen Sneakers aus Deutschland, quietschende Geräusche von sich gaben. Es klang für ihn, als würden sie ihn verhöhnen.

Erst in der Ödnis, dort wo die Häuser oben am Berg einer Steinwüste aus gelbweißen Felsbrocken wichen, hockte er sich auf den aufgeplatzten Asphalt der Straße und vergrub den Kopf in die Arme. Schluchzer schüttelten ihn, als er an Mama Sophias mitleidsvolles Gesicht dachte. In ihren Augen

hatte er seine Hoffnungslosigkeit wie in einem Spiegel erkannt.

Ja, er war zurück. Wohin hätte er auch sonst gehen sollen? Immerhin war ihm hier alles vertraut, auch wenn er
wusste, dass er schon viel zu viele Jahre hier verbracht hatte.
Es waren Jahre der Not gewesen, in denen er von seltenen
Gelegenheitsjobs gelebt hatte, von der Hand in den Mund.
Eine Existenz wie in einem Vakuum, wie durch eine unsicht-
bare Grenze getrennt vom echten Leben, an dem er nicht teil-
haben konnte.

Sieben Jahre war es her, dieses echte Leben, so wie er es bei
sich bezeichnete. Damals hatte er ein gutes Auskommen gehabt. Die Arbeit war hart gewesen, doch er hatte sich nach
einer Weile daran gewöhnt, obwohl er körperliche Arbeit zuvor nicht gekannt hatte. Sogar eine eigene kleine Wohnung
hatte er gemietet, unter der Hand, und eine Zeitlang hatte er
geglaubt, er könne hier eine Familie gründen. Rückblickend
kam es ihm vor, als wäre der hoffnungsfrohe junge Mann aus
jenem Leben gar nicht er gewesen, sondern ein ganz anderer
Mensch. Ein Idiot, der nichts wusste. Denn diese Periode voller Zuversicht und Glück sollte vergehen und schließlich in
eine Phase münden, in der es immer weiter abwärtsging.

Mit der Zeit verlor er die Hoffung und stumpfte ab. Er
nahm alles hin. Sogar das Unbehagen, sein Leben mit fremden Männern zu teilen und ihre Stimmen, ihre Gerüche ertra-
gen zu müssen, ebenso wie ihre Gewohnheiten und Bräuche,
ihre Kleidung, die Toilettengegenstände. Fast hautnah kleb-
ten die Fremden in ihrer engen Behausung an ihm, und doch
waren sie nur eine zufällige Gemeinschaft der Zukunftslosen,
allesamt vom Schicksal verraten. Einsamkeit, dicht gedrängt
unter anderen Menschen. Das war das Schlimmste.

Die aber, die zu ihm gehörten und nach denen er sich Jahr

für Jahr mehr sehnte, sie waren nicht hier bei ihm: Samuel, der große bedächtige Bruder, und Miles, der jüngere, der damals, als er ihn das letzte Mal gesehen hatte, ein unruhiger spindeldürrer Kerl mit zu großen Füßen gewesen war und der ihm mittlerweile so sehr ähnelte: ebenso hochgewachsen und muskulös. Doch das wusste er nur von den Fotos, die die beiden ihm sandten. Sie lebten am anderen Ende Europas, viele tausend Kilometer entfernt, und es gab derzeit keine Chance, dorthin zu gelangen. Und so war er wieder hierhergekommen, an den einzigen Ort, der ihm offen stand. Die anderen Männer hatten keine großen Fragen gestellt, sie waren einfach wieder zusammengerückt, hatten ihm einen Schlafplatz und einen Platz für seine Tasche gegeben – und damit das Gefühl eines Zuhauses, das er so nötig hatte. Auch wenn sein alter Schlafplatz bereits an einen anderen Mann vergeben war und er sich nun mit einer zugigeren Stelle bescheiden musste. Sein alter Schlafsack war ebenfalls weg, er hatte ihn in Deutschland weggeworfen, denn er glaubte, er bräuchte ihn nie mehr. Nun zog er nachts alle seine Sachen an, die zwei schönen Hemden, auf die er lange gespart hatte, ein Sweatshirt mit wärmender Kapuze und über die Jeans eine große Jogginghose aus einer Kleiderkammer in München. Und er deckte sich mit einer fadenscheinigen alten Decke zu, die einst Mori gehört hatte.

Mori, sein alter Freund. Noch jemand, den er schmerzlich vermisste. Wie es ihm wohl ging?

Mit Mori hatte sich alles noch mal verändert, plötzlich hatte es Hoffnung gegeben. Mori hatte ihn auserwählt, sein Begleiter zu sein. Der Alte besaß Geld, keiner wusste, woher. Jahrelang musste er es heimlich an seinem Körper verwahrt haben. Doch allein traute Mori sich die Reise nicht mehr zu, dazu war er bereits zu schwach. Moris Geld war dann auf einen Schlag an den Mann mit dem Wagen gegangen. In zwei

Tagen und zwei Nächten waren sie im Norden gewesen – nach all den Jahren. Er hatte gestaunt, wie schnell alles ging, wenn Geld da war.

Sie kamen in ein Auffanglager, eine Turnhalle mit Stockbetten. Dann wurden sie getrennt, Mori kam in den Norden Deutschlands. Von dort sei es nicht mehr weit nach Schweden, hatte er am Telefon gesagt, aber seine Stimme hatte verwaschen und schwach geklungen. Schweden war Moris eigentliches Ziel gewesen, er hatte Freunde und Verwandte dort. Doch Mori war krank. Er würde Schweden nicht mehr erreichen. Bei ihrem letzten Gespräch hatte er ein Krankenhaus erwähnt, in dem er sich befinde, und berichtet, wie freundlich und gepflegt dort alles sei. Aber es war trotzdem klargeworden: Es war ein Ort zum Sterben.

In diesem Moment wünschte er, er wäre an Moris Stelle und läge wie dieser in einem weichen, weißen Bett in einem ruhigen Raum, vollgepumpt mit Schmerzmitteln, und dämmere dem Ende entgegen. Wozu leben, wenn das Leben nur aus Trauer und Schmerz bestand? Doch er war nicht alt und krank wie Mori, sondern gesund und noch viel zu jung, um aufzugeben. Er musste weiterleben.

Er wusste nur nicht, wie.

Kapitel 1

Zwei Wochen davor

Schon der Anblick seines Kollegen Albrecht Zickler ging Hauptkommissar Nick Zakos an diesem Tag auf die Nerven, wie er mit hängenden Schultern dastand in seinen ausgebeulten Kordhosen und mit einem Strickschal in Weiß-Blau um den Hals.

»Wie schaust du denn aus?!«, knurrte er statt einer Begrüßung. »Was ist das überhaupt für ein bescheuerter Schal?«

Zickler nieste dreimal, fummelte dann eine Packung Papiertaschentücher aus seiner Anoraktasche und schnäuzte sich ausgiebig. Seine sonst rosigen Wangen wirkten wächsern, dafür war die Nase ziemlich rot.

»Sieht man doch«, krächzte er schließlich. »Mein 60er-Schal.«

Zickler war fanatischer Fan des Zweitligisten TSV München 1860, von dem er annähernd jedes Spiel besuchte.

»Mei oh mei, Ali! Wir sind doch nicht im Stadion!«, entfuhr es Zakos. »Wir sind an einem Tatort. Findest du das nicht irgendwie unpassend, hier in Fanmontur aufzuschlagen?«

»Wieso Fanmontur? Des ist doch keine Montur, sondern lediglich ein Schal!«, empörte sich Zickler.

»Ich find's geschmacklos«, erwiderte Zakos.

Der andere zuckte die Achseln. »Seit wann hast du denn

damit ein Problem?«, fragte er. »Weiß-Blau, des sind doch nicht nur die bayrischen, sondern auch eure griechischen Farben! Da müssten bei dir doch Heimatgefühle aufkommen, als Grieche!«

»Halber Grieche. Außerdem: Bloß weil die griechischen Nationalfarben Weiß und Blau sind, laufen doch nicht alle Münchner Griechen in der 60ger-Kluft rum«, giftete Zakos. »Wäre auch bescheuert!«

»Also – ich fänd's lustig«, meinte Zickler.

»Wenn das dein Sinn für Humor ist …«, kam die Replik.

»He, he, he! Was ist denn mit euch los?! Ihr seid ja schlimmer als ein altes Ehepaar!«

Die besänftigende Stimme gehörte einer schmalen Gestalt im weißen Overall. Sie hatte die angelehnte Tür des Reihenhauses, vor dem sie standen, leise mit ihrem Ellenbogen aufgedrückt und lauschte offenbar schon eine Weile. Auf dem Kopf trug sie ein Haarnetz, und die Hände steckten in Gummihandschuhen, die Blutspuren aufwiesen. Im gleichen Moment brachte eine Windböe das weiß-rote Absperrband, mit dem der Eingangsbereich bis zum Gehweg gesperrt war, zum Rascheln und rüttelte an den Fähnchen der zwei bunten Kinderfahrräder, die neben der Eingangstür an der Wand lehnten. Die junge Frau zog fröstelnd die Schultern hoch.

Zakos blieb die Antwort schuldig und nickte der Spurentechnikerin Laura Westphal nur knapp zu, bevor er sich an ihr vorbei durch die Tür schob. Sie sah den zurückbleibenden Zickler erstaunt an.

»So kenn ich ihn gar nicht«, sagte sie. »Sonst ist er doch immer so ein Sonnyboy …«

»Hi, Laura«, krächzte Zickler. »Die Sonnyboyzeiten sind vorbei. Der Nick ist heute mit dem linken Fuß aufgestanden. Wie andauernd derzeit«, fügte er erklärend hinzu.

»Na, dann wird ihm das da drinnen erst recht die Laune verhageln«, sagte sie. »Komm rein, aber mach die Tür nicht ganz zu. Sonst hält man es im Haus nämlich nicht aus.«

Es gab keinen Flur oder Hausgang in dem Reihenhaus, sie standen unmittelbar in einem großen Wohnraum mit integrierter Küche. Transparente Plastikfolie war im Eingangsbereich ausgelegt. Sie war mit roten Fußspuren übersät.

»Der Nicki und der Ali, unser Dreamteam!«, empfing sie eine dröhnende Stimme. Das war ironisch gemeint. Chef-Forensiker Kornelius Wagner schien heute ebenfalls nicht gerade gut gelaunt zu sein.

»Ihr seid, gelinde gesagt, spät dran«, fuhr er fort. »Wart ihr noch schnell auf ein Bier, während wir hier schon seit geschlagenen zwanzig Minuten knietief im Blut waten?«

»Ha, ha, Konny, superwitzig!«, knurrte Zakos. Normalerweise konnte er den ruppigen kleinen Mann mit der roten Halbglatze und den zusammengekniffenen Augen hinter der randlosen Brille gut leiden, trotz dessen schnippischer Art. Doch diesmal regte der Kollege ihn einfach nur auf.

»Schon mal was von Stau gehört?«, fragte Zakos grantig, während seine rechte Hand unbewusst unter dem Daunenanorak zur Hemdenbrusttasche seines weißen Hemdes tastete, als befände sich dort etwas, das ihm Halt geben könnte. Etwas ganz Bestimmtes.

Doch da war nichts. Die Hemdentasche war leer.

Jetzt erst nahm Zakos diesen ihm wohlbekannten Geruch wahr, wegen dem es Laura Westphal wichtig gewesen war, dass Frischluft hereinkam. Den Geruch von Blut – dickem, stinkendem, gerinnendem Blut.

Zakos musste einen Würgereiz unterdrücken. Wegen des Ärgers über Kornelius hatte er den Raum mit dem offenen Wohn- und Küchenbereich zunächst gar nicht richtig wahrgenommen. Nun sah er, dass der Erdgeschossbereich in der Mitte von einem stattlichen, frei stehenden Küchenblock aus Chrom dominiert wurde. Schon von seiner Position am Eingang aus konnte er erkennen, wie das Blut in breiten Schlieren die metallglänzenden Wände herabgelaufen war und sich auf dem Eichenboden in regelrechten Pfützen gesammelt hatte.

Die Leiche lag mitten auf dem Küchenblock, wie auf einem Opferaltar. Sie wurde illuminiert vom grellen Licht, das die Forensiker aufgebaut hatten. Die Szenerie hatte etwas Unwirkliches. Der reinste Horrorfilm, dachte Zakos. Doch leider war das kein Kinostück, sondern traurige Realität: eine tote Frau, offenbar ermordet in ihren eigenen vier Wänden.

Die Lichter hatten aber noch einen Nebeneffekt: Sie heizten den Bereich mit der Toten auf. Der Geruch des Blutes war dadurch noch intensiver wahrnehmbar.

»Wollt ihr Tigerbalm für unter die Nase?«, fragte Laura, die Zakos' angeekelten Gesichtsausdruck richtig gedeutet hatte. »In meiner Handtasche im Seitenfach habe ich welches, da drüben.« Laura wies mit dem Kopf auf eine Ecke rechts von ihm, auf der sie und ihre Kollegen ein paar persönliche Gegenstände in eine von Schutzfolie umgebene Kiste gelegt hatten.

»Geht schon, danke«, sagte Zakos. Er hasste diese Paste mit ätherischen Ölen, weil sie bei ihm den Ekel noch verstärkte, denn sie benutzten sie auch an Einsatzorten, bei denen noch Abstoßenderes als der Geruch von Blut zu überdecken war. Deswegen reagierte sein Magen schon bei der Erwähnung des Wortes »Tigerbalm« mit Abwehr.

»Schuhschoner, Kreuzkruzifix!«, erklang nun noch lauter als zuvor die Stimme von Kornelius, der gemeinsam mit zwei weiteren Kollegen direkt an dem Küchenblock stand.

»Schuh-scho-ner! Ja, seid's ihr denn heute den ersten Tag

dabei, oder was?!« Mit jeder Silbe schien sich die Glatze des Spurensicherungsexperten noch intensiver rot zu färben.

»Als ob's hier noch groß auf Schuhschoner ankäme«, murmelte Zickler, während er sich aus einem Karton, der neben dem Eingang deponiert war, bediente und umständlich die blauen Tütchen über seine angestoßenen alten Haferlschuhe zog, bevor er die Packung an Zakos weitergab.

»Was hat er g'sagt?«, bellte Wagner. »Der soll sich mal zurückhalten, sonst werd ich ungemütlich, aber ganz ungemütlich!«

Die Beschwerde war an Zakos adressiert, nicht an Zickler selbst. Zakos konnte sich nicht erinnern, dass Kornelius jemals mit Zickler direkt kommuniziert hätte. Während er und Kornelius sich grundsätzlich mochten – jedenfalls an normalen Tagen –, konnten Kornelius und Zickler sich nicht ausstehen. Und das schon so lange, dass sich alle daran gewöhnt hatten.

Heute allerdings fühlte sich Zakos davon total genervt, und weil Kornelius sich wieder der Leiche auf dem Küchenblock zugewandt hatte, warf er zumindest Zickler einen ärgerlichen Blick zu – der jenen allerdings kaltzulassen schien.

»Weil's doch wahr ist«, maulte Zickler. »Hier sind sowieso schon so viele Spuren wie in einer Disko.«

Das allerdings war unbestreitbar: Im Haus musste gerade erst eine Party stattgefunden haben. Überall auf den Tischen und auch auf dem Boden standen leere Bierflaschen und Gläser mit eingetrockneten Rotweinresten. Der Boden war zudem regelrecht übersät von Scherben. Auf der Anrichte und dem großen hölzernen Küchentisch gab es außerdem noch umgekippte Schüsseln mit angetrockneten Essensresten daran, und auch hier: jede Menge zerbrochenes Geschirr.

»Der reinste Saustall«, sagte Zickler und zeigte auf einen

zerborstenen Aschenbecher, dessen Inhalt auf dem Boden lag. Allerdings fiel ihm dabei ein bereits benutztes Taschentuch aus dem Ärmel auf den Holzboden.

»Kreuzkruzifix!«, schimpfte Kornelius erneut, der sich genau in diesem Moment zu ihnen umgedreht hatte, und einen Augenblick lang sah er aus, als wollte er auf den Erkälteten an der Eingangstür losstürmen.

»He, he, he«, machte Laura Westphal erneut. »Was ist denn heute mit euch allen los?«

Der Chef-Forensiker blickte sie an wie aus weiter Ferne. Dann zuckte er die Achseln und seufzte.

»Nick, ich weiß wirklich oft nicht, wie du den erträgst!«, wandte er sich an Zakos. Er meinte natürlich Zickler. »Aber mit einem hat dein Kollege schon recht: Hier war ganz schön was los. Für uns heißt das: Ich kann den Rest der Belegschaft auch noch aus dem Wochenende rufen, sonst kommen wir mit den ganzen Spuren hier nicht durch. Feierabend kann man sich dieses Wochenende abschminken. Schöne Scheiße!«

Zakos nickte.

»Was meinst du, wie viele Leute waren hier – so um die dreißig, vierzig?«, fragte er schließlich.

»Eher fünfzig, schätze ich – so wie's hier aussieht! Und wir müssen jetzt all diese Spuren aufnehmen. Das dauert ewig. Dabei war der Mörder vielleicht gar nicht dabei.«

»Wie jetzt?« Zakos stutzte.

»Ja, ja, du verstehst mich schon ganz richtig: Hab auch im allerersten Moment gedacht: Partyopfer. Also, letzter Gast macht der Frau Avancen, beide sind betrunken, aber sie will nicht, wehrt sich – und dann geht's mit ihm durch. Aber nix da!«

»Und wieso nicht?«, fragte Zakos. »Ich meine – was spricht dagegen?«

»Alles«, sagte Kornelius, während er einen Glassplitter fixierte, den er zuvor mit der Pinzette vom Küchenblock aufgehoben hatte. »Sie wurde nämlich vorhin erst ermordet. Also, quasi. Die ist ja noch fast warm.«

Er war an die Tote herangetreten und hatte ihren blutigen Unterarm angehoben. Nun machte er Zakos ein Zeichen, ebenfalls näher zu kommen – was dieser tat, wobei er die Füße in den knisternden blauen Plastiküberschuhen vorsichtig setzte, um nicht in die Blutlache unterhalb des Küchenblocks treten zu müssen.

»Die Leichenstarre hat noch gar nicht eingesetzt«, fuhr Kornelius fort. »Todeszeitpunkt: vor höchstens zwei Stunden. Wahrscheinlich, als sie beim Aufräumen war, würde ich meinen.« Kornelius zeigte auf eine Ecke im Raum, in der eine Kehrschaufel mit Besen sowie eine Mülltüte lagen. Sie war allerdings umgefallen und hatte ihren Inhalt von sich gegeben – gebrauchte Plastikteller, Salatreste, aufgeweichte Papierwischtücher lagen davor. Und auch hier gab es jede Menge Scherben – ob von der Party oder von dem Kampf, der für die Frau auf dem Küchenblock geendet hatte, war schwer zu unterscheiden.

»Außerdem sieht man's ja auch an ihrer Kleidung. Das ist definitiv kein Party-Outfit«, sagte der Forensiker. »Das ist mir nur im ersten Moment gar nicht aufgefallen, wegen des ganzen Bluts!«

Die Tote trug einen Jogginganzug aus hellgrauer Baumwolle. Der Stoff hatte das Blut aufgesogen wie ein dicker Lappen.

»Und sonst?«, wollte Zakos wissen. »Mordwaffe, Anzahl der Täter? Kannst schon was sagen?«

»Puh!«, machte Kornelius und nahm erneut mit der Pinzette eine Fluse oder einen Krümel auf, der zu fein war, als dass Zakos ihn aus eineinhalb Metern Entfernung erkennen konnte.

»Wir haben ja grad erst angefangen. Klar ist bloß: Tatwaffe war ein spitzer Gegenstand – ein langes Messer halt, schätz ich. Ist aber nichts davon hier zu sehen, soweit ich das überblicke. Jedenfalls: Der Täter – ich gehe von einem aus – muss ein echter Bär von einem Mann gewesen sein, der hat sie regelrecht durch die Luft geschleudert, erkennbar an den Hämatomen überall am Körper – besonders am Rücken, da, schau her …« Er zog den Bund der Sweatshirtjacke nach oben und wies mit dem Zeigefinger auf die entsprechenden Stellen, bevor er weiter erläuterte: »Da war viel Wut im Spiel. Darauf weist auch hin, dass er so oft zugestochen hat. Eindeutiger Fall von Übertötung.«

Nun war Zickler wieder zu vernehmen, diesmal mit einem hartnäckigen, verschleimt klingenden Husten. Kornelius seufzte.

»Kann denn niemand diese Bazillenschleuder in Quarantäne sperren? Der steckt uns doch alle an! Also ehrlich …«

Der Hustenanfall wurde nur noch heftiger und dauerte eine gefühlte Ewigkeit. Am Ende war Zickler so geschwächt, dass er offenbar nicht mal mehr Lust hatte, Kornelius Kontra zu geben.

»Ich geh schon mal raus«, krächzte er in Zakos' Richtung. »Kommst du auch?«

Zakos verneinte. Er war noch lange nicht so weit. Er musste den Tatort auf sich wirken lassen, sich alles einprägen. Fotos waren kein adäquater Ersatz für das Gefühl, das dieser Ort auslöste, für den Instinkt. Das wusste er. Oft waren es die Details, die wichtig waren. Kleinigkeiten. Welchen Schmuck trug die Frau? Was umgab sie, und, wichtiger noch: Was fehlte? Manchmal waren die Dinge, die nicht oder nicht mehr da waren, entscheidender für die Aufklärung eines Mordes als die am Tatort vorhandenen Gegenstände. Jetzt galt es, ganz genau hinzusehen und die Sinne zu schärfen. Das Problem war nur: Es gelang ihm irgendwie nicht. Er fühlte sich müde und abgespannt, konnte sich einfach nicht konzentrieren.

Vielleicht half es, wenn er den Raum mit der Toten aus einem anderen Blickwinkel betrachtete. Er ging zur Fensterfront am anderen Ende des Zimmers, wobei seine Füße schmatzende Geräusche auf dem Boden verursachten. Irgendwo hier drinnen war er wohl in eine der klebrigen Pfützen getreten, die von den Inhalten der geborstenen Flaschen und Gläser stammten – oder vom Blut. So genau wollte er es gar nicht wissen.

Am anderen Ende, neben der Glastür, die in den Garten führte, stand ein gemütlich wirkendes beiges Samtsofa, das mit Chipskrümeln übersät war. Zakos blickte nach draußen in den etwas verwilderten kleinen Garten, der von einem riesigen Trampolin dominiert wurde. Der Wind zerrte an der dunkelgrünen Plastikplane, die darüber befestigt war, und peitschte Nieselregen an die Glasscheibe. Ein Wetter wie im Winter, dachte Zakos. Ekelhaft. Nur am Morgen war kurz die Sonne rausgekommen, weshalb er mit dem Rad zum Einkaufen gefahren war. Doch der Wind, der dann einsetzte, war derart eisig gewesen, dass er sich eigentlich seither durchgefroren fühlte. Plötzlich musste er an die beiden bunten Kinderfahrräder mit den Fähnchen, draußen vor dem Eingang, denken. Er blickte sich suchend im Wohnraum um. Nichts als Chaos. Doch dann sah er etwas Interessantes, halb unter dem Sofa. Zakos streckte seinen rechten Fuß aus, der in dem blauen Schoner steckte, und schob den Gegenstand hervor. Es war ein grün-gelber, mit Stollen besetzter Kinderfußballschuh, nur halb so groß wie Zakos' Fuß.

Er wandte sich um und bahnte sich rasch den Weg durch das Chaos aus Scherben, Müll und Blut. Er musste sich beeilen.

Die blonde Frau saß graugesichtig an einem der runden Kaffeehaustische und klammerte sich an ihrer Tasse fest. Neben ihr saß eine kräftige uniformierte Beamtin mittleren Alters, die beruhigend auf sie einredete. Zakos, dicht gefolgt von Zickler, stürmte durch das Lokal zu den beiden hin.

»Frau Zimmermann? Sie sind doch Christine Zimmermann, oder?«, sprach er die Blonde an.

Die Frau blickte überrascht auf und sah ihn mit großen wasserblauen Augen an.

»Sie ist noch ziemlich geschockt«, ergriff die Beamtin mit gedämpfter Stimme das Wort. »Aber das Kriseninterventionsteam ist schon unterwegs.« Zakos beachtete sie kaum.

»Frau Zimmermann, das hier ist jetzt extrem wichtig: Wo sind die Kinder der Toten?«, fragte er laut. Am Nebentisch blickte sich ein Pärchen nach ihnen um. Es war ihm egal.

»Frau Zimmermann, die Kinder! Denken Sie nach. Wissen Sie was darüber?«

Sie blickte verwundert zu ihm auf.

»Was … ähm … keine Ahnung«, stammelte sie. »Oder doch, jetzt fällt's mir ein: Die sind bei der Oma. Das hatte Anne erwähnt.«

Zakos hörte, wie Zickler neben ihm erleichtert ausatmete, wobei er ein wenig röchelte. Auch er selbst spürte, wie seine Anspannung nachließ.

»Und ihr Mann?«, fragte Zickler. »Bei der Adresse ist auch der Ehemann der Toten gemeldet, Markus Hofreiter?

Sie schüttelte den Kopf.

»Der Markus, nein, der wohnt nicht mehr da. Die haben sich getrennt.«

Erst jetzt zog Zakos einen Stuhl heran und setzte sich, genau gegenüber von Christine Zimmermann. Nun hatte er auch die Zeit, sie richtig wahrzunehmen: Sie war hübsch, das konnte man trotz des schockierten, etwas leidenden Gesichtsausdrucks erkennen – sehr hellhäutig und mit zarten Sommersprossen.

»Entschuldigung, wir haben uns noch gar nicht vorgestellt«, sagte er. »Das ist mein Kollege Albrecht Zickler, und ich heiße Nick Zakos. Wir sind die ermittelnden Kommissare. Sie haben sie also gefunden und die Polizei informiert?«

Sie nickte und verschränkte die Arme vor der Brust.

»Ja«, antwortete sie kurz. »Warum kann ich eigentlich nicht nach Hause und wenigstens meinen Mantel holen? Ich bin ja einfach ohne Mantel zu Anne rübergelaufen, wie immer, und dann …«, sie hielt inne, und Zakos hatte Angst, sie würde gleich in Tränen ausbrechen.

»Ist Ihnen kalt?«, fragte er, hauptsächlich, um sie abzulenken. Es war gar nicht frisch in dem kleinen Café, eher etwas stickig, und ihr grauer Pulli, dessen Ärmel sie nun über ihre Hände zog, besaß die feine Textur von Kaschmir. Zakos hatte einen Blick für solche Dinge.

»Draußen gibt es Decken«, sagte er. Vor der Tür standen ein paar Stühle, auf denen zusammengefaltete weinrote Fleecedecken lagen. »Soll ich Ihnen eine holen?« Aber sie ging gar nicht darauf ein.

»Warum kann ich nicht nach Hause?«, wiederholte sie mit leiser, etwas nöliger Stimme.

Statt Zakos antwortete die Beamtin. Sie klang schon ein wenig ungeduldig: »Ich hab's Ihnen ja bereits mehrfach erklärt: Erst mal hat das Spurenteam noch zu tun.« Kornelius hatte fast die ganze Straße absperren lassen, auch die Eingänge der Reihenhäuser nebenan. »Aber die können Sie bald wieder zu sich ins Haus lassen, und das psychologische Kriseninterventionsteam ist auch schon unterwegs.«

»Vielleicht können Sie uns in der Zwischenzeit ein paar Fragen beantworten?«, tastete sich Zakos vor.

»Für uns ist es nämlich immens wichtig, dass Sie uns ganz genau erzählen, was Ihnen aufgefallen ist. Besonders jetzt, wo die Eindrücke noch frisch sind. Jedes kleine Detail, das Ihnen vielleicht zu dem Zeitpunkt ganz unwichtig vorgekommen ist.«

»Und ich hol uns allen erst mal Kaffee«, schlug Zickler vor, doch die Beamtin schüttelte den Kopf und erhob sich.

»Ich geh dann wieder zurück zu den Kollegen, wenn's recht ist«, sagte sie. Zakos nickte ihr zu.

»Also, Frau Zimmermann: Was hat Sie heute zu Frau Hofreiter geführt?«, begann er, als die Kollegin das kleine Lokal verlassen hatte. »Waren Sie verabredet?«

»Verabredet – nein. Wir mussten uns nicht verabreden. Wir waren ja Nachbarinnen«, erwiderte Christine Zimmermann. »Wir haben öfter einfach so vorbeigeschaut. Sie bei mir oder ich bei ihr.«

»Und so war das auch heute?«, fragte Zakos nach. »Sie wollten einfach nur mal vorbeischauen?«

Sie nickte.

»Ich dachte, ich kuck mal, ob ich beim Aufräumen helfen kann. Wegen der Party. Gestern war doch ihre Geburtstagsparty, Annes achtunddreißigster.«

»Schönes Fest?«, wollte Zakos wissen.

»Mhm«, machte sie. »Viele nette Leute. Ich kannte aber nur ein paar, deswegen bin ich auch nicht so lange geblieben.

22

Aber es dauerte wohl ziemlich lange, ich konnte die Musik bis zu uns rüber hören. Ehrlich gesagt, hab ich deswegen ziemlich schlecht geschlafen ...«

Zakos horchte auf: »Sie können also hören, was nebenan vorgeht?«

»Nicht wirklich, nein. Normalerweise jedenfalls nicht. Ich bin ja nicht genau daneben. Dazwischen gibt's noch eine Partei, aber die Leute neben Anne sind verreist. Deswegen hat sie das Fest ja bei sich zu Hause gemacht, sonst wäre das gar nicht möglich gewesen. Bremers, diese Leute neben Anne, beschweren sich nämlich ständig über irgendwas. Mein Mann und ich hatten auch schon Ärger mit denen.«

»Aha. War Ihr Mann auch mit auf dem Fest gestern?«

Sie schüttelte den Kopf.

»Der ist auf unserer Hütte, mit den Kindern, übers Wochenende. Wir haben eine Berghütte, an der Benediktenwand, die teilen wir uns mit einer anderen Familie. Gleich nach Ostern treffen wir uns immer gemeinsam dort und eröffnen sozusagen die Saison. Aber ich hatte eine Knieoperation und traue mich noch nicht auf einen Berg, deswegen bin ich zu Hause geblieben und abends auf die Party. Heute Nachmittag, da dachte ich: Schau mal, ob du was helfen kannst drüben ...«

Mittlerweile war Zickler mit einem kleinen Metalltablett mit dampfenden Cappuccinos an den Tisch herangetreten.

»Wie sind Sie überhaupt reingekommen? Hatten Sie einen Schlüssel?«, fragte er, verteilte zwei der dickwandigen Tassen an Zakos und sich selbst und stellte dann eine neben Christine Zimmermanns benutzte, bereits leere. Sofort legte sie wieder die Hände um das Gefäß.

»Anne sperrt nie ab«, sagte sie. »Man kann einfach jederzeit herein. Aber ich hab schon im Gang gemerkt, dass etwas nicht stimmt. Es war nämlich kein Licht an. Das war komisch.«

»Inwiefern?«, horchte Zakos auf.

»Es ist so ein grauer Tag. Da brennt bei ihr immer schon früh Licht. Im Erdgeschoss ist es bei uns allen ja auch tagsüber ziemlich finster, wegen dieser Büsche vor den Eingängen. Außerdem liegt die Haustür an der Nordseite.«

Mittlerweile schien Christine Zimmermann gefasster. Sie rührte Zucker aus einem dunkelroten Papiertütchen in ihren Cappuccino und löffelte dann ein wenig von dem Milchschaum in ihren Mund.

»Solange Markus noch im Haus wohnte, Annes Mann, da blieb das Licht tagsüber aus. Markus wollte immer Energie sparen. Ist ja nachvollziehbar, machen wir auch. Aber Anne sagte immer: Hell macht fröhlich ...«

»Das ist jetzt interessant«, unterbrach Zakos. »Ab wann machte sie normalerweise das Licht an?«

Sie zögerte einen Moment.

»Vielleicht so gegen 16 Uhr. Schätze ich mal. Das ist jedenfalls die Zeit, wo es hier bei uns allen derzeit auf der Eingangseite ziemlich schattig wird, weil da die Sonne rüberwandert und ...«

»Ja, schon klar«, unterbrach er, »und um wie viel Uhr waren Sie heute bei Frau Hofreiter?«

»Ungefähr halb fünf«, erwiderte sie.

Wahrscheinlich war der Täter da noch nicht lange aus dem Haus gewesen. Zakos fragte sich, ob sie sich im Klaren darüber war, dass sie ihm beinah begegnet wäre.

»Jedenfalls brannte kein Licht. Und das fanden Sie komisch«, fuhr er fort.

Christine Zimmermann nickte.

»Ich glaubte zunächst, sie wäre gar nicht da. Dann erst hab

24

ich das ganze Chaos gesehen, alles kaputt ... Da dachte ich, mein Gott, die Party ist ja noch ganz schön ausgeufert. Aber dann habe ich sie gesehen ...«

»Verstehe!«, nickte Zakos.

»Überall war Blut! Es war ...«, sie schüttelte den Kopf, »ich werde das nie mehr ... nie werde ich das vergessen, ich ...«, stammelte sie.

Jetzt bloß nicht zulassen, dass sie sich reinsteigert, sonst kann man das Gespräch vergessen, dachte Zakos.

»Sie sind nicht nur eine Nachbarin, Sie waren auch befreundet?«, fragte er schnell. »Wie haben Sie sich kennengelernt?«

Doch sie war noch nicht so weit. Sie nahm eine der weinroten Papierservietten mit dem Aufdruck des Cafés aus einem Chromkörbchen auf dem Tisch und wischte sich über die Augen. Dann putzte sie sich noch die Nase und atmete tief durch.

»Ja, wir waren Freundinnen«, sagte sie schließlich mit einer so leisen Stimme, dass sie vom Dampfablassen der Kaffeemaschine an der Theke beinahe übertönt wurde.

»Wir sind ungefähr gleichzeitig hier eingezogen, kurz nach der Fertigstellung der Häuser. Unsere Kinder waren zusammen im Kindergarten, und jetzt sind sie in derselben Schule. Da lernt man sich halt kennen. Es gibt ja in unserem Reihenhauszug noch zwei Parteien, aber die haben eben keine Kinder in dem Alter. Und die sind auch nicht so offen und unkompliziert wie Anne. Die ist – ich meine, die war ...«

Zakos nickte und fuhr eilig fort: »Warum waren Hofreiters eigentlich getrennt?«

Christine Zimmermann legte den Kopf schief und zwirbelte an einer blonden Haarsträhne.

»Ja, warum?«, sinnierte sie. Das Thema lenkte sie offenbar

ab von der Erinnerung an den Anblick ihrer toten Freundin, und sie beruhigte sich wieder ein wenig.

»Warum trennen sich so viele Leute? Vielleicht weil ihnen der Stress mit den Kindern über den Kopf wächst? Weil man sich das alles anders vorgestellt hat? Weil man sich verliert inmitten des ganzen Familienchaos?« Ihr Blick umwölkte sich, und einen Moment lang rätselte Zakos, wen sie damit überhaupt meinte – die Tote und deren Ehe oder vielleicht auch ihre eigene?

In dem Moment hörte er, wie Zickler hörbar an seinem Kaffee schlürfte.

»Spitzen Kaffee!«, sagte er dann und wirkte dabei so hochzufrieden, wie den ganzen Tag noch nicht.

»So einen guten hab ich schon lange nicht mehr getrunken …«

Als er Zakos' scharfen Blick sah, besann er sich aber und blickte wieder geschäftsmäßiger in die Runde: »Gab's eigentlich schon neue Partner?«, fragte er.

»Ich glaub nicht«, antwortete Christine Zimmermann. »Nicht dass ich wüsste. Ich denke, Anne hat sich von Markus getrennt, weil sie einfach keine Lust mehr auf seine pedantische Art hatte und so. Sie sagte, sie müsse jetzt ihre innere Spiritualität wiederentdecken …«

»Innere Spiritualität«, wiederholte Zickler, »alles klar!«, und Zakos wusste genau, wie er seinen Ton zu deuten hatte: Für Albrecht war jetzt tatsächlich alles klar. Er hatte die Ermordete soeben in der Schublade »Spinnerin« abgelegt, und das würde sich auch nicht so leicht ändern.

»Kommen wir zurück auf den heutigen Tag«, fuhr Zakos fort. »Ist Ihnen auf dem Weg zu Frau Hofreiter irgendwas aufgefallen? Ein Passant vielleicht? Irgendwelche Geräusche aus dem Haus?«

Sie schüttelte den Kopf.

»Oder bestimmte Autos, die sonst nie dort parken?«, fragte Zickler.

»Puh – Autos?«, seufzte sie. »Ich glaube nicht. Aber so was fällt mir nie auf. Finn wüsste das, Annes jüngerer Sohn, der Sechsjährige. Der kennt jede Marke und weiß genau, welche Autos hier regelmäßig parken. Wir haben oft Witze darüber gemacht.« Plötzlich vergrub sie das Gesicht in den Händen und schluchzte. Die schmalen Schultern bebten.

In dem Moment kehrte die Polizeibeamtin zurück ins Café und brachte einen jungen Sanitäter und einen älteren grauhaarigen Herrn zu ihnen an den Tisch: das Kriseninterventionsteam. Kurz darauf geleitete das Trio Christine Zimmermann hinaus. Zakos blickte ihnen nach und sah zu, wie der Sanitäter draußen seine Tasche öffnete, eine silberne Wärmedecke entfaltete und versuchte, sie ihr umzulegen. Es dauerte eine Weile, weil der Wind immer wieder an dem dünnen Material riss. Schließlich entfernten sie sich, die Frau im flatternden silbernen Umhang in ihrer Mitte.

Schon wieder so ein unwirkliches Bild wie aus einem Film, dachte Zakos. Der ganze Tag kam ihm heute so surreal vor. Ein Mord und alles, was damit zu tun hatte, war ja nie normal oder gewöhnlich, doch heute empfand er das noch intensiver als sonst. Vielleicht weil das Umfeld so nach heiler Welt aussah. Und doch war hier ein Mord geschehen. Aus dem Fenster blickte er auf die kleine moderne Reihenhaussiedlung mit den eleganten Granitfassaden und den honigfarbenen Holzlamellen. Alles wirkte so freundlich und geschmackvoll, genauso wie das Café, in dem sie saßen, mit seiner stattlichen, irgendwie industriell wirkenden Chromanrichte und dem rauen, dennoch teuer aussehenden Holzboden.

Eine Weile trat Schweigen ein, nur unterbrochen von den

Geräuschen, die Zickler machte, als er sich schnäuzte. Schließlich fiel ihm dann mal wieder das Taschentuch auf den Boden, und als er es aufheben wollte, fegte er ein paar Servietten mit dem Ellenbogen vom Tisch und bückte sich umständlich danach, wobei ihm sein nicht unerheblicher Bauch im Weg war.

»Du hast übrigens noch die Schuhschoner an«, sagte er schließlich, als er wieder auftauchte, und fuhr dann fort: »Mei oh mei, war des ein Gemetzel in dem Haus. Da hat einer aber einen echten Hass geschoben. So was kann eigentlich fast nur ein Exmann machen.«

Zakos blieb die Antwort schuldig und tauchte seinerseits unter den Tisch ab, um sich die blauen Plastiküberschuhe von den Füßen zu ziehen.

»Zum Glück waren die Kids in Sicherheit«, hörte er Zickler weiterplappern, als er wieder hochkam. »Das Letzte, worauf ich heute Lust hab, ist ein erweiterter Selbstmord mit Kindern!«

»Soll das heißen, es gibt Tage, an denen du sehr wohl Lust auf erweiterte Selbstmorde mit Kindern hast?«, giftete Zakos. Es klang unfreundlicher, als er es beabsichtigt hatte, aber es war nun mal raus.

Zickler blickte ihn düster an, verkniff sich allerdings eine Antwort und winkte rüber zu dem Mann hinter dem Tresen. Das Café hatte sich mittlerweile geleert. Es war bereits nach 18 Uhr.

»Gibt's noch Kaffee?«

Der Barista verneinte. »Hab die Maschine grad geputzt, wir haben eigentlich schon zu. Aber wenn ihr Tee wollt – den mach ich euch sofortamente. Aber vorher wüsste ich gern, was hier überhaupt passiert ist. Die Gäste sagen, ein Mord!«

Zakos nickte.

»Anne Hofreiter. Schärenweg 12. Kannten Sie sie?«

»Der Name sagt mir nichts. Die Leute stellen sich ja nicht vor, wenn sie sich Kaffee holen. Wie sah sie denn aus?«

Zakos dachte an das zerschmetterte Gesicht. Er antwortete lieber nicht.

»Tee wär super«, krächzte Zickler schließlich. »Ist wahrscheinlich im Moment eh besser für mich als Kaffee.«

»Verstehe. Erkältungswelle. Da empfehle ich einen griechischen Bergtee. Perfetto gegen Heiserkeit. Und bio!«

»Der Preis ist auch bio«, erwiderte Zickler, der gerade in die Karte geschaut hatte. »Fünf Euro für einen Tee …«

»Qualität hat ihren Preis«, kam die ungerührte Replik. »Und außerdem kurbelt das bei denen unten in Griechenland die Wirtschaft an!«

»Na dann – für Griechenland ist mir nix zu teuer«, sagte Zickler. »Mein Kollege hier übrigens stammt aus Griechenland. Der kennt sich aus mit Bergtee, gell, Nick?«

Zakos blieb die Antwort schuldig. Er war kein großer Teetrinker, und außerdem hatte er keine Lust auf Konversation.

»Gibt's auch noch was gegen den kleinen Hunger, Wurstsemmel oder so?«, fuhr Zickler fort, und Zakos wunderte sich nicht zum ersten Mal, dass der Job seinem Kollegen nie auf den Magen schlug. Im Gegenteil, je grausiger der Tatort, umso heftiger Zicklers Appetit.

»Semmeln sind alle, auch das Ciabatta. Back ich erst morgen wieder. Aber Tramezzini alla Tonno kann ich schnell machen! De-li-zioso!«, sagte der Cafébesitzer und trat zu ihnen an den Tisch, um die Cappuccinotassen abzuräumen. Er hatte graumeliertes Haar, einen modernen dunklen Vollbart und trug eine bodenlange schwarze Schürze um die Hüften. Überall in der Gastronomie trugen Kellner jetzt diese langen schwarzen Schürzen, fiel Zakos auf, doch hier war sie so eng gewickelt, dass der Träger darin nur noch kleine Schritte machen konnte, so kam es ihm vor. Affig, fand er, ebenso wie die aufgesetzte Art, wie der Mann italienische Begriffe intonierte. Besonders sonderbar klang es, weil er vom schleppenden Tonfall her anscheinend eigentlich Niederbayer war. Tschabatta! Bei der Aussicht, noch länger in dem Café ausharren zu müssen, bekam Zakos Zustände.

»Cooler Schal übrigens«, sagte der Barista jetzt anerkennend zu Zickler. »Ich bin auch 60er-Fan. Am liebsten geh ich zu den Amateurspielen im alten 60er-Stadion. Schon mal da gewesen?«

»Logisch!«, schwärmte Zickler mit glühendem Blick. Zakos verdrehte die Augen. Was jetzt kommen würde, kannte er bereits zur Genüge: Wenn im sogenannten 60er-Stadion, dem alten Grünwalder Stadion in Giesing, die Amateure von 1860 München gegen die vom FC Bayern antraten, blieb im wahrsten Sinne des Wortes kein Auge trocken. Dazu mussten im Vorfeld die Anliegerstraßen polizeilich gesperrt werden, es gab Schlägereien zuhauf, und der Lärm durch Pyrotechnik und Fangebrüll war so laut, dass man ihn kilometerweit hörte. Am Tag darauf war Albrecht meist noch heiserer als heute mit Erkältung, aber glänzend gelaunt. Nun strahlte er, weil er einen Gleichgesinnten getroffen hatte. Das konnte jetzt dauern, das wusste Zakos aus Erfahrung.

Tatsächlich entspann sich sofort ein reger Austausch zwischen Zickler und dem Bärtigen. Als gäbe es jetzt nichts Wichtigeres auf der Welt, dachte Zakos genervt. Er räusperte sich laut, um Zicklers Aufmerksamkeit zu erhalten. Der Kollege nahm ihn aber gar nicht wahr.

»Ali!«, sagte er schließlich laut. »Wir müssen los!«

»Warum denn? Der Kornelius und seine Leute brauchen

30

sicher noch ewig!«, maulte Zickler. »Und außerdem hab ich
Hunger – ein regelrechtes Loch im Bauch vor Hunger!«

»Wir sitzen schon viel zu lange hier rum«, sagte Zakos bestimmt und erhob sich. Zickler seufzte tief und stieß beim
Aufstehen versehentlich fast seinen Stuhl um.

»Wird nix mit Essen«, sagte er bedauernd zu dem Mann in
der Schürze. »Aber wir kommen wieder, versprochen!«

»Ich nehm dich beim Wort. Das *Rosati* ist täglich außer
sonntags bis 18 Uhr geöffnet. Ich bin übrigens der Daniel«,
sagte der Cafébesitzer. »Kannst auch Danilo zu mir sagen.«
Daahniilo!

»Ich bin der Albrecht. Aber du kannst auch Ali zu mir sagen«, antwortete Zickler und grinste selig, doch Zakos, der
das Gefühl hatte, demnächst zu explodieren, schickte ihm einen derart genervten Blick aus zusammengekniffenen Augen,
dass er den Kopf einzog und sich endlich anschickte, zu gehen.

Im Treppenhaus in dem Apartmentblock in der Einsteinstraße herrschte ewige Nacht, denn es gab kein Fenster. Sie
standen erst seit ein paar Minuten vor der Tür mit dem Namen M. Hofreiter, als bereits zum dritten Mal das Licht aus-
ging.

Zickler schlurfte zu dem fluoreszierenden Punkt an der
gegenüberliegenden Wand und tappte mit der Hand darauf.

»Geht's noch lauter?!«, fauchte Zakos ihn an.

»Ich hab doch bloß …«, flüsterte Zickler.

»Wir müssen doch nicht das ganze Treppenhaus alarmie-
ren!«, unterbrach ihn Zakos raunend. »Außerdem nervt's
einfach, wenn du da so draufhaust«, meckerte er weiter.

Zickler schwieg. Zakos hörte, wie sein Atem ein rasselndes
Geräusch machte.

»Dich nervt doch alles zurzeit«, sagte er schließlich.

»Nein, mich nervt nicht alles zurzeit«, erwiderte Zakos wie aus der Pistole geschossen. »Aber du nervst mich zurzeit, weil du nie was leise machen kannst.«

Zickler zog einen Flunsch, dann schlurfte er wieder zur Wohnungstür des Exmannes der Ermordeten und läutete. Als sich wieder niemand meldete, klopfte er mit den Handknöcheln an die Tür.

»Wundert mich nicht, dass der nicht da ist«, sagte er dann. »Hier möchte man sicher so wenig Zeit wie möglich verbringen.« Er machte eine Armbewegung, die das ganze Haus umschloss, die schmutzig gelben Wände mit den abgegriffenen Stellen über den Klingeln, die hässliche braunmelierte Auslegeware. Der Geruch der Mülltonnen drang durch die offene Hoftür bis hier herauf in den ersten Stock.

»Vielleicht ist er essen gegangen. Oder ins Kino. Ist schließlich Samstag«, fuhr er dann fort.

»Klar, vielleicht«, versetzte Zakos. »Oder er hat heut Nachmittag seine Exfrau umgebracht und danach eine schöne Packung Schlaftabletten eingeschmissen. Oder sich die Pulsadern aufgeschnitten, mit dem Tatmesser.«

»Oder so«, meinte Zickler. »Aber das wird das Einsatzkommando, das du vorhin gerufen hast, fraglos bald rausfinden. Von daher verstehe ich nicht, warum wir jetzt unbedingt hierherhetzen mussten, wo wir doch grad so gemütlich ...«

»Jaaa, gemütlich! Bei dir muss immer alles gemütlich sein!«, entfuhr es Zakos. »Aber hier geht's nicht um gemütlich! Hier geht's vielleicht um Leben und Tod, hier geht's ...«

»Was willst du eigentlich?«, erwiderte Zickler, nun ebenfalls ziemlich aufgebracht. »Wir ham doch das Kommando gerufen, oder ham wir's nicht gerufen?«

»Logisch, aber man kann doch trotzdem mal ein bisschen mehr Einsatz zeigen, man kann doch …«

»Ach so, Einsatz! Ich zeig also zu wenig Einsatz, ist ja sehr interessant!« Zicklers Flüstern war nun zu einem Zischen angewachsen, das immer lauter im ganzen Hausgang zu vernehmen war. »Ich sag dir jetzt mal was zum Thema Einsatz: Ich bin krank! Ich fühl mich sauelend! Aber anstatt im Bett zu bleiben, melde ich mich zum Dienst, weil eh schon die halbe Belegschaft wegen Grippe fehlt. Und dann muss ich mir erst die blöden Sprüch vom Kornelius reinziehn, und dann …«

»Der Kornelius, ja, das ist auch so ein Thema!«, unterbrach Zakos. »Kannst du nicht EIN EINZIGES MAL ganz normal mit dem Kornelius umgehen, EIN EINZIGES MAL …?«

»Ich bin ganz normal«, murrte Zickler. »Ich bin immer ganz normal!«

»Nein, du bist NIE ganz normal! Du nervst andauernd rum und spielst dich vor dem Konny auf und machst mir dabei das Leben schwer und führst dich auf wie ein Depp, und …«

»HALT, STOPP!«, sagte Zickler, jetzt in voller Lautstärke. »Jetzt langt's! Du kommst jetzt mit!«

Er nahm Zakos am Ärmel und zog ihn zur Treppe.

»Nein! Ich komme nicht mit, was soll das überhaupt?«, sträubte sich Zakos.

»Das wirst du schon sehen, also komm!«, befahl Zickler.

Plötzlich hatte Zakos tatsächlich das Gefühl, er müsse ganz schnell an die Luft, so sehr hatte er sich über den Kollegen echauffiert. Einfach mal tief durchatmen. Aufs Einsatzkommando konnten sie auch genauso gut auf der Straße warten.

»Meinetwegen!«, sagte er.

Draußen empfingen sie Verkehrslärm und Abgase. Selbst am Samstagabend rauschte eine stete Autokolonne die Einsteinstraße entlang Richtung Passauer Autobahn, und der Grünstreifen am Rand war von einer braungrauen Schicht aus Schmutz und Abgasen überzogen. Alles andere als ein perfekter Ort, um die Lungen mit frischer Luft aufzutanken.

Zickler bekam hier sofort wieder einen seiner Hustenanfälle – nicht nur wegen der Abgase, sondern weil er wohl hastiger das Treppenhaus hinuntergelaufen war, als es mit einer schweren Erkältung angesagt gewesen wäre.

»Also, was ist jetzt? Willst mich schlagen?«, fragte Zakos, und erstmals an diesem Tag gelang ihm ein schiefes Lächeln.

Zickler war allerdings nach wie vor verärgert.

»Tät ich manchmal gern, aber darum geht's nicht«, lautete die Antwort. »Ich will was ganz anderes: Ich will, dass du da reingehst!«

Unten am Eingang des Apartmenthauses war ein schmales Geschäft, in dem Zeitschriften und Tabakwaren verkauft wurden. Das war der Laden, auf den Zickler nun zeigte.

Zakos war baff.

»Spinnst du jetzt?«, fragte er.

»Null! Du gehst jetzt da rein und holst dir eine Packung Marlboro oder Gauloises oder was es auch sonst für ein Zeug war, was du dir da früher ständig ins Gesicht gesteckt hast, und dann is a Ruh!«

Endlich verstand Zakos.

»So schlimm?«, fragte er schuldbewusst.

»Noch viel schlimmer!«, murrte Zickler. »Des hält echt kein Schwein mehr aus mit dir!«

Zakos seufzte.

»Hey, tut mir echt leid! Ich merk's ja selbst«, sagte er. »Aber du wolltest doch auch, dass ich aufhöre ...«

»Ja, schon. Weil das hat natürlich schon auch genervt, ewig der Gestank im Auto«, stöhnte er. »Oder dass du im

Büro andauernd rauslaufen musstest und dir eine anzünden, und zwar immer genau dann, wenn man grad mal gern endlich fertig geworden wär.«

»Ach komm, so schlimm war ich doch gar nicht!«

»Oh doch!« Zickler blieb hartnäckig. »Aber als Raucher warst du eigentlich immer ganz gut drauf und ständig am Grinsen. Der reinste Charmebolzen. Und jetzt bist du ein furchtbarer Stinkstiefel. Wie ein ganz anderer Mensch!« Er schüttelte den Kopf. »Also: Gehst jetzt rein und kaufst Kippen, oder ned?«

Zakos seufzte tief. Dann schüttelte er den Kopf.

»Wenn ich jetzt wieder anfang, war alles umsonst«, sagte er ein wenig kläglich. »Ich muss das jetzt einfach mal durchziehen, wegen dem Elias. Das verstehst du doch, oder?«

Elias war sein kleiner Sohn. Eigentlich hatte Zakos gleich an dem Tag aufhören wollen, als er erfahren hatte, dass er Vater wurde. Aber immer kam etwas dazwischen: Arbeitsstress, Stress bei der Suche nach einer neuen, größeren Wohnung, Umzugsstress. Er schaffte es einfach nicht.

Als der Kleine auf die Welt kam, war Zakos immer noch Raucher. Kurz nach der Geburt stahl er sich von der Entbindungsstation in den grünen Innenhof des Rechts der Isar davon, um ganz schnell eine zu qualmen. Als er den Kleinen danach im Arm hielt, fühlte er sich schuldig, weil er das Baby mit Nikotingestank an den Händen begrüßte – eine Empfindung, die durch das klinische Umfeld des Kreißsaals noch verstärkt wurde. Denn hier fiel selbst ihm auf, wie stark er nach Zigaretten roch. Nun wollte er wirklich aufhören. Doch dann dauerte es noch ein ganzes Jahr, bis er es tatsächlich schaffte, seinen Vorsatz endlich umzusetzen, und heute waren es auf den Tag drei Wochen, seit er seine allerletzte Kippe ausgedrückt hatte. Seither fühlte er sich jeden Tag ein bisschen schlechter.

Zickler trat schließlich ohne ihn in den kleinen Laden und stockte dort seinen Vorrat an Papiertaschentüchern auf. Er brachte Zakos eine Großpackung Kaugummidragees mit.

»Vielleicht helfen die ja!«, knurrte er und nahm sich selbst eines, bevor er die Dose an seinen Kollegen weitergab.

»Tun sie nicht. Aber trotzdem danke«, sagte Zakos.

Eine Weile kauten sie schweigend vor sich hin.

»Muss ganz schön frustrierend sein, aus einem hübschen Häuschen mit Garten ausgerechnet hierherzuziehn!«, meinte Zickler schließlich.

»Vielleicht ist ja dafür die Wohnung top – weiß man's?«, gab Zakos zu bedenken. Aber es war schwer vorstellbar.

»Tut mir echt leid, dass ich so unausstehlich war«, fuhr er schließlich leise fort. »ICH bin der Depp!«

»Passt scho!«, brummte Zickler. »Aber eins sag ich dir: Ich hab langsam kein Bock mehr, auf die Deppen vom Einsatzkommando zu warten. Jetzt fackeln wir nimmer lang rum, jetzt geh ma rein!«

Zakos nickte.

»Geh ma rein!«, bestätigte er. »Ich hab eh Angst, dass hier Gefahr im Verzug ist!«

Oben an der Tür zog er vorsichtshalber seine Dienstwaffe und brachte sich in Position.

Noch einmal warteten sie, bis das Treppenhauslicht erlosch, damit ihre Augen sich an die Dunkelheit gewöhnen und sie auf potentielle Angriffe in einer unbeleuchteten Wohnung besser reagieren konnten. Dann trat Zakos mit einem gezielten Fußtritt in Klinkenhöhe gegen die Wohnungstür. Sie knallte gegen die Flurwand.

Die Wohnung roch etwas muffig und ungelüftet, aber immerhin nicht nach Blut, Erbrochenem oder irgendwas anderem Unangenehmen. Das war schon mal ein gutes Zeichen, fand Zakos. Allerdings konnte man noch nicht sicher sein, ob nicht jemand, der gerade vollkommen am Durchdrehen war, sie in einer Ecke der Wohnung erwartete. Mit den Waffen im Anschlag betraten sie den kleinen Flur, und Zakos berührte mit seinem Ellenbogen den Lichtschalter gleich neben dem Eingang. Doch die flackernde Energiesparbirne in der Deckenlampe vollbrachte nur ein ziemlich trübseliges Glimmen.

Immerhin war erkennbar, dass hier rechter Hand eine kleine Küchenzeile untergebracht war und sich auf der anderen Seite der Zugang zu einem fensterlosen Badezimmer befand. Zickler lugte hinein und schüttelte den Kopf in Richtung Zakos.

Geschützt vor der Wand, stieß Zakos dann die angelehnte Tür des nächsten Raumes auf. Er war menschenleer. Jetzt erst senkten die Kommissare die Waffen, und Zickler durchmaß mit großen Schritten den Raum. Er öffnete die Balkontür, die auf einen schmalen Austritt führte. Als die abgasstinkende Luft hereinströmte, machte er sie schnell wieder zu.

»Lüften erübrigt sich«, sagte er. »Gemütlich hier!«

Es war nicht ernst gemeint – die Wohnung wirkte wenig einladend. Neben einem schwarzen Monstrum von Schreibtisch, auf dem sich lediglich ein leeres Ablagekörbchen befand, gab es einen Schrank mit Schiebetüren und ein unberührt wirkendes Bett. Dahinter stapelten sich sechs unausgepackte Umzugskartons. »Schaut aus, als wäre er gerade erst eingezogen.«

Zakos nickte. Er hatte gedacht, die Trennung der Hofreiters läge schon einige Monate zurück. Zumindest hatte er Christine Zimmermann so verstanden. Aber diese Wohnung wirkte so unpersönlich und abweisend, als wäre sie noch nie genutzt worden. Es gab keine Bilder an den Wänden, nirgends lag etwas herum. Er öffnete den Schrank. Darin fanden sich drei Anzüge in Schutzhüllen, eine Jeans und ein paar Hemden. Er ging in den Flur und machte den Kühlschrank auf. Leer.

»Der ist ja nagelneu!«, entfuhr es Zickler, der herangetreten war und ihm von hinten über die Schulter blickte. »Schaut aus, als würde der nie benützt. Nichts hier schaut aus, als ob man's benützt. Kannst du mir sagen, was das zu bedeuten hat?«

Zakos zuckte die Schultern.

»Wenn ich das wüsste!«, seufzte er. »Ich blick bei der Sache nicht durch!«

Kapitel 2

Zickler ließ sich so heftig auf seinen Bürodrehstuhl fallen, dass Zakos fürchtete, das Möbel könnte umgehend zusammenbrechen. Angesichts des elenden Anblicks seines Kollegen – die Nase war noch röter geworden – verkniff er sich aber einen Kommentar. Er fühlte sich selbst zu schlapp, um überhaupt zu kommunizieren, verzog sich erst mal mit seiner Kaffeetasse hinter den Computer und tippte seinen Bericht ein. Er musste sich beeilen. In einer Stunde war Konferenz.

Die vergangene Nacht war katastrophal gewesen, er hatte das Gefühl, kein Auge zugemacht zu haben. Es war kurz vor 22 Uhr gewesen, als er zu Hause ankam und seine Freundin Sarah schlafend auf dem Sofa vorfand. Vor ihr auf dem Couchtisch standen eine leere Teetasse und eine Schüssel mit Suppenresten.

Eigentlich hatten sie für den Abend Besuch eingeladen gehabt, Zakos' griechischen Freund Mimi und dessen Frau Roula. Das war durchaus etwas Besonderes – Mimi war Gastronom und hatte nur selten abends frei, aber zurzeit wurde gerade das *Pirgos*, seine Taverne, renoviert.

Mimi war so was wie Zakos' griechische Familie in München. Die beiden waren nicht wirklich verwandt, doch seit ihrer Jugend beste Freunde. Zakos kannte sonst kaum andere

Griechen in München – zu seinem griechischen Vater, der schon seit vielen Jahren wieder in Athen lebte, hatte er wenig Kontakt, und seine Mutter war ohnehin Deutsche.

»Wenn du mich nicht hättest, könntest du wahrscheinlich nicht mal mehr richtig Griechisch. Du wärst also ein ziemlich sprachloser Grieche«, frotzelte Mimi manchmal, und dabei lachte er schallend, so dass seine blauen Augen unter dem dunklen Lockenkranz blitzten und das Bäuchlein wackelte. Mimi war selbst der größte Fan seiner eigenen Küche, und das sah man ihm langsam auch an, obwohl er dauernd in Bewegung war. Derzeit fehlten im Lokal zwei Kellner, Mimi war also stark eingespannt, und wenn Zakos ins *Pirgos* reinschaute, konnten sie sich immer nur häppchenweise unterhalten, weil sie ständig unterbrochen wurden von Bestellungen der Gäste oder von Tellern mit Zitronenhuhn, gefüllter Paprika und Moussaka, die zum Servieren aus der Küche kamen.

Nun aber wäre endlich genügend Zeit, so sah es zumindest aus, und Zakos war gerade dabei, den Samstagnachmittag gemütlich ausklingen zu lassen und seinen Sohn zu baden. Der Kleine liebte das, er patschte mit den Händchen im lauwarmen Wasser und machte zufriedene Geräusche, die an den Kachelwänden des Badezimmers widerhallten. Zakos kauerte am Boden neben der Wanne und hielt Elias vorsichtig am Rücken fest. Er ließ es geschehen, dass sein weißes Hemd von den Wasserspritzern langsam, aber sicher pitschnass wurde, und fühlte sich so entspannt wie sein Sohn – in der warmen Wanne war Elias immer vollkommen zufrieden und fröhlich, so dass Sarah und Zakos regelrecht miteinander konkurrierten, wer ihn baden durfte.

Dann hatte das Telefon geläutet. Zakos hatte sich nichts dabei gedacht, denn eigentlich hatte er an diesem Wochenende keine Bereitschaft. Mit der Grippewelle, die die Kollegen reihenweise schachmatt gesetzt hatte, hatte er nicht gerechnet. Aber er hatte gehofft, dass der Besuch bei seiner Rückkehr noch da sein würde.

Als er dann endlich nach Hause gekommen war, hatte er sich schon auf die Gäste gefreut. Doch offenbar waren die beiden gar nicht da gewesen. Die Flaschen Rotwein, die er am Morgen auf dem Samstagsmarkt am Mariahilfplatz besorgt hatte, standen noch immer ungeöffnet auf dem Buffet in der Küche. Als er eine davon entkorkte, ein Glas füllte und ins Wohnzimmer zurückkehrte, richtete Sarah sich abrupt auf und rieb sich die Augen.

Er setzte sich neben sie.

»Was ist mit Mimi und Roula? Hast du gecancelt?«

»'türlich!«, sagte sie. Im Schlaf hatte sich ihr Haargummi gelöst, nun suchte sie ihn auf der Couch und band sich die Kaskaden langen rotblonden Haars streng nach hinten. Zu dem Weinglas, das er ihr hinhielt, schüttelte sie den Kopf.

»Ich spiel doch hier nicht ganz alleine die Gastgeberin, ich hab auch so schon genug Stress!«, murrte sie.

Die Reaktion klang heftiger, als es dem Anlass angemessen war, fand Zakos. Was wäre schon derart stressig gewesen, ein paar Weingläser hervorzuholen und die von ihm ebenfalls am Morgen eingekauften Oliven danebenzustellen? Aber er verkniff sich den Kommentar und nippte an seinem Wein: Er schmeckte angenehm herb und gleichzeitig leicht.

Kurz darauf erklang aus Elias' Zimmer lautes, erschrockenes Weinen. Der Kleine schlief eigentlich nie durch. Zakos hatte schon öfter angeregt, ihn einfach ins Elternschlafzimmer zu legen, damit er sich schneller beruhigen ließe. Aber Sarah war strikt dagegen und fand, man müsse konsequent bleiben. Als das Weinen erklang, war sie aufgesprungen und Richtung Kinderzimmer verschwunden – nicht ohne ihm einen vorwurfsvollen Blick zuzuwerfen, wahrscheinlich, weil er einfach sitzen blieb, glaubte Zakos. Aber er konnte nicht mehr, er war kaputt. Er hatte schließlich gearbeitet, und sie hatte freigehabt. Er fand, er habe sich ein paar Minuten mit einem Glas Wein auf der Couch verdient.

Es gab schon seit einigen Monaten mit Sarah Probleme, sie war überempfindlich, aufbrausend, zickig, fand Zakos. Es war ein Rückfall in eine Zeit, die er für Vergangenheit gehalten hatte. Damals waren sie ebenfalls ständig aneinandergeraten, und Zakos fragte sich immer öfter, ob es jemals wieder harmonisch zwischen ihnen laufen würde. Im Moment hatte er nicht das Gefühl.

Eigentlich waren sie bereits getrennt gewesen, als sich damals herausgestellt hatte, dass Sarah schwanger war. Die Nachricht von dem Baby hatte Zakos völlig umgehauen. Der Gedanke, eine Familie zu gründen, kam für ihn unerwartet, doch er hatte dabei ein jähes, alles durchdringendes Glücksgefühl verspürt. Die restliche Zeit der Schwangerschaft und die ersten Monate mit dem Kleinen entwickelten sich denn auch zu einer harmonischen Phase, doch seit Sarah wieder arbeitete, war alles anders: Sie war ständig nervös und unzufrieden. Nicht immer ganz zu unrecht, musste Zakos zugeben – er war ihr keine große Hilfe mit dem Kind. Die Vaterrolle war in seine Dienstzeiten einfach nicht gut zu integrieren. Sarah hingegen hatte ihre Arbeitsstunden heruntergefahren. Doch seit Elias die Krippe besuchte, war er ständig krank, und wenn er mal keinen Infekt hatte, dann zahnte er. Er hielt sie laufend nachts auf Trab, der Stress und die Müdigkeit waren fast nicht auszuhalten. Sarah wurde dabei immer dünner, ihre langen Beine wurden knochig, sie hatte dunkle Schatten unter den grünen Augen und explodierte beim kleinsten Anlass. Nun stellte sich auch heraus, dass sie in Fragen der Kindererziehung und des Familienlebens grundsätzlich unterschiedlicher Meinung waren. Zakos wäre gern alles viel lockerer angegangen. Er selbst war recht frei aufgewachsen; seine eigenen Eltern waren zwar nicht gerade Hippies, aber doch stark von den siebziger Jahren geprägt und recht unkompliziert gewesen. Sie hatten ihn als Kind immer auf allen Feiern abends dabeigehabt, und er konnte sich auch nicht erinnern, dass es jemals rigide Regeln bezüglich des Essens gegeben hätte. Er hatte geglaubt, Sarah sei wie er.

Als er sie kennenlernte, war sie ihm unfassbar cool vorgekommen. Es war auf einer großen Gartenparty gewesen, und sie war ihm wegen ihres tollen Aussehens aufgefallen, doch es war sie gewesen, die ihn ansprach, mit dieser tiefen, unergründlichen Stimme, die im krassen Gegensatz zu ihrem ätherischen Äußeren stand. Damals hatte sie ihm ein Kompliment gemacht: »Das schönste Lächeln auf dem ganzen Fest – und ich weiß, wovon ich spreche!« Schließlich sei sie Zahnärztin, hatte sie ihm dann lachend offenbart. Sie war ihm imponierend selbstbewusst und ein kleines bisschen arrogant vorgekommen – was er damals sexy fand. Nun aber hielt er sie für vollkommen unentspannt und für einen Kontrollfreak. Zum Beispiel bestand sie bei Elias sehr rigide auf festen Zubettgehzeiten, was den Nachteil hatte, dass sie als Familie kaum je etwas unternehmen konnten. Sie machte alles unnötig kompliziert, war Zakos' Meinung. Weil ihn die ständigen Streitereien aber zu viel Nerven kosteten, hielt er sich mit dieser Auffassung mittlerweile zurück und litt still.

Als er das Weinglas ausgetrunken hatte und im Bad stand, war das Weinen des Kindes verstummt, aber er ahnte schon, dass es noch oft in dieser Nacht wieder losgehen könnte. Und so war es dann auch, darum fühlte er sich nun am nächsten Morgen wie gerädert.

Er hatte bereits seinen dritten Kaffee intus, als sein Chef, Heinrich Baumgartner, zur Standbesprechung erschien, gefolgt von Astrid, der jüngsten Kollegin im Team.

»Dannecker ist krank«, sagte sie nach der Begrüßung in die Runde. »Wir waren in der Früh gemeinsam bei der Mutter des Opfers, dann ist er heim und hat sich ins Bett gelegt. Der hat Fieber, der glüht richtig!«

»Der Günther?! Man glaubt es nicht!«, seufzte Heinrich Baumgartner. »Der meldet sich doch sonst nie krank!« Günther Dannecker war mit fast sechzig Jahren der Senior der Abteilung, ein korpulenter, bedächtiger Mann, der für seine akribischen Recherchen geschätzt wurde. Baumgartner schüttelte fassungslos den Kopf, dass seine dunkle Föhnwelle mit den Silberfäden darin vibrierte. »Also, was haben wir?«

»Weibliche Leiche, Name: Anne Hofreiter, 38 Jahre alt, Graphikerin, wohnhaft Schärenweg 12 in der Messestadt Riem, wo sie von der Nachbarin Christine Zimmermann, wohnhaft Hausnummer 16, am Samstagnachmittag aufgefunden wurde«, referierte Zakos, heute – entgegen seiner üblichen Art – ziemlich leiernd. Dann berichtete er, unterstützt von Zickler, von dem Gespräch mit der Nachbarin Christine Zimmermann und über seine und Zicklers Eindrücke von der Wohnung des Exmannes.

»Medizinisches Gutachten des Opfers ist noch nicht fertig, aber ich hab schon mal die Fotos bekommen«, beendete er schließlich seinen Vortrag und breitete einen Stapel der ausgedruckten Fotos auf ihrem runden weißen Besprechungstisch aus. Baumgartner nahm eines, blickte aber noch nicht darauf, sondern bedachte zunächst Zakos mit einem kritischen Blick.

»Du schaust miserabel aus, Nick! Du wirst doch nicht auch noch krank werden!«, sagte er sorgenvoll.

»Danke für das Kompliment, aber mir geht's super!«, entgegnete Zakos etwas zu spitz.

Baumgartner blickte einen Moment lang hilfesuchend zu Zickler hinüber, der lautlos die Backen aufblies. Dann griff er nach einem der Bilder, kniff die Augen zu Schlitzen zusammen und hielt das Foto in Armeslänge vor sich, und Zakos musste trotz Müdigkeit und schlechter Laune fast ein wenig lächeln. Sein Chef, ein eher kleiner, aber ziemlich durchtrainierter Mann mit ganzjähriger Sonnenbräune im Gesicht, bildete sich viel auf sein jugendliches Aussehen ein und vermied es, mit Lesebrille ertappt zu werden – die er offenbar mittlerweile dringend nötig hatte.

»Hm«, sagte Baumgartner und schnappte sich noch ein paar Bilder. »Unschön!«

Zakos nickte. Gereinigt und nackt auf dem Seziertisch hatte sich die blutverschmierte Leiche von gestern als schmalgliedrige Person mit rötlich braunem Haar entpuppt. Das Gesicht war allerdings durch Schwellungen und einen Nasenbruch sowie eine Wangenknochenfraktur stark entstellt. Auf dem Passfoto und den Bildern aus dem Haus der Toten, die Astrid schon früh am Morgen vor ihrem Termin bei der Mutter des Opfers an der Pinnwand neben dem Besprechungstisch befestigt hatte, konnte man erkennen, dass sie ein apartes Gesicht mit einer schmalen Nase, hohen Wangenknochen und puppenhaft großen Augen besessen hatte – eine attraktive Frau.

»Vergewaltigung?«, wandte sich Baumgartner an Zakos.

Dieser schüttelte den Kopf. »Gutachten ist wie gesagt noch nicht fertig, aber es ist unwahrscheinlich. Sie war voll bekleidet. Aber eines ist klar: Hier ist jemand total ausgeflippt. Da war jede Menge Wut und Hass im Spiel, es sind ja mindestens zehn Stiche. Und im Haus war alles kurz und klein geschlagen.

Astrid, wo sind eigentlich die Tatortbilder? Der Albrecht sagte, die hast du dir heute früh durchgesehen.«

»Oh, natürlich, die habe ich drüben vergessen!«, sagte sie und eilte aus dem Raum in ihr Büro, das sie mit Dannecker teilte. Als sie zurückkam, hatten sich hektische Flecken auf ihren Wangen gebildet. Kommissarsanwärterin Astrid Kaminski war die jüngste in der Abteilung, was durch ihren zarten Körperbau noch unterstrichen wurde. Doch während sie normalerweise regelrecht kaltblütig war – privat betrieb sie Paragliding –, zeigte sie sich im Kontakt mit dem Chef immer ausgesprochen nervös. Als sie die Bilder auf dem Tisch ausbreitete, hätte sie vor lauter Hektik beinahe Zakos' halbvolle Kaffeetasse umgefegt.

»Ja, das spricht ja eine deutliche Sprache«, reagierte Baumgartner prompt angesichts der neuen Fotos. »Da kommt wohl hauptsächlich ein Täter in Frage, da sind wir uns einig, oder? Habt ihr mittlerweile einen Hinweis auf den Aufenthaltsort vom Ex?«

Zakos schüttelte den Kopf. Ein ungutes Gefühl machte sich in ihm breit.

»Dannecker hat gestern Abend bereits jemanden aus seiner Arbeit privat erreicht – Markus Hofreiter hat offenbar eine Woche Urlaub angemeldet. Er arbeitet als Steuerberater in einer Kanzlei am Marienplatz«, erklärte er. »Dass wir ihn noch nicht gefunden haben, bedeutet ja nicht zwangsläufig, dass er …«

»Nein? Heißt das, du hast bereits eine andere Theorie?«, reagierte sein Chef hoffnungsfroh und blickte ihn aufmunternd an.

Es war noch nicht lange her, dass Baumgartner zum Kriminalrat befördert worden war, zum Chef über fünfzig Hauptkommissare, und Zakos war darüber zunächst etwas erstaunt gewesen. Er hatte immer den Eindruck gehabt, Heinrichs Lebensinhalt sei nicht das Kommissariat, sondern sein Sport, das Mountainbikefahren. Die meisten Kollegen betätigten sich sportlich, als Ausgleich zu dem belastenden Beruf, aber bei Heinrich schien dies einen noch viel höheren Stellenwert zu besitzen.

Hinzu kam, dass die Fußstapfen seiner Vorgänger ehrfurchterregend groß waren – der vor ein paar Jahren pensionierte Kriminalrat war eine regelrechte Legende gewesen, und danach hatte es einen Leiter gegeben, der nicht nur spektakulär jung gewesen war, sondern die hohe Aufklärungsrate der Münchner sogar noch hatte steigern können. Dann aber war er nach Berlin zur Leitung einer bundesweiten Profilertruppe beordert worden. Aber Heinrich schlug sich als sein Nachfolger wacker, das mussten alle zugeben. Er hatte ein gutes Gespür für seine Mitarbeiter und wusste, auf wen er sich verlassen konnte. In Zakos setzte er großes Vertrauen.

»Lass hören, wir sind gespannt!«, sagte er nun erwartungsvoll.

Zakos musste an die Wohnung von Markus Hofreiter denken, an den fast leeren Kleiderschrank, an den Kühlschrank, der unbenutzt schien. Irgendwas stimmte da nicht. Nur was?

»Ist nur so ein Gefühl«, wiegelte er ab. »Mir kommt das einfach komisch vor, dass die Wohnung so unbelebt aussah.«

»Vielleicht arbeitet der Mann viel und verbringt die meiste Zeit im Büro«, sagte Heinrich. »Soll vorkommen!«

Zickler lachte auf.

»Wem sagst du das!«, schniefte er.

»Fahndung läuft jedenfalls«, fuhr Zakos fort. »Aber jetzt würde ich gern wissen, was die Mutter des Opfers zu sagen hatte. Irgendwas dabei, was uns weiterbringt?«

»Also – ich fang einfach mal an«, antwortete Astrid, und

die roten Kreise flammten erneut auf ihren Wangen auf. »Sie war etwas zu gefasst, finde ich. Aber ich denke mal, die musste sich ja zusammenreißen und funktionieren, wegen der Enkel. Die sind noch bei ihr. Die ahnen noch gar nichts.«

»Oje«, machte Baumgartner.

Astrid nickte.

»Jedenfalls ist die Mutter irgendwie – ungewöhnlich, würde ich sagen«, fuhr Astrid fort. »Pensionierte Grundschullehrerin. Was jetzt noch nicht so bemerkenswert wäre. Aber sie ist so ein bisschen ausgeflippt. Überall im Haus hängen selbstgemalte Bilder, sehr bunt, und außerdem hat sie eine Werkstatt, in der sie Instrumente baut. Orientalische Instrumente.«

»Komm mal zum Punkt!«, stöhnte Zickler hinter seinem Taschentuch auf, wofür er einen strengen Blick von Zakos kassierte, der keinerlei Lust auf Kabbeleien seines Teams vor Baumgartner verspürte.

»Die Tote war ihr einziges Kind, und das hat sie allein großgezogen, hat sie erzählt«, fuhr Astrid, jetzt noch ein wenig atemloser, fort. »Aber trotzdem schien das Verhältnis in den letzten Jahren nicht so vertrauensvoll gewesen zu sein. Jedenfalls wusste die Mutter quasi nichts über die Tochter. Sie wusste nicht, ob sie wieder einen Freund hat oder warum sie sich überhaupt getrennt hatte – nichts. Die Tochter hat ihr nichts erzählt. Und ich kann's auch gut nachvollziehen.«

»Inwiefern?«, interessierte sich Baumgartner.

»Nun ja, ich hatte das Gefühl, die Mutter war irgendwie enttäuscht von der Tochter. Sie schwärmte viel darüber, wie talentiert Anne Hofreiter gewesen sei und dass sie das Zeug gehabt hätte zu einer richtigen Künstlerin. Aber stattdessen hätte sie sich für eine Laufbahn als Zeitschriften-Graphikerin entschieden und für einen mittelmäßigen Ehemann – so nannte die Mutter ihn. Sie fand wohl, die Tochter habe ihr Potential nicht ausgeschöpft, darum hat die ihr wohl schon länger nichts mehr erzählt«, schloss sie.

»Schlecht für uns«, sagte Baumgartner. »Hat sie denn einen Verdacht geäußert, wer's gewesen sein könnte?«

»Und ob«, erwiderte Astrid. »Sie glaubt, der Schwiegersohn war's.«

»Jetzt wird's interessant!«, meinte der Chef. »Das hat sie so klar gesagt? Gab es Drohungen? Hat er seine frühere Frau verfolgt oder geschlagen?«

Astrid schüttelte den Kopf.

»Nichts, nein. Aber trotzdem«, sagte Astrid. »Die Mutter ging irgendwie ganz selbstverständlich davon aus, dass er es gewesen sein muss. Sie war richtig erstaunt, als ich ihr erklärte, dass wir in alle Richtungen ermitteln.«

»Genau, Chef!«, ließ sich Zickler an diesem Punkt vernehmen. »Deswegen sollte man auch Verdachtsmomente erforschen, die nichts mit der Familiensituation zu tun haben.«

Die ganze Runde blickte ihn fragend an.

»Ich habe heute früh schon mit dem Pressler Werner von der Polizeidienststelle Trudering-Riem gesprochen«, fuhr Albrecht, der die Aufmerksamkeit sichtlich genoss, fort.

»Der Pressler hat ein ganz düsteres Bild von der Gegend gemalt. Messestadt Ost. Das ist ja eine reine Trabantenstadt, die ist am Zeichenbrett entstanden. Interessant dabei: In der Lillehammerstraße gab's im vergangenen Jahr mehr Kleindelikte und kleinere Drogenvorkommnisse als in jeder anderen Straße der Stadt. Und das ist nur einen Steinwurf vom Tatort entfernt. Die Lillehammerstraße, das ist auch die in der Gegend mit dem höchsten Hartz-IV-Anteil bei der Bewohnerschaft, die Bezieher wohnen dann allerdings nicht in schicken Häuschen, sondern in mehrstöckigen Wohnblocks.«

»Kleinkriminelle«, sagte Baumgartner wegwischend. »Da sehe ich jetzt keinen Zusammenhang. Bei der Toten herrschen doch ganz andere Verhältnisse als in dieser Straße.« Er zog ein paar der Fotos heran und hielt sie erneut in Armeslänge vor sich, wobei er wiederum die Augen zusammenkniff.

»Schaut's euch mal den Küchenblock bei der im Haus an. Frei stehend! Chrom! Ihr wisst schon, was so was kostet, oder?«

»Eben, Chef!«, parierte Zickler. »Gehobener Mittelstand. Und nebenan die Sozialhilfeempfänger. München-Modell nennt man das, ha! Das haben sich die Politiker ausgedacht: Man pfercht die Gutverdiener mit den Armen gemeinsam in ein Viertel, damit's kein neues Ghetto gibt.« Gegenüber Baumgartner bemühte sich Zickler um einen offizielleren Ton und versuchte, möglichst Hochdeutsch zu sprechen. Das klang bei ihm ziemlich gespreizt.

»Ist ja an sich keine schlechte Idee, dann gleicht sich's aus. Aber sie haben's diametral falsch gemacht, sagt der Pressler«, fuhr Zickler fort. »In der Messestadt sind nämlich viel zu viele Arme, statistisch fast der höchste Anteil an Leuten, die staatlich unterstützt werden müssen oder die sonst wie Probleme haben. Der Pressler glaubt, eines Tages fallen die über die anderen her. Und das war jetzt vielleicht schon der Anfang ...«

Baumgartner schaute ihn fassungslos an.

»So ein Schmarrn! Wir sind doch nicht in der Bronx«, spottete er.

»Aber die Bronx ist jetzt gar nicht mehr kriminell, hab ich gelesen«, bemerkte Zickler naseweis. »In Manhattan dagegen ...«

In diesem Moment klingelte Baumgartners Handy. Fast automatisch nahm er das Gespräch entgegen, wobei er immer noch über die Theorie Zicklers den Kopf schüttelte.

»Ja? Nein! Nein, nein, nein!«, sagte er und hatte sich bereits von seinem Stuhl erhoben. Ein paar Sekunden später war er, nach kurzem Abschiedsnicken in die Runde, auch schon aus der Tür.

Zakos seufzte.

»Ich nehme an, das bedeutet, die Sitzung ist beendet!«, sagte er, leicht angesäuert. Es war nicht das erste Mal, dass Baumgartner ihre Lagebesprechungen wegen seines Handys unterbrach oder, wie soeben, sogar ganz abwürgte, aber früher hatte das Zakos nicht gestört – spätestens nach einer Dreiviertelstunde hatte er dann sowieso immer eine Zigarettenpause gebraucht.

Das Problem war nur: Er brauchte auch jetzt eine Zigarettenpause. In der Arbeit setzte ihm der Zigarettenentzug noch mehr zu als zu Hause. Doch er durfte nun mal nicht rauchen, sagte er sich, darum nahm er schnell einen Schluck aus seiner Kaffeetasse – und verzog den Mund: Das Gebräu war bereits eiskalt.

»Was hältst du von Albrechts Theorie?«, wandte sich Astrid an ihn. »Müssen wir jetzt alle kiffenden Gras-Dealer in der Gegend checken?«

»Soweit möglich – schaden kann's jedenfalls nichts«, sagte Zakos. »Aber nur sicherheitshalber. Der Heinrich hat ja recht, die Gegend ist insgesamt doch immer ganz unauffällig gewesen, bis auf ein paar Kleindelikte in dieser einen Straße, wie heißt die gleich noch …?«

»Lillehammer«, antwortete Zickler. »Ich kann mir des gut merken, weils so nach Bullerbü klingt, aber in Wahrheit …«, er stimmte einen atonalen Gesang an. »… *dadadamdam!*«

»Was soll das?«, stöhnte Astrid auf. »Du klingst wie ein angeschossener Dackel.«

51

»Elvis, in se Ghetto«, meinte Zickler ungerührt. »War vor deiner Zeit.«

»Vor deiner auch«, erwiderte sie etwas pampig, und Zakos fragte sich, wie die beiden wohl im Moment zueinander standen – das war nämlich nicht immer eindeutig zu sagen. Albrecht war ja manchmal ziemlich eigen, besonders bei Frauen. Urplötzlich schienen Astrid und er sich dann nähergekommen zu sein, wobei aber nie ganz klargeworden war, wie nah.

Aus irgendeinem Grund, der Zakos im Moment nicht wirklich interessierte – er hatte das Gefühl, er habe schon genug eigenen Beziehungsstress –, hatte sich dann das Blatt gewendet, und derzeit war die Stimmung zwischen Astrid und Albrecht wieder eher mies. Noch etwas, was Zakos nervte.

»Ich geh mir mal die Beine vertreten«, brummte er und verließ den Raum.

Schon auf den letzten Stufen runter zum Hof drang Zigarettenqualm durch die angelehnte Tür ins Gebäude. Nach drei Wochen Abstinenz fand er den Geruch abstoßend und anziehend zugleich. Vor der Tür standen die üblichen Verdächtigen: Gabi aus der EDV, die mehr Zeit vor als im Präsidium zu verbringen schien, und zwei Kollegen aus dem Drogendezernat. Früher hätte Zakos mit ihnen ein paar Worte gewechselt, nun nickte er nur knapp und ging mit großen Schritten über den grauen Steinhof des mittelalterlichen Gebäudes – in früheren Zeiten war hier ein Augustinerkloster gewesen – zur Kantine. Er kaufte sich ein Paar Wiener und eine Semmel als zweites Frühstück. Als er sie verschlungen hatte, fühlte er sich immer noch nicht befriedigt, deshalb erstand er auch noch eine üppig belegte Semmel, die er bei einem kleinen Spaziergang durch die Innenstadt aus der Hand verzehrte.

Auf der Neuhauser Straße, dieser Einkaufsmeile und Fußgängerzone, traf man sonntags fast nur Touristen an. Lediglich beim Jagdmuseum, dort, wo wie immer Kinder im
Grundschulalter auf dem Bronze-Eber mit der blankgescheu-
erten Nase herumkletterten, sah man ein paar Münchner Familien. Das Museum schien sich nach wie vor großer Beliebt-
heit zu erfreuen. Zakos selbst war als Kind ein paarmal dort
gewesen, aber er nahm sich vor, mit Elias niemals diesen Ort
zu besuchen: Bei den Exponaten handelte es sich hauptsächlich um ausgestopfte Tiere, auch winzige Rehkitze und Frisch-
linge waren darunter, und als Kind hatte ihr Anblick Zakos
immer melancholisch gestimmt.

Als er weitergehen wollte, fiel ihm ein Dreiergespann auf,
das gerade aus der Tür trat: ein Vater mit zwei Söhnen, vielleicht sechs und acht Jahre alt, schätzte Zakos. Also im Alter
der Kinder von Anne und Markus Hofreiter. Ob der auch
schon mal mit den Söhnen hier gewesen war? Anzunehmen.
Danach waren sie wahrscheinlich zu McDonald's an den Sta-
chus und dann in eines der Kinos gepilgert. Es gab in der Stadt
eine Menge attraktiver Ziele für Kinder, das wusste Zakos,
dessen Sohn allerdings noch zu klein dafür war: den Tierpark,
Sea Life, Indoor-Spielplätze, Hallenbäder mit Riesenrutschen
oder Wellenbetrieb. Man konnte jedes Mal etwas anderes unternehmen, und so war es vielleicht gar keinem aufgefallen,
dass Markus Hofreiter tatsächlich gar nicht in dem kleinen
Apartment in der Einsteinstraße wohnte, sondern ganz woanders.

Zakos schob sich den Semmelrest in den Mund und
knüllte die Serviette zusammen: Zum ersten Mal an diesem
Tag fühlte er sich ein bisschen besser. Schon öfter hatte er fest-
gestellt, dass Essen das Einzige war, was ihm gegen die Entzugserscheinungen half. Allerdings hatte er bereits jetzt das

Gefühl, etwas zugelegt zu haben, doch darum mochte er sich nun nicht kümmern: Er hatte gerade andere Sorgen.

Als er im Präsidium sein Büro betrat, erwarteten ihn Zickler und Astrid mit Neuigkeiten.

»Die Ösis haben den Ex«, sagte Zickler. »Aber er kann's nicht gewesen sein. Und jetzt rate mal, warum!« Er genoss seinen Wissensvorsprung sichtlich, und auch Astrid wirkte infiziert von dieser Aufregung. Nur Zakos blieb gelassen.

»Muss ich nicht raten«, sagte er grinsend. »Weiß ich auch so.«

»Von wegen!«, machte Zickler, aber er wirkte verblüfft.

»Oh doch!«, sagte Zakos. Jetzt war es an ihm zu triumphieren. »Ich habe nämlich nachgedacht.«

Er setzte sich betont cool auf seinen Bürostuhl und legte die Beine hoch.

»War eigentlich ganz einfach: Er kann's nicht gewesen sein, denn er war bei seiner neuen Freundin, bei der er auch wohnt.«

»Stimmt überhaupt nicht!«, widersprach Zickler, nur um gleich darauf kleinlaut zu gestehen: »Aber fast: Sie waren zusammen in einem Wellnesshotel in Tirol.«

»Wer sagt's denn!«, meinte Zakos und lachte.

»Und woher wusstest du das plötzlich mit der Freundin?«, brannte Zickler darauf zu erfahren.

»Na, wo soll ein getrennter Ehemann sich schon aufhalten, wenn er so offenbar nicht in seiner neuen Wohnung wohnt? Da gibt's nur zwei Möglichkeiten: Er hat ein Start-up-Unternehmen oder so was – dann lebt er im Büro. Bei einem Steuerberater aber nicht anzunehmen. Also hat er eine Neue. War doch klar!«

»Angeber!«, murrte Zickler, aber er grinste, und auch Astrid amüsierte sich, und in diesem kurzen Moment war plötzlich alles so unbeschwert, wie es sonst gewesen war: Die gute Stimmung in der Abteilung und insbesondere die Freundschaft zu Zickler erleichterten die aufreibende Ermittlungsarbeit, und normalerweise machte sie Zakos regelrecht Spaß. Sarah warf ihm sogar oft vor, er sei lieber in der Arbeit als zu Hause bei seiner Familie, und bei aller Liebe zu Elias – ganz war es manchmal nicht von der Hand zu weisen. Zickler und er waren ein eingespieltes Team, und auch Astrid passte im Grunde gut dazu. Alles war für Zakos viel berechenbarer als die neue Situation zu Hause mit Sarah und dem kleinen Kind, auf das sie sich beide noch nicht so richtig eingestellt hatten. Und manchmal gewann er den Eindruck, als sei es einfacher, einen Mord aufzuklären, als in einer Beziehung immer das Richtige zu tun und den richtigen Ton zu treffen – insbesondere, wenn die Nerven bei allen Beteiligten ständig blanklagen und die Nächte geprägt waren von Babygeschrei und langen Stunden in einem dunklen Wohnzimmer, auf und ab gehend mit einem Kleinkind auf dem Arm, das sich nicht beruhigen ließ.

Wie hatte es Christine Zimmermann, die Nachbarin der Ermordeten, genannt: »Man verliert sich.« Zakos hatte oft das Gefühl, dass das verbindende Gefühl zu Sarah schon ein gutes Stück verlorengegangen war, und er hatte Angst, durch seine ständige Gereiztheit und Übermüdung nun auch noch das gute Verhältnis zu den Kollegen zu gefährden. Und der Zigarettenentzug machte die Sache auch nicht leichter. Aber er wusste nicht, wo der Ausweg aus diesem Dilemma sein sollte. Deshalb genoss er diesen Moment der Witzelei und der Harmonie unter Kollegen umso mehr.

Er wusste, er würde nur von kurzer Dauer sein.

Markus Hofreiter wirkte stark mitgenommen, das war nicht mal auf dem Computerbildschirm zu übersehen. Aber so etwas war wahrscheinlich ganz normal, wenn man gerade erst von der Polizei aus dem Hotel abgeführt worden war, weil die Exfrau ermordet aufgefunden worden war, sagte sich Zakos. Er und seine Leute hatten beschlossen, ihn umgehend via Skype zu befragen, sie wollten keine Zeit verlieren. Doch es wurde schnell klar: Der Mann hatte ein Alibi. Er hatte den vergangenen Tag fast durchgehend in den Spa- und Wellness-räumen des Hotels verbracht; das Personal, das für Saunaauf-güsse, Massagen und Gastronomie zuständig war, konnte es bezeugen, und außerdem war noch seine Neue dabei, Angelika Kunz, die nun auf der Innsbrucker Polizeiwache neben ihm seine Hand hielt, eine etwas blasse Frau mit einer pragmatischen Kurzhaarfrisur, die einen limonenfarbenen Fleecepullover trug.

Auch Markus Hofreiter war ein eher blasser Typ, und an seinem gedrungenen Körperbau konnte man selbst auf dem Bildschirm erkennen: Er war ein kleiner Mann, sicher unter eins fünfundsiebzig, zudem nicht besonders gutaussehend: Sein Haar wurde bereits schütter, er hatte eine grobe Nase und trug eine randlose Brille, die ein wenig schief auf seiner Nase hing, und sein blaukariertes Hemd war ziemlich zerknittert. Doch nach dem, was Zakos von Christine Zimmermann und von der Befragung der Mutter des Opfers gehört hatte, die beide betont hatten, wie kleinlich und pedantisch der Mann von Anne Hofreiter sei, fand er ihn erstaunlich sympathisch. Hofreiter hatte eine freundliche Stimme und große, dunkle Augen, die sich wegen der Nachricht über den Tod der Mutter seiner Kinder immer wieder mit Tränen füllten.

Auch das Gespräch drehte sich viel um die Kinder. Ob sie in Sicherheit seien, wie sie auf den Tod ihrer Mutter reagiert hätten. Nachvollziehbare Fragen. Doch so gern Zakos bei seiner Befragung Markus Hofreiter erst mal geschont und ihm Zeit gegeben hätte: Er musste mit seiner Arbeit fortfahren.

»Herr Hofreiter, wir haben noch diverse Fragen, die wir morgen in München im Präsidium mit Ihnen klären möchten. Aber ein paar Dinge muss ich jetzt schon wissen. Es geht mir um die Trennung von Ihrer Frau.«

Hofreiter atmete tief durch und bemühte sich um Fassung. Dann nickte er.

»Natürlich. Sie können mich alles fragen, was zur Klärung beiträgt.«

Zakos nickte ihm freundlich zu. »Was war der Grund für die Trennung? Ihr Verhältnis zu Ihrer neuen Freundin, oder gab es einen anderen Grund?«

Der andere tat sich sichtlich schwer mit der Antwort. Er fuhr sich durch das dünne Haar, atmete tief durch.

»Mit Angelika – das kam erst später. Aber unsere Trennung, die hat sich mit den Jahren, nun ja … ergeben, würde ich sagen …«, seufzte er. »Der Familienalltag eben. Anne und ich hatten oft Streit …«

»Wissen Sie, ob sie einen anderen hatte?«, insistierte Zakos.

Der Exehemann zuckte die Schultern.

»Erzählt hat sie nichts. Aber ich wäre ja auch wahrscheinlich nicht der Ansprechpartner für irgendwelche neuen Männergeschichten gewesen …«

»Aber es könnte doch sein, dass Sie irgendwas mitbekommen haben. Dass die Kinder was erzählt haben. Oder dass jemand da war, als Sie Ihre Söhne abgeholt haben …«

Hofreiter stutzte nur kurz, aber dieser Moment entging Zakos nicht.

»Also doch!«, sagte er.

»Nein. Nein, nein!«, widersprach der Befragte. »Ich weiß

wirklich von nichts. Die Kinder haben nie was erzählt, und sie hat auch nie was erzählt. Es war nur … einmal war da tatsächlich jemand. Also jemand, den ich nicht kannte. Ich kenne ja sonst fast alle ihre Bekannten, auch einige Kollegen. Aber den kannte ich nicht. Das muss allerdings ja nicht heißen …«

»Die beiden wirkten vertraut?«

Er zog die Schultern hoch. »Ich weiß es nicht. Sie haben jedenfalls nicht Händchen gehalten oder so was, wenn Sie das meinen. Ich hatte nur so ein Gefühl. Aber ich weiß nicht, ob sie mich nicht nur einfach eifersüchtig machen wollte. Da kannte ich Angelika bereits, deswegen habe ich gedacht, vielleicht wirft sich Anne jetzt an den Typen ran, um's mir zu zeigen.«

»Was hat sie denn getan?«

»Was man so macht, nicht wahr? Sie saßen zusammen am Esstisch, als ich die Jungs brachte, und Anne hat den Mann ständig beim Reden am Arm berührt und laut gelacht, wenn er was gesagt hat. Und sie hat ihn so richtig angehimmelt. Aber es sah alles so ein bisschen aufgesetzt aus, fand ich.«

»Wie hieß der Mann?«, fragte Zakos aufgeregt.

»Keine Ahnung, das hat mich wirklich nicht interessiert«, antwortete Hofreiter etwas zu schnell.

»Oder doch, ja, jetzt fällt es mir wieder ein«, sagte er dann säuerlich. »Eddie hieß der Mann. Eddie aus Afrika. Direkt aus dem Asylantenheim in Trudering – und er saß an meinem alten Platz am Küchentisch.«

An seinem Blick und dem Tonfall konnte Zakos erkennen, dass das Manöver von Anne Hofreiter – falls es denn eines gewesen war – funktioniert hatte: Markus Hofreiter war tatsächlich gekränkt gewesen, und er war es immer noch, obwohl er längst getrennt war, obwohl seine neue Freundin neben ihm saß und seine Exfrau nicht mehr am Leben war.

Kapitel 3

Athen im Frühling war anders, als Kommissar Nick Zakos es erwartet hatte: Es war schön.

Ganz im Gegensatz zu der Stadt aus seiner Erinnerung, dem Moloch aus seiner Kindheit und Jugend, der ihm damals immer fast wie ein Lebewesen vorgekommen war, ein Hitze gebärendes, nach Autoabgasen stinkendes Ungeheuer. Er erinnerte sich an Staus, Schweiß und das schwüle Parfüm seiner Stiefmutter, die er nicht mochte. Er wusste noch, dass seine Füße in den Flipflops, mit denen er als Jugendlicher durch die aufgeheizte Stadt schlurfte, abends immer schwarz vor Straßenschmutz gewesen waren, und vergaß nie den Geschmack des Eiswassers, das die Kellner einem in den Restaurants und Cafés ausschenkten, die er mit seinem Vater und dessen neuer Familie besuchte: gewürzt mit Chlor, als käme es nicht aus der Leitung, sondern aus einem Pool, aber so eisig, dass es im Kopf stach, wenn man es hinunterstürzte.

Die Stadt, durch die er nun seinen Rollkoffer zog, schien eine andere zu sein, heiter, frisch und regelrecht entspannt, und einen Moment lang fragte er sich, ob er hier, genau an diesem Platz, überhaupt schon mal gewesen war. Die U-Bahn hatte ihn direkt am Syntagma ausgespuckt, dem stattlichen gelben Regierungsgebäude, das in Deutschland so häufig in den Nachrichten zu sehen war, aber er wusste nicht mehr, ob er es nur daher kannte, oder ob er in früherer Zeit schon mal davor gestanden hatte. In Natura wirkte es, wie die meisten Gebäude, jedenfalls kleiner und unspektakulärer als auf dem Fernsehbildschirm. Der Platz davor, auf dem die häufig übertragenen politischen Kundgebungen stattfanden, war heute nur von Passanten bevölkert, die aus der Metrostation kamen, und von einem alten Mann, der aus einem Glaskasten frische *Koulouria* verkaufte – schmale Sesamkringel.

Zakos musste einfach einen kaufen. Er gab dem Händler die verlangten sechzig Cent und biss sofort rein. Das Gebäck schmeckte ganz genau wie früher, knusprig und würzig zugleich. Er aß, während er weiterschlenderte, und verspürte ein jähes Gefühl von Glück, wieder hier zu sein, nach so langer Zeit.

Der Asphalt war noch feucht. Als sich Zakos' Maschine im Anflug auf die gigantische weiße Stadt befunden hatte, war ein heftiger Wolkenbruch niedergegangen, doch das hochgetürmte dunkelgraue Wolkengebirge am Himmel hatte sich nun verzogen und die nachmittägliche Sonne wärmte noch so stark, dass Zakos nicht nur seine Jacke, sondern auch den Pullover über dem Hemd auszog und ihn sich um den Bauch band. Dabei stieg seine Laune mit jedem Grad Celsius, bis er fast ein wenig Frühsommerstimmung empfand: Zakos liebte es, wenn man sich nicht dick einpacken musste und er im Hemd durch den Tag gehen konnte. In seinem Fall hatte es fast grundsätzlich ein weißes Hemd zu sein: Er schätzte die frische Anmutung und fand, dass man damit nie unpassend gekleidet war, was er praktisch fand.

Er passierte den Platz vor dem Syntagma und ging immer geradeaus in eine verkehrsberuhigte Einkaufsstraße. Hier gab es Markenketten, wie sie auch sonst überall auf der Welt existierten, und es herrschte ein reges Treiben, ganz ähnlich wie um dieselbe Zeit in München. Nur eines war im Zentrum Athens anders: Alle paar Meter wurde er von irgendjemandem angehalten, der etwas anzupreisen hatte und ihm einen Handzettel entgegenreichte. Zakos nahm alles an, und schon nach kurzer Zeit hatte er einen kleinen Stapel Flyer eingesammelt: Werbezettel für Kosmetiksalons, diverse Bars und Diskotheken, für den Räumungsverkauf eines Porzellanhändlers, für Zeitschriften-Abos. Doch das störte ihn nicht, nichts konnte ihm den schönen Moment zerstören, diese überraschende Euphorie darüber, wieder hier zu sein, dem griechischen Stimmengewirr zu lauschen, die Leute anzusehen.

Zakos' Vater war schon vor vielen Jahren wieder hierhergezogen, nach der Scheidung von Nicks deutscher Mutter. In den ersten Jahren hatte er ihn in den Schulferien oft besucht, doch das war schon ewig her. Danach hatte er ab und an in griechischen Urlaubsorten seine Ferien verbracht, aber mittlerweile war er fast zwanzig Jahre nicht mehr in der griechischen Hauptstadt gewesen, und die Athener waren für ihn nur noch eine verblichene Erinnerung. Nun war er begeistert: Die Leute sahen gut aus. Es gab viele hübsche junge Frauen mit langen Locken oder hoch aufgetürmten Dutts, viel Lippenrot, schlanke Beine in schwarzen Leggins. Junge Männer mit Bärten, die Strickmützen bis zu den schwarzen Augenbrauen heruntergezogen. Geschäftsfrauen mit geschulterten Laptoptaschen und sorgfältig blond gesträhnten Haaren, ein paar Familienväter mit gemütlichen Bäuchen, die sich aus dunkelblauen Kabanjacken und geöffneten Anoraks wölbten, und eine Menge Teenager, die Kaffeebecher und Smartphones mit sich trugen und mit ihrem lauten Lachen und Rufen viel mehr Lärm verursachten als ihre Altersgenossen im Norden. Zumindest kam es Zakos so vor.

Er schritt an ihnen allen vorbei, und sein Lächeln, das in den verregneten und stressigen letzten Monaten in München regelrecht eingerostet war, wurde immer breiter und wuchs sich endlich zum echten Strahlen aus – und die Menschen, die er damit bedachte, erwiderten es ihrerseits lächelnd. Bei aller Fremdheit wärmte ihn auf einmal ein Gefühl von Vertrautheit, Zugehörigkeit und, ja: Glück.

Dann stand er plötzlich vor dieser kleinen Kirche und wusste: Hier war er tatsächlich schon mal gewesen. Damals hatte das Kirchlein noch nicht inmitten einer verkehrsberuhigten Fußgängerzone gestanden, sondern wurde umtost von Autos und Mopeds, das wusste er noch, aber auch damals schon lag es tiefer als der Bürgersteig daneben. Es musste eine bekannte Sehenswürdigkeit sein, die er all die Jahre vergessen hatte, und wie bei einem Flashback erschien Zakos das Bild des Vaters neben ihm, seine große braune, leicht behaarte Männerhand, die Zakos Halt gab, und die warme Stimme des Papas, wie er ihm erklärte, warum das Kirchlein tiefer liege als die Straße außen herum. »Es ist so alt, dass der Boden abgesunken ist.«

Damals musste sein Vater etwa so alt gewesen sein wie er jetzt: Mitte 30. Wie er wohl heute aussah? Zakos hatte ihn ewig nicht gesehen, er wollte gar nicht darüber nachdenken, wie lange es genau war – aus Angst, dass ihn dies deprimieren könnte. Doch sie standen telefonisch in Kontakt, und Zakos hatte am Tag davor bei ihm durchgerufen und seinen Besuch angekündigt. Sein Vater hatte aufgeregt und erfreut geklungen, aber auch ein wenig ungläubig, als hielt er einen Besuch seines Sohnes fast nicht mehr im Rahmen des Möglichen. Sie hatten sich wirklich lange nicht mehr gesehen.

Zakos setzte seinen Rollkoffer ab und holte das Handy aus der Hosentasche. Er fand auf seinem Handy freies WLAN und googelte den Namen der Kirche, vor der er stand. Kapnikarea. Das klang vertraut. Und sie lag nur um die Ecke zur Mitropoleos-Straße, demnach waren es nur noch ein paar Meter zu seinem Hotel. Also konnte er vor dem Treffen mit dem griechischen Kollegen noch schnell seinen Koffer abstellen.

Er hätte sich nicht beeilen müssen. Als er sein Zimmer – einen dunklen, kleinen Raum – aufgesperrt und den Rollkoffer abgestellt hatte, erreichte ihn ein Anruf mit der Bitte darum, den Termin auf später zu verlegen. Zakos legte auf und zog den Vorhang von dem schmalen Fenster, was kaum eine Verbesserung brachte: Das Zimmer ging auf den Lichtschacht hinaus und lag völlig im Schatten. Weil es nicht viel gab, was man sonst hier drinnen tun konnte, legte er sich nur für eine Minute aufs Bett und schlief tief und fest ein.

Eigentlich war geplant gewesen, dass Zakos Alexis Ekonomidis im Athener Kommissariat treffen sollte, doch der Kollege wurde immer wieder aufgehalten, und schließlich war es nach 20 Uhr. Daher bat er ihn, ihr erstes Treffen in ein Café zu verlegen. Zakos fand das Café ohne weitere Umstände – es lag in der Nähe des Hotels – und erkannte den griechischen Kollegen ebenso umstandslos: Er war der einzige Gast dort, der allein an einem Tisch saß.

»Sie sind der Deutsche? Ich habe mir Sie ganz anders vorgestellt!«, sagte Ekonomidis und schüttelte ihm die Hand.

Zakos zuckte die Schultern. Er kannte das schon. Obwohl er immer klarmachte, dass er als griechischstämmiger Münchner ja von beiden Nationalitäten geprägt war, galt er in Deutschland vielen Leuten als »der Grieche«, und hier nannte man ihn im Gegenzug »den Deutschen«. Für ihn war das immer ein wenig befremdlich, schließlich blieb er ja ein und derselbe Mensch.

»Wie haben Sie sich mich denn vorgestellt?«, fragte er höflich.

»Strenger. So ähnlich wie Wolfgang Schäuble.«

Zakos lachte laut heraus. Erst als der andere nicht einstimmte, merkte er, es war gar nicht als Witz gemeint gewesen. Etwas verlegen griff er zur Speisekarte und ging die Auflistung der Sandwiches durch.

Tatsächlich hatte er sich den Kollegen ebenfalls anders vorgestellt. Zakos hatte bisher nur mit einem griechischen Kommissar zu tun gehabt, mit Tsambis Jannakis aus Rhodos, einem ständig fluchenden, kettenrauchenden Macho in seinen Fünfzigern. Der ungefähr dreißigjährige Ekonomidis wirkte nicht so temperamentvoll wie Jannakis, eher etwas zurückhaltend. Mit seiner dick gerahmten Brille und dem dunklen Bartschatten im schmalen Gesicht sah er auch gar nicht aus wie ein Polizist, sondern eher wie jemand aus einer Werbeagentur.

»Morgen früh erwartet Sie mein Chef, Hauptkommissar Michalidis. Er hat mir aufgetragen, mich um Sie zu kümmern«, fuhr Ekonomodis fort. »Ich weiß allerdings noch viel zu wenig über den Fall.«

Zakos bestellte sich ein Sandwich mit griechischem Kefalotiri-Käse sowie einen kleinen Kaffee und erzählte. Bald war das Brot verspeist und die Tasse leer, aber der Kellner war noch dreimal an den Tisch getreten, um ihnen Wasser nachzuschenken, und Zakos, der so konzentriert gesprochen hatte, dass er fast unbewusst jedes der Gläser heruntergestürzt hatte, verspürte einen Wasserbauch. Ekonomidis hatte derweil gebannt zugehört und am Etikett seiner mittlerweile leeren Bierflasche herumgezupft.

»Könnte es nicht auch jemand anderes gewesen sein als der Afrikaner? Habt ihr die Nachbarin überprüft?«, wandte er irgendwann ein, und Zakos registrierte, dass sie damit nun beim Du angelangt waren, was in Griechenland immer viel schneller vonstattenging – unter etwa Gleichaltrigen sowieso.

»Die Nachbarin hat ein Alibi. Sie hat in der Tatzeit lange Telefongespräche geführt, vom Festanschluss ihres Hauses aus«, erwiderte er. Es war ein Detail, das klar überprüfbar war, wie auch Alexis Ekonomidis als Kollege wusste.

»Außerdem ist sie viel zu zart gebaut, als dass sie dem Opfer die Hämatome und Misshandlungen hätte beibringen können. Bei dem Flüchtling aus Afrika handelt es sich dagegen um einen sehr großen, muskulösen Mann. Die Ermordete war eine Art Patin für ihn, sie gab ihm Deutschunterricht. Am Tattag hatte er eine Stunde bei ihr gehabt, das ging aus ihrem Handykalender hervor. Er ist die heiße Spur der Münchner Kollegen, ihr Hauptverdächtiger. Das Problem ist nur, dass der Mann verschwunden ist.«

In der Unterkunft in Trudering, in der der Mann untergebracht gewesen war, hatten sie an jenem Tag, als sie von Eddie erfuhren, nur zwei Frauen vom Helferkreis angetroffen, die den Mann zwar kannten, aber nichts über seinen Verbleib wussten. Immerhin gab es dort eine Liste, auf der sein voller Name vermerkt war. Im Register der Bundespolizei, bei der Zakos daraufhin anrief, war der Mann auch umgehend zu finden gewesen.

»Edward Kamara, geboren 1980 in Freetown, Sierra Leone, stimmt's?«, hörte er die Stimme der Kollegin, die seine Akte im Computer angeklickt hatte. »Sein Antrag wurde abgelehnt, und der Mann wurde zurückgeschickt in das europäische Land, in dem er zuerst registriert worden ist. In diesem Fall Italien.«

Zakos hatte geflucht und umgehend Europol kontaktiert.

»Lass mich raten: Die von Europol haben ihn in Italien

nicht gekriegt. Und die Kollegen dort auch nicht«, mutmaßte Alexis.

»Ich sage dazu lieber gar nichts!«, seufzte Zakos. Er wusste nicht, wie intensiv die Kollegen gesucht hatten. Dass es nicht so einfach war, einen Untergetauchten aufzuspüren, war allerdings klar. »Jedenfalls war der Mann in Italien zweimal über eine deutsche SIM-Karte zu orten, und zwar in Rom. Die Italiener hatten diese Daten, ebenso wie Europol. Doch dann ist er anscheinend nach Griechenland gereist, offenbar nach Athen. Anscheinend hat er hier gelebt, bevor er nach München kam, aber wo genau, das wusste niemand aus dem Münchner Asylantenheim. Sein Handy war dann auch kurz hier in Athen zu orten, aber nur ein einziges Mal. Ich nehme an, er hat sich mittlerweile eine griechische SIM-Karte geholt. Lange Rede, kurzer Sinn: Er ist ziemlich sicher hier in der Stadt.«

Als er an diesem Punkt seines Berichtes angelangt war, lachte Alexis Ekonomidis auf. Es klang ein wenig meckernd und eher laut als fröhlich.

»Der Typ muss wirklich was zu verbergen haben«, sagte er, als er sich beruhigt hatte.

»Kein Flüchtling der Welt kommt sonst freiwillig nach Griechenland zurück. Wenn du unsere Flüchtlingsunterkünfte kennen würdest, dann wüsstest du auch, warum: Laut UNHCR sind die Umstände dort menschenunwürdig. Was mit Sicherheit den Tatsachen entspricht«, erläuterte er.

»Allerdings kann man hier natürlich wunderbar untertauchen. Wir haben ja gar nicht genug Personal, um alles und jeden zu kontrollieren und zu registrieren. Die Leute kriechen einfach irgendwo bei Freunden oder Bekannten unter. Oder sie hausen in Verschlägen oder schlafen in geschlossenen Läden ohne Strom, Wasser und Heizung. Und zwar nicht nur

Flüchtlinge, sondern auch Griechen. Davon gibt's Tausende und Abertausende. Und es werden immer mehr. Das ganze Land geht den Bach runter ...«

Zakos senkte den Blick, aber er war nicht überzeugt. Er hatte immer noch die Bilder des alten Athen vor sich, die unrenovierten, smogverfärbten Gebäude, die brüchigen Pflastersteine. Nun aber sah das Zentrum so aufwendig renoviert aus, und das Café, in dem sie saßen, war so originell und modern ausgestattet mit seiner Theke und den Tischen aus hellem Holz, die mit betont schlichten Alustühlen kombiniert waren. An der Decke hingen als Dekoration jede Menge umgekehrter Regenschirme – ein Motiv, das sich auch auf der Getränkekarte wiederfand. Das Lokal hätte also auch ebenso gut nach Berlin, London oder Amsterdam gepasst.

Ekonomidis folgte seinem Blick und grinste.

»Lass dich nicht von der Fassade täuschen«, sagte er. »Hier gleich bei der Ermou-Straße sind wir in einer der besten Gegenden der Stadt, die Plaka und das Kolonaki sind nicht weit. Das ist unsere Visitenkarte. Wir leben schließlich vom Tourismus, das darf man auch nicht außer Acht lassen. Außerdem: Es ist nicht jeder Athener arm, ganz klar. Manche sind wohlhabend, besonders hier in der Gegend, und das ist auch ihr gutes Recht. So wie überall auf der Welt. Aber wenn man genau hinsieht, erkennt man auch hier den Niedergang. Wenn du noch nicht müde bist, führe ich dich ein bisschen herum.«

Das Erste, was Zakos auffiel, war, wie viele Menschen nun am Abend in Außenbereichen der Straßencafés und auf den Freiluftterrassen der Restaurants saßen, und das trotz Nieselwetter. In München wären die meisten an solch einem Tag vor dem Fernseher gesessen, doch hier rückten sie unter den Heizstrahlern und Markisen zusammen. Alles wirkte dadurch lebendiger und fröhlicher, und Zakos verspürte wieder das euphorische Gefühl wie kurz nach seiner Ankunft.

»Du weißt doch, die Griechen müssen raus«, kommentierte Alexis. »Das liegt in ihrer Natur.«

Zakos erinnerte sich, dass er dies schon öfter gehört, es aber nicht wörtlich genommen hatte. Doch so war es offenbar gemeint. Die Menschen hier hatten ja nicht nur ihre eigenen vier Wände verlassen, sondern saßen komplett im Freien. Es mochte allerdings auch am Rauchverbot liegen, das auch hier in den geschlossenen Bereichen der Lokale galt. Ab und an wehte ihm Zigarettenrauch aus den Freisitzflächen entgegen, und immer wenn das der Fall war, schritt er besonders schnell weiter durch die nassen Straßen, um dem Geruch zu entkommen. Bis Alexis ihn bat, sein Tempo ein wenig runterzufahren.

»Renn nicht so – du verpasst doch alles«, sagte er und hielt inne. »Wir sind hier an der Platia Agia Irini, hier ist momentan am meisten los.«

Sie befanden sich parallel zu der verkehrsberuhigten Ermou-Straße an einem kleinen Platz rund um eine große Kirche, auf dem sich ein Lokal an das nächste reihte.

»Das war mal ein altes Stoffgeschäft«, sagte er und wies auf ein kleines, gutbesuchtes Bistro. »Im Inneren sieht noch alles wie früher aus – nur liebevoll restauriert.«

In dem Café daneben bestand die komplette Einrichtung aus alten Schulmöbeln.

»Jeder lässt sich etwas einfallen und versucht, besonders originell zu sein, um Gäste anzulocken und von dem einzigen Wirtschaftszweig, der in diesem Land noch immer funktioniert, zu profitieren: der Gastronomie«, erläuterte er und nahm kurz die Brille ab, um die feinen Regentropfen abzutrocknen, die sich allmählich darauf abgesetzt hatten.

»Ich laufe hier nach der Arbeit oft stundenlang durch die

Straßen«, erklärte er. »Es entspannt mich. Sieh mal, da drüben: Das ist einer der neuen Loukoumades-Läden.«

Zakos kannte *Loukoumades* noch aus seiner Kindheit; es handelte sich um eine Art Pfannkuchen oder Krapfen, die in Öl ausgebacken wurden.

»Griechisches Slow Food«, erläuterte Ekonomidis. »Da setzen sich ganze Cliquen bei ein paar Loukoumades an den Tisch, und dann bleiben sie den ganzen Abend davor sitzen und trinken nur noch Wasser. Davor waren es die Läden mit griechischem Frozen Yogurt, die im Trend lagen. Einer hat einen bestellt, sieben saßen einfach so mit am Tisch.«

»Davon wird der Gastronom aber auch nicht gerade reich«, gab Zakos zu bedenken.

»Nein, aber die Leute denken sich wahrscheinlich: besser als gar nichts. Dir ist vielleicht aufgefallen, dass der Kellner vorhin ständig mit einer Wasserkaraffe herumging. Überall schenken die Wirte bereitwillig die ganze Nacht Wasser aus und verjagen ihre Gäste nicht, egal, wie lange die sitzen bleiben. Sie wissen – von heute auf morgen können die Stühle auch ganz leer sein, und das ist noch schlechter fürs Geschäft«, erläuterte er. »Ich zeige dir, wo das zuletzt passiert ist.«

Nur wenige Minuten Fußmarsch weiter reihte sich ebenfalls ein Lokal ans andere – ebenso originelle, aufwendig eingerichtete Bars, Cafés und Tavernen. Nur dass hier nur wenige Gäste anzutreffen waren.

»Hier im Stadtteil Psirri war die beliebteste Ausgehmeile, bevor die Platia Agia Irini die beliebteste wurde – aber das ist erst ein paar Jahre her. Das ist hierzulande die Halbwertszeit für einen Trend. Wer in dieser Zeit nicht alle Kosten für sein Lokal eingefahren und was rausgeholt hat, der hat das Nachsehen. Und bei den ganzen Sportclubs ist die Rechnung größtenteils sowieso nicht aufgegangen.«

Er wies hinauf ins obere Stockwerk eines alten Hauses, an dem eine Leuchtreklame für ein Yogastudio angebracht war.

»Das war auch so ein Trend, die haben hier in Scharen eröffnet – Sportclubs, Fitnesscenter, Yogastudios. Yota, meine Schwester, ist damals oft mit ihren Freundinnen ins Zumba gegangen. Sie hat fünf Kilo auf diese Weise abgenommen. Es gab haufenweise Flyer für Gratisstunden. Aber als damit Schluss war und die ganzen Clubs auch mal was verdienen wollten, da war der Fitnesstrend schnell vorbei und die meisten wurden wieder faul. Oder sie machen ihre Gymnastik vor dem Computer – gratis natürlich.«

Der Regen hatte aufgehört, aber mittlerweile waren sie schon ziemlich durchnässt, und Zakos wurde außerdem müde. Doch der andere war mit seiner Stadtführung noch nicht am Ende.

»Nun weißt du, dass die Krise manchmal sogar sportlich ist – oder unsportlich. Jetzt zeige ich dir, wo sie besonders poetisch ist – gleich um die Ecke von hier.«

Was Alexis meinte, war eine kleine Nebenstraße unweit von der Metrostation Monastiraki, die still dalag. Zunächst konnte Zakos nichts Besonderes entdecken, aber Alexis wies nach oben, und dort sah er es: Statt der Lampen für die Straßenbeleuchtung hingen hier Dutzende Deckenleuchten, Modelle wie aus Omas Wohnzimmer mit Rüschen daran, Kinderlampen mit Aufdrucken von Märchenfiguren und andere, die nach den sechziger Jahren aussahen. Er verstand sofort, was Alexis meinte – die Lampen gaben der Straße einen malerischen und skurrilen Anstrich.

»Die Stadt wollte in den Nebenstraßen nachts die Straßenbeleuchtung abdrehen, da kamen ein paar Leute auf diese hübsche Idee und brachten ihre eigenen alten Lampen mit. Und sie funktionieren sogar, sie sind alle angeschlossen.«

»Aber sie brennen doch gar nicht!«, wandte Zakos ein.

»Ja, das sehe ich auch gerade«, musste Alexis zugeben. »EI-GENTLICH funktionieren sie. Im Moment aber nicht. Das ist vielleicht ganz typisch für Griechenland!«

Der Regen hatte in der Nacht aufgehört, die Sträucher und Bäume waren aber noch feucht und die Luft frisch und sauber, und Zakos, der von Griechenland nur die karstige Dürre des Sommers kannte, war verblüfft darüber, dass die Hügel außerhalb Athens übersät waren mit Margeriten und rotem Mohn. Darüber spannte sich ein weiter, intensiv blauer Himmel, an dem gerade ein paar dunkelgraue Wolkenfetzen davoneilten. Den weiten Blick übers Land zerschnitt ein martialischer Stacheldrahtzaun, hinter dem sich in akkuraten Reihen schmale Baracken zogen, vor deren Eingängen je ein blauer Mülleimer aufgestellt war. Doch nur vor einer der Baracken steckten schwarze Plastiktüten darin, ein Hinweis dafür, dass sie bewohnt war.

»Amygdaleza, unser berühmt-berüchtigtes Flüchtlingsheim«, erläuterte Alexis seinem Kollegen aus München. Die beiden Polizisten saßen auf einer Bank vor der Baracke, in der sich die Wächter aufhielten. Alexis sah müde aus, als wäre er in der vergangenen Nacht noch lange durch die Stadt gestreift. Hinter der Brille traten nun tiefe Augenringe hervor, und statt des ordentlichen Hemdes vom Vortag trug er ein Kapuzensweatshirt. Er hatte heute dienstfrei und Zakos in seinem Privatwagen, einem winzigen silbernen Hyundai mit verbeulter Beifahrertür, hierhergefahren, weil er, wie er sagte, nichts Besseres vorhabe.

»Ich wohne bei meiner Schwester, aber sie bereitet gerade die Geburtstagsfeier für meinen Neffen vor. Da gehe ich gern eine Weile aus dem Weg«, erläuterte er. »Und außerdem will der Chef, dass ich dich auf Schritt und Tritt unterstütze.« Er klang keineswegs vorwurfsvoll, aber auch nicht wirklich freundlich. Zakos runzelte die Stirn.

»Eigentlich ist das nicht nötig«, sagte Zakos. »Ich brauche allenfalls dann und wann ein bisschen Rechercheunterstützung, das werde ich deinem Chef gern erläutern, wenn wir ihn später sehen ...«

Doch Alexis winkte ab und wechselte das Thema.

»Ich erzähle dir mal alles, was ich über das Lager hier weiß: Mittlerweile ist es so gut wie geschlossen, nur noch ein paar Männer sitzen hier ein. Aber vielleicht war euer Flüchtling irgendwann mal hier. Das wäre möglich. Eventuell erkennen die Wächter die Bilder von ihm. Hier waren zu Höchstzeiten knappe zweitausend Flüchtlinge untergebracht.«

Zakos nickte. Er konnte sich's vorstellen, die langen Barackenreihen sprachen ja eine deutliche Sprache.

»Scheußlich!«, sagte er.

»Das kann man wohl sagen. Die haben die Männer hier inhaftiert wie Verbrecher, nur weil sie keine Aufenthaltspapiere hatten. Vergangenen August soll die Temperatur in den Baracken bei über 50 Grad Celsius gelegen haben. Der reinste Horrortrip!«

»Die Temperaturen im Sommer waren tatsächlich ein großes Problem«, ließ sich ein Mann verlauten, der nun mit drei dunkelbraunen Plastikbechern Kaffee aus der Hütte trat. Er reichte ihnen zwei davon und setzte sich zu ihnen.

»Giorgos«, stellte er sich vor. Er hatte eine Hakennase und verbarg seine Halbglatze unter einer dunkelblauen Baseballkappe.

»Aber sonst waren die Zustände gar nicht so schlimm, wie immer behauptet wurde. Es ist sauber hier, und die Männer haben anständige Betten und akzeptable Waschmöglichkeiten.« Er klang ein wenig, als würde es ihn persönlich kränken, dass das Lager einen solch schlechten Ruf hatte.

Alexis schwieg dazu, und auch Zakos sagte nichts, sondern nippte nur an seinem Kaffee. Der Zucker darin konnte die Bitterkeit nicht überdecken. Zakos fand das Gebräu so ungenießbar, dass er den Becher abstellte, ohne erneut daraus zu trinken.

»Wie viele Männer sind denn noch hier?«, fragte der Athener Kommissar schließlich.

»Um die einhundert«, antwortete Giorgos. »Das sind jetzt ausschließlich Leute, die mit dem Gesetz in Konflikt geraten sind. Kleindelikte. Sie befinden sich hier in einer Art Untersuchungshaft. Wenn sie mal weg sind, dann wird man sehen, wie es hier weitergeht. Ursprünglich hieß es, der ganze Laden wird geschlossen und abgerissen. Aber nun kommen immer mehr Flüchtlinge in Griechenland an, und es heißt, wenn die Temperaturen steigen, im Sommer, werden es noch viel mehr werden. Vielleicht braucht man Amygdaleza dann doch wieder. Nicht als Gefängnis, sondern als Flüchtlingsheim. Wer weiß?«

»Giorgos, ich habe Fotos des Gesuchten dabei, die würde ich gern unter den Männern herumgehen lassen – auch unter euch Wächtern«, begann Zakos. »Ich wüsste gern, ob dieser Mann jemals hier war.«

»Kein Problem! Außerdem kann ich den Namen des Mannes nachsehen lassen. Wir haben alle Namen in unserem System erfasst. Es sind vielleicht nicht immer die echten Namen, die hier auf unserer Liste stehen – das ist das Problem. Aber nachsehen kann man ja trotzdem mal.«

»Wunderbar!«, freute sich Zakos. »Aber außerdem würde mich auch deine Meinung über ein paar Dinge interessieren. Schließlich hattest du ja hier mit vielen Flüchtlingen zu tun, du weißt vielleicht mehr als wir beide.«

»Das kann man sagen«, antwortete Giorgos. Er wirkte geschmeichelt. »Ihr ahnt ja nicht, welche Schicksale man hier mitbekommt. Was für Lebensgeschichten! Das ist auch nicht immer besonders einfach, das nimmt man mit nach Hause.«

Zakos nickte und erzählte, was er über Edward Kamara wusste.

»Was ich nicht verstehe, ist Folgendes«, beendete er schließlich seinen Bericht. »Warum geht jemand nach Griechenland, der das gar nicht müsste? Unser Mann könnte über Italien erneut relativ einfach nach Deutschland reisen, wie so viele andere das tun. Er müsste sich zum Beispiel nur in einen Zug setzen. Er bräuchte dazu weder eine Fahrkarte noch Geld – in vielen Fällen werden die Flüchtlinge auf der Reise nach Deutschland momentan nicht mal kontrolliert, einfach weil es mittlerweile zu viele sind. Also – was könnte der Grund sein?«

»Vielleicht liebt er unser Land?«, sagte Giorgos spöttisch und schob seine Kappe vorne am Schirm ein wenig zurück, so dass er Zakos voll ansehen konnte. »Nein, nun mal im Ernst«, fuhr er dann fort: »Ich glaube, vielleicht ist es doch nicht so einfach, sich in einen Zug Richtung Norden zu setzen, wie du denkst. Deswegen muss ich an dem Punkt widersprechen. Ich habe gehört, dass es auf manchen Regionalbahnhöfen regelrechte Schlägereien um die Sitzplätze gibt. Es kommen ja immer mehr Menschen. Du ahnst nicht, was da für ein Gedränge herrschen muss, zumindest wenn die Verhältnisse in Italien vergleichbar sind mit denen hier – wovon ich ausgehe. Wir hatten hier zuletzt ein paar Männer, die es in Nordgriechenland an der Grenze zu Makedonien versucht haben. Muss furchtbar sein. *Survival of the fittest*, jeder gegen jeden. Da haben manche einfach resigniert. Sie wussten, in Athen haben sie keine Zukunft, aber sie kehrten trotzdem lieber erst mal zurück.« Er nahm einen großen Schluck von dem schwarzen Gebräu in seinem Plastikbecher.

»Von Italien nach Griechenland dagegen geht es einfach. Euer Mann braucht zum Beispiel bloß per Anhalter zu fahren, in diese Richtung nehmen viele einen gegen ein kleines Trinkgeld mit.«

Zakos war nicht überzeugt.

»Wahrscheinlich wartet er hier ein wenig ab und sammelt seine Kräfte, bevor er wieder auf die Reise geht«, erläuterte der Wächter. »Wenn ich's recht bedenke, glaube ich, seine Familie ist hier. Er könnte eine Frau und fünf kleine schwarze Kinder haben, die will er jetzt erst mal wiedersehen. Wahrscheinlich war sein ursprünglicher Plan, die alle ebenfalls nach Deutschland nachzuholen. Wann ist er gleich noch von Afrika nach Europa gekommen?«

»Seine Erstregistrierung in Europa war Ende der neunziger Jahre in Italien«, antwortete Zakos. »Und zwar am Flughafen. Da ist er mit einem Touristenvisum eingereist.«

»Ahhh, einer aus besserem Hause, ist mit dem Flieger angereist«, sagte Giorgos. »Aber die tun sich später auch nicht unbedingt leichter. Jedenfalls: Hier bei uns waren ja nicht nur Flüchtlinge auf der Durchreise nach Norden. Im Gegenteil, viele der Leute, die hier bei uns wohnten, lebten schon jahrelang in Griechenland und schlugen sich irgendwie durch. Meistens ging das auch ziemlich lange gut: Man muss schon verdammtes Pech haben, um aufzufallen, denn die Polizei hat anderes zu tun, als alle Illegalen im Land ausfindig zu machen und einzusperren. Hätte auch keinen Sinn, wo sollte man auch so viele Menschen unterbringen? Kostet doch alles Geld! Hast du eine Ahnung, was allein Amygdaleza zu Hochzeiten für Kosten verursacht hat?«

Zakos schüttelte den Kopf, aber es interessierte ihn auch

nicht. Ihm ging es nur um seinen Gesuchten. Er holte zwei Fotos hervor, die sie von Kamara hatten, ein schon etwas älteres aus seinem Pass, auf dem er sehr ernst in die Kamera blickte, und ein neueres von einer Weihnachtsfeier in der Unterbringung in Dornach, auf der er vor einem Adventskranz an einem Tisch saß. Auf diesem Bild trug er kinnlange Dreadlocks und lächelte. Er zeigte Giorgos die Bilder, doch der schüttelte nur den Kopf.

Sie ließen die Fotos dann noch bei den übrigen Wächtern herumgehen, dann brachen sie gemeinsam mit Giorgos und zweien seiner Kollegen zu den Wohneinheiten auf, in denen nach wie vor Männer festgehalten wurden. Nur vor der hintersten saßen ein paar junge Kerle auf Klappstühlen draußen, rauchten und reckten die Gesichter in die Morgensonne. Zu den Bildern von Eddie schüttelten sie unisono die Köpfe.

»Richtig hinsehen, Idiot!«, raunzte Giorgos einen der Häftlinge an, einen schmächtigen, sehr jungen Mann. Er hatte kurzgeschorenes Haar und trug eine Kapuzenjacke mit Adidas-Streifen und aufgescheuerten Ärmelbünden.

»Langsam, langsam«, machte Zakos in die Richtung des Wächters und versuchte, den Jungen aufmunternd anzusehen, doch der mied seinen Blick. Er sah stattdessen noch mal auf die Fotos, schüttelte dann erneut den Kopf. Er wirkte eingeschüchtert, und Zakos ärgerte sich. Auf diese Art und Weise – mit Giorgos an seiner Seite – würde er garantiert nichts bei den Männern erreichen.

Zum Glück schien Giorgos aber auch keinerlei Lust zu haben, mit ihnen durch die Baracken zu gehen. Stattdessen holte er sein Smartphone heraus und machte es sich – in sicherem Abstand zu den jungen Männern – auf einem der Klappstühle bequem. Die übrigen zwei Wächter patrouillierten währenddessen vor den Gebäuden und rauchten.

Also betraten Zakos und Ekonomidis die erste Baracke allein. Die Luft, die ihnen entgegenschlug, war muffig und roch nach Schweiß und Schlaf, doch die Räume wirkten eigentlich nicht ungepflegt, und die Ausstattung war nicht anders als die in den Auffanglagern in München, die derzeit immer wieder in den Nachrichten zu sehen waren: schwarze Metallstockbetten, einfache Tische und Klappstühle aus Blech, wie die, die vor der Tür standen. Konnte sein, dass nicht die Ausstattung, sondern das Wachpersonal das Unerträgliche an dieser Unterkunft war, ging es Zakos durch den Kopf, aber wirklich sicher war er sich dessen nicht. Es war auffallend ruhig, vielleicht war bei ihrem Eintreten jedes Gespräch verstummt. Die meisten Männer hielten sich in ihren Stockbetten auf, doch offenbar waren alle wach: Sie waren angezogen, starrten an die Wand und unterhielten sich allenfalls flüsternd.

Zakos ging mit Alexis von Bett zu Bett, er fühlte sich dabei ein wenig, als wäre er ein Arzt bei der Visite. Sie ließen sich viel Zeit. Er stellte sich bei jedem der Männer vor, fragte nach den Namen und dem Herkunftsort. Die meisten schienen aus arabischen Ländern oder aus Bangladesch und Pakistan zu stammen. Fast jeder konnte etwas Griechisch oder wenigstens ein paar Brocken Englisch, nur einer, ein schon etwas älterer Afghane, blickte ihn verständnislos an, bis schließlich Landsleute übersetzten. Er hieß Hassan, so viel bekamen sie heraus, doch auf Eddies Porträts zeigte er keine Reaktion, so wenig wie die anderen. Zakos beobachtete jedes Gesicht, jede Regung. Es fiel ihm nichts auf. Wahrscheinlich waren die Wächter ohnehin wichtiger für ihn – wenn Eddie irgendwann hier gewesen wäre, wüssten sie es wohl. Doch als sie hier fertig waren und zur Wächter-Hütte gingen, war die Nachricht negativ: Hier war kein Edward Kamara registriert.

»Tatsächlich war es hier natürlich nicht so harmlos, wie

dieser Giorgos es uns nun gern weismachen würde«, sagte Alexis, als sie sich wieder im Hyundai auf dem Weg zurück in die Stadt befanden. Zakos hatte sich das ohnehin gedacht. Er war erleichtert, das Lager und die sonderbar ruhige, bedrückte Stimmung dort hinter sich gelassen zu haben.

»Vergangenen Winter hat sich ein Mann hier in einer der Baracken das Leben genommen – es war ein Pakistaner, soweit ich mich erinnere. Er hielt wohl die Hoffungslosigkeit nicht mehr aus«, fuhr Alexis fort.

»Daraufhin gab es einen echten Aufstand. Und dann hat die Tsipras-Regierung das Lager aufgelöst und alle außer den Kriminellen entlassen. Jeden Tag wurden dreißig von ihnen mit einem weißen Reisebus nach Athen gekarrt und mitten am Omonia-Platz rausgelassen. Und weißt du, was dann passierte?«

Es war eine rhetorische Frage, daher sparte sich Zakos die Antwort und starrte aus dem Fenster, wo einige große Firmenhallen die übliche Trostlosigkeit von Gewerbegebieten verbreiteten.

»Es gab welche, die wollten allen Ernstes zurück! Denn sie wussten überhaupt nicht, wohin«, erzählte der andere weiter. »Bei den meisten verhielt es sich wohl so, wie dieser Giorgos gesagt hat: Sie lebten schon seit langen Jahren im Land. Diese sind dann einfach nach Hause gefahren in ihre Wohnungen oder irgendeinen Unterschlupf, wo sie herkamen. Aber andere, die erst kürzlich nach Griechenland geflohen waren, hatten keine Ahnung, was sie tun sollten. Im Fernsehen zeigten sie einen jungen Mann, der deshalb völlig verzweifelt war und herzzerreißend weinte.«

Alexis schüttelte den Kopf.

»Jetzt richtet die neue Regierung gerade eine neue Unterkunft ein, in Eleonas. Die soll kein Gefängnis sein wie Amygdaleza, die Leute können kommen und gehen, wann sie wollen. Nicht nur Männer, auch Frauen und Familien. Die Ausstattung soll wesentlich komfortabler sein. Aber weißt du, wie viele darein passen? Lächerliche sechshundert. So viele kommen derzeit täglich in der Ägäis an. Und es gibt Schätzungen, dass es im Sommer, wenn das Meer wärmer wird, mindestens dreimal so viele sein werden.«

Zakos nickte. Er kannte diese Schätzungen und wusste, dass die allermeisten dieser Menschen – ein großer Teil davon Kriegsflüchtlinge aus Syrien – sich daraufhin nach Nordeuropa aufmachen würden. Er wusste ebenso, dass die entscheidenden Stellen in Bayern die Augen vor den für den Sommer 2015 prophezeiten Flüchtlingszahlen derzeit verschlossen, als hofften sie, das Problem zum Verschwinden zu bringen, indem sie es ignorierten. Schon jetzt stießen die Kapazitäten in den deutschen Unterkünften an ihre Grenzen, weil versäumt worden war, sich auf den zu erwartenden Ansturm vorzubereiten.

Heinrich Baumgartner, hinter dessen Fassade des coolen braungebrannten Sportfans sich ein eher nervöses Naturell verbarg, behagte die Situation schon lange nicht mehr.

»Wenn da mal was passiert – dann haben wir die Hölle hier!«, pflegte er regelmäßig zu orakeln. Als sich dann der Verdacht herauskristallisierte, der Mörder von Anne Hofreiter könnte ein Asylbewerber sein, und Baumgartners bis dato eher allgemeine Befürchtungen nicht nur eingetreten waren, sondern sich sogar zu einem Vorfall in seinem direkten Verantwortungsbereich verdichtet hatten, hatte er sich ärgste Sorgen gemacht. Nach einem eindringlichen Gespräch mit dem Innensenator gut zehn Tage nach dem Mord hatte er dann allerdings fast hyperventiliert: Offenbar war ihm da besonders drastisch klargemacht worden, was auf sie zukommen könnte. Darauf hatte er Zakos schnellstens in sein Zimmer beordert.

»Stell dir die Schlagzeilen vor: Asylbewerber metzelt Deutsche in ihrem Haus am Stadtrand nieder!«, hatte er mit düsterer Miene zu Zakos gesagt und sich regelrecht geschüttelt vor Entsetzen. »Einfach ... schrecklich!«

Zakos hatte etwas einwenden wollen, doch Baumgartner war zu echauffiert gewesen, um zuzuhören.

»Nein, nein, das ist eine ganz schwierige Situation, die sich im Handumdrehen gegen uns wenden kann. Was meinst du, was los ist, wenn das die Rechten spitzkriegen? Was da passieren kann? Und WENN so was passiert, dann ist dir schon klar, wer schuld ist, oder?«

Er biss sich sorgenvoll in die Unterlippe.

»Aber denken wir jetzt mal nicht an die Rechten, sondern an die Linken«, fuhr Baumgartner fort. »Die sehen die Dinge dann wiederum diametral anders. Für die macht uns dann schon unser Verdacht, der Flüchtling könne der Täter sein, verdächtig!«

Er schüttelte den Kopf. »So was kann sich zur reinsten Lose-lose-Situation auswachsen! Deswegen ist es immens wichtig, in diesem Fall Vollgas zu geben. Und auf Europol möchte ich jetzt auch nicht länger vertrauen! Die haben den Mann in Italien nicht dingfest gemacht, die werden ihn auch in Griechenland nicht dingfest machen!«

Zakos hatte da bereits geahnt, worauf die Sache hinauslief. Doch er spielte den Nichtsahnenden und zierte sich ein wenig, der Form halber. Auch weil es ihm guttat, hofiert zu werden.

»Es wäre ja nicht das allererste Mal, dass uns deine griechischen Sprachkenntnisse zur Hilfe kommen ...«, hatte Heinrich mit schmeichlerischem Unterton gesagt.

»Beim letzten Griechenlandeinsatz lief doch auch alles aus-
gezeichnet ab! Damals hat uns der Innensenator ausdrücklich
gelobt, das weißt du ja noch. Bei dir wäre die Sache in den
allerbesten Händen, das ist jedem hier klar!«, schloss Heinrich, und Zakos, der in Wahrheit ziemlich froh war, mal für
eine Weile Abstand von München und insbesondere von seiner Beziehung zu Sarah zu bekommen, hatte zugestimmt,
Edward Kamara in Athen zu suchen. Erst als er bereits den
Flug gebucht hatte, war ihm klargeworden, dass die Reise eine
längere Trennung von seinem Sohn bedeutete, für den er ohnehin viel zu wenig Zeit aufbrachte. Aber da war es schon zu
spät.

»Ich kann die Befürchtungen deines Chefs gut nachvollziehen«, sagte Alexis Ekonomidis, als Zakos von Baumgartner
erzählt hatte. Da hatten sie die Athener Stadtgrenze bereits
wieder erreicht, und eine wahre Blechlawine zog sich zäh
durch die Zufahrtsstraße.

»Vor einiger Zeit gab es bei uns diesen Vorfall, von dem du
bestimmt gehört hast: Ausländer haben mitten in Athen einen
Mann ermordet, der gerade seinen Wagen holen wollte, um
seine schwangere Frau in die Entbindungsstation eines Kran-
kenhauses zu fahren. Ein Raubüberfall, es ging ihnen um die
Videokamera des Mannes. Schreckliche Sache, fraglos. Was
dann passierte, war allerdings ebenfalls schrecklich: Neonazis
veranstalteten eine regelrechte Hetzjagd auf Schwarze im
Stadtzentrum. Da gab es eine ziemlich schlechte Presse für unser Land.«

Zakos erinnerte sich. Und er war sich sicher, dass auch
Baumgartner von der Sache gehört hatte. Seine Befürchtungen kamen daher nicht von ungefähr, das stand außer Frage.

Schließlich verstummte Alexis und starrte lediglich auf
den Verkehr. Schon am Vorabend war Zakos aufgefallen, dass

der Grieche kaum Lust auf Privatgespräche zeigte. Zakos' rein höfliche Nachfrage nach der Dauer seiner Zugehörigkeit bei der Polizei und danach, in welchem Athener Viertel Alexis wohne, beantwortete er betont einsilbig. Es war einfach keine Konversation mit ihm zu machen. Dann eben nicht, dachte Zakos. Und so kehrte Schweigen im Wagen ein, was zur Folge hatte, dass Zakos fast einnickte. Seit Elias auf der Welt war, war er eigentlich immer müde, und die gestrige Nacht im Athener Hotelzimmer, in der er hatte durchschlafen können, war nicht ausreichend gewesen, um sich zu erholen.

Als der griechische Kollege dann plötzlich hupte, fuhr Zakos regelrecht hoch. Ein silberner Toyota hatte etwas zu abrupt in die Spur vor ihnen gewechselt. Alexis kommentierte dies nur mit einem leichten Kopfschütteln, und Zakos wunderte sich schon wieder über ihn. Der Mann war irgendwie gar nicht richtig griechisch, fand Zakos, er hatte null Temperament. Zakos musste an den anderen griechischen Kommissar denken, den er kannte, Tsambis Jannakis auf Rhodos. Tsambis hätte in solch einer Situation nicht nur gehupt, er hätte geflucht, das Fenster heruntergekurbelt und den anderen Verkehrsteilnehmer unflätig angeschrien. Er war laut, anstrengend, frauenfeindlich und derb gewesen und Zakos mit seinem Verhalten wahnsinnig auf die Nerven gefallen, als sie vor knapp zwei Jahren auf der Dodekanes-Insel miteinander zu tun gehabt hatten, aber irgendwie hatte er ihn trotzdem sympathischer gefunden als diesen Alexis mit seiner gebremsten Art. Jedenfalls wurde einem mit Tsambis nie langweilig, so viel war klar. Und außerdem hatte Zakos das sichere Gefühl, er sei Ekonomidis absolut unsympathisch – was mittlerweile auf Gegenseitigkeit beruhte.

Umso überraschter war er, als Alexis ihn nun bat, gemeinsam mit ihm zu Mittag zu essen.

»Ich übernehme sogar die Rechnung!« Er lächelte dabei ein wenig. Es wirkte wie ein Gesichtsverziehen.

»Gerne«, sagte Zakos, dem eigentlich eine *Tiropita* im Gehen gereicht hätte. Aber er wollte die ausgestreckte Hand des anderen nicht zurückstoßen.

Alexis steuerte seinen Wagen allerdings nicht vor ein Restaurant, sondern stellte ihn – nach einigen Manövern, bei denen die Reifen des Wagens am Rinnstein schmerzhafte Quietschgeräusche verlauten ließen – auf einem asphaltierten Platz ab. Gemeinsam gingen sie zu einem langen Tisch, der hier unter einem Baum aufgestellt worden war – einem alten Tapeziertisch. Große Stapel rechteckiger Alugeschirre standen auf der Plastiktischdecke, die mit fröhlichen Erdbeeren bedruckt war. Auf einem Baum darüber flatterte ein Banner. »Free Food for Everybody« stand darauf – darüber war der gleiche Satz auf Griechisch aufgeschrieben. Neben dem Arrangement, direkt auf dem Asphalt, thronte ein riesenhafter Topf auf einer Herdplatte, die von einer ebenfalls auf dem Boden stehenden Gasflasche betrieben wurde. Zwei Frauen – eine junge und eine ältere grauhaarige – standen daneben, außerdem ein Mann, der ebenso wie Giorgos aus Amygdaleza eine dunkelblaue Baseballkappe trug, ansonsten aber ganz anders aussah: Er hatte ein rundes Gesicht mit freundlichen schwarzen Knopfaugen und einen graumelierten Vollbart. Er rührte mit einem Löffel in dem Topf, dessen Stiel von den Ausmaßen her eher an einen Besen erinnerte.

Als er Alexis erkannte, übergab er den Kochlöffel an eine der Frauen und schloss ihn freundlich in die Arme, ebenso wie Zakos, den Alexis als »einen Freund aus Deutschland« vorstellte.

»Das ist dein Nächster, *o allos anthropos*«, sagte Alexis.

Zakos verstand nicht, und die beiden Männer grinsten.

»Konstantinos hat eine Art öffentlicher Küche gegründet, die er so genannt hat«, erläuterte Alexis, und der Koch nickte dazu.

»Auch sein Blog heißt so. Ursprünglich war er Marketing-experte, doch vor ein paar Jahren hat er seinen Job verloren und keinen neuen gefunden. Er hatte kaum noch Geld und musste zu seiner alten Mutter ziehen. Eines Tages beobach-tete er auf einem der Bauernmärkte hier in Athen, wie zwei Kinder in den halbverrotteten Gemüseabfällen nach Ess-barem suchten. Da wurde ihm klar, dass es ihm trotz allem immer noch besserging als manch anderen, und er begann, täglich von jedem Marktstand ein Stück Gemüse zu erbitten – also eine Tomate, eine Paprika und so weiter. Und daraus wird dann täglich ein Essen für alle gekocht«, erklärte er und wandte sich an Konstantinos, der mittlerweile wieder in dem Topf rührte. »Habe ich alles richtig erklärt?«

»Fast«, antwortete der Bärtige. »Nur eines ist noch wichtig: Ich koche nicht allein. Wir sind auch keine Armenküche, wo ein paar wohltätige Menschen sich um Notleidende kümmern. Wir erheben uns nicht über sie. Bei uns geht es eher darum, zusammen zu kochen und zu essen, und darüber Gemeinsam-keit und Freude zu schaffen«, erläuterte er. »Und so kochen wir seit gut vier Jahren zusammen – jeden einzelnen Tag!«

»Aber zurzeit kommen immer mehr Flüchtlinge, oder?«, sagte Alexis.

Konstantinos nickte.

»Es kommen grundsätzlich immer mehr Menschen«, ant-wortete er. »Am Anfang haben wir täglich fünfzig Mahlzeiten ausgegeben. Heute machen wir zweihundert pro Tag. Aber nicht nur wegen der Flüchtlinge, auch die Zahl der griechi-schen Obdachlosen wächst. Zum Glück sind wir nun bekann-ter und bekommen auch mehr Spenden.«

»Ich dachte mir – vielleicht war dein Mann auch mal da«, wandte sich Alexis an Zakos, der sogleich die beiden Fotos hervorholte.

Doch Konstantinos schüttelte nach einem Blick darauf den Kopf.

»Ich kenne ihn nicht. Da kann ich dir leider nicht weiterhelfen«, sagte er zu Zakos. »Aber ich kann dir eine Bohnensuppe anbieten!«

Zakos nahm dankend an, der Geruch aus dem Topf hatte ihm Appetit gemacht. Die ältere der beiden Frauen, die sich als Maria vorstellte, füllte ihnen zwei Aluschalen, und Alexis und er hockten sich auf den Rinnstein unter einen Baum. Es schmeckte ganz ordentlich, und als sie fertig waren, saßen sie noch eine Weile schweigend da und sahen zu, wie immer mehr Menschen dazukamen, Menschen, die Konstantinos und Maria wie alte Bekannte begrüßten, andere, die sich ein wenig schüchtern näherten und ihr Essen sehr still und schnell konsumierten, außerdem ein älterer Herr in ordentlichen Hosen und gutgebügeltem Hemd, der gar nicht so wirkte, als hätte er Hilfsleistungen nötig. Dann ein Schwung Männer, denen man die Zeit auf der Straße deutlich ansah, und ein paar Studentinnen, die als Helferinnen bei Konstantinos und Maria mitmachten. Schließlich eine große Gruppe von Familien mit kleinen Kindern, die Frauen zum Teil mit Kopftuch – Kriegsflüchtlinge aus Syrien. Und dann war Konstantinos' Riesentopf Bohnensuppe leer.

Kapitel 4

Zakos' Hand tastete über das Nachtkästchen, fand das Handy, drückte es an sein Ohr und schrak erst mal zurück: Elias' Weinen klang so laut und durchdringend, dass er einen Moment lang glaubte, der Kleine hielte den Apparat selbst in der Hand und würde lauthals hineinweinen.

Dann erst erschallte Sarahs Stimme, die offenbar direkt neben dem Kind saß und es an Lautstärke noch übertraf.

»Schon wieder eine Mittelohrentzündung!«, rief sie aus, so vorwurfsvoll, als sei er als Elias' Vater dafür hauptverantwortlich.

»Er hat Fieber und kann nicht in die Krippe, und ich finde niemanden, der heute auf ihn aufpassen kann. Und jetzt muss ich allen Patienten für diesen Vormittag absagen lassen!«

Zakos richtete sich auf, rieb sich mit der freien Hand die Augen und lauschte einem nicht enden wollenden Lamento darüber, dass sie ganz allein dastehe mit dem Problem, weil er ja nicht da sei, und dass ihre Mutter – sie lebte in Münster – nicht vor morgen Nachmittag bei ihr sein könne, um sie zu unterstützen, während Zakos' Mutter, die nur eine halbe Stunde entfernt am Ammersee wohnte, mal wieder keinerlei Hilfe angeboten hatte.

»Und warum? Ich kann dir sagen, warum: Und zwar weil

ihr der Lover wichtiger ist als das eigene Enkelkind«, schimpfte Sarah weiter.

»Puh«, seufzte Zakos. Er wusste, was auch immer er nun sagen würde – es könnte ganz falsch sein. Dabei fühlte er sich noch nicht ganz wach und dieser Diskussion bei weitem noch nicht gewachsen. Tatsächlich war ihm ja selbst klar, dass seine Mutter, die seit einigen Jahren mit ihrem australischen Lebensgefährten John einen Naturkostladen betrieb, eher ungern Babysitterin spielte.

»Sie meint das nicht böse«, versuchte er es schließlich mit einer Beschwichtigung. »Im Gegensatz zu deiner Mutter ist sie halt keine Hausfrau, sondern berufstätig.« Es war nicht das richtige Argument, wie sich prompt herausstellte.

»Ach, sie meint es nicht böse?!«, äffte Sarah ihn nach, nun so laut, dass sogar der heulende Elias einen Moment verstummte. »Na, da bin ich aber sehr beruhigt!« Und dann regte sie sich erst so richtig auf, bis Zakos ebenfalls laut wurde und sie anschrie, dass sie ihn nicht anmeckern, sondern sich lieber um Elias kümmern sollte, den sie mit ihrem blöden Rumgeschreie nur noch mehr aufregen würde. Daraufhin nannte sie ihn ein blödes Arschloch und legte einfach auf.

Zakos war jetzt so wütend, dass es nicht viel gebraucht hätte, und er hätte sein Handy an die Wand geworfen.

In der nächsten Sekunde japste er nach Nikotin. Er hätte sich am liebsten auf der Stelle eine Zigarette angezündet, dabei hatte er fast nie gleich nach dem Aufwachen geraucht – auch nicht, als er noch rauchte. Zum Glück lag aber im ganzen Zimmer keine Zigarette, sonst hätte er für nichts garantiert. So aber beließ er es dabei, das gekippte Fenster komplett zu öffnen und tief durchzuatmen, wie er es immer tat, wenn Entzugserscheinungen ihn plagten. Der Blick in den Lüftungsschacht war absolut trostlos, aber Zakos stand dennoch eine halbe Ewigkeit am offenen Fenster und atmete tapfer ganz tief ein und aus. Irgendwann wurde ihm schwindlig, aber trotzdem fühlte er sich allmählich ein klein wenig besser. Er registrierte, dass das kleine Stückchen Himmel, das er von seinem Fensterplatz aus erkennen konnte, von leuchtend blauer Farbe war, und die Luft, die ihm entgegenschlug, ziemlich mild. Es versprach, ein schöner Tag zu werden. Er war also nicht nur Sarah und ihren Ausbrüchen, sondern auch der Münchner Kälte entflohen. Immerhin.

Außerdem flutete jetzt der Duft von gebratenen Eiern herein. Offensichtlich ging das Fenster der Hotelküche ebenfalls auf den schmalen Schacht hinaus. Sofort begann Zakos' Magen vor Hunger zu rumoren. Er musste auf der Stelle etwas essen.

Nach einer schnell vollzogenen Dusche saß er mit noch nassen Haaren in dem kleinen Frühstücksraum des Hotels an einem Eckplatz zum Fenster und aß von einem vollgeladenen Teller Spiegeleier, Speck, Feta-Käse und köstliche Kalamata-Oliven, die er sonst nie um diese Uhrzeit verspeisen würde, auf die er im Moment aber regelrecht gierig war. Er genehmigte sich sogar noch ein zweites volles Schälchen davon. Dazu eine zweite Tasse Kaffee und danach zwei Schokocroissants. Jetzt erst fühlte er sich wirklich etwas besser.

Allerdings längst nicht gut genug, um noch mal mit Sarah über eine Lösung des Betreuungsproblems zu sprechen. Das wäre nur in eine erneute Streiterei ausgeartet. Und was konnte er von hier aus schon ausrichten? Sollte er vielleicht alles stehen und liegen lassen und zurück nach München fliegen? Und selbst wenn er das tun würde – was brächte es schon?! Sie stritten sich ohnehin nur noch. Eine Weile hatte Zakos versucht, das aufzufangen. Er hatte Sarah getröstet und möglichst oft das Kind übernommen, und manchmal zog er einfach nur den Kopf ein und ließ ihre Gereiztheit wie ein Gewitter über sich hinwegbrausen. Doch seit er nicht mehr rauchte, hatte er kaum noch einen Nerv dafür. Auch nicht am Telefon. Manchmal hatte er das Gefühl, sie riefe extra immer dann an, wenn Elias gerade weinte, um seinem Vater ein schlechtes Gewissen zu machen.

Erst an diesem Punkt seiner Überlegungen dachte er an seinen kleinen Sohn – wie jammervoll er geklungen hatte! Auf einen Schlag bekam Zakos ein fast unerträglich schlechtes Gewissen, weil es dem Jungen schlechtging und keiner richtig mit ihm fühlte, denn seine Eltern waren damit beschäftigt, sich gegenseitig anzuschreien. Einen Moment lang war er versucht, Sarahs Nummer zu tippen, aber im letzten Moment entschied er sich dagegen und rief stattdessen bei Zickler durch.

»Nick the Greek!«, rief Ali aus, extrem aufgekratzt. »Erzähl, wie sind die Athener Kollegen? Sicher super drauf, oder? Und in der Kantine gibt's bestimmt Souvlakia und Tsaziki und Dolmades und Ouzo satt?«

»Wer weiß, vielleicht!«, lachte Zakos. »Ich hatte noch nicht das Vergnügen, dort zu speisen!« Allerdings hatte er mittlerweile bei Alexis' Chef, Periklis Michalidis, vorgesprochen, einem distinguierten Herrn mit eisengrauem Haar und gleichfarbigem Anzug, der Zakos in einem kühlen Büroraum mit Möbeln aus cognacfarbenem Leder und viel Chrom empfangen hatte. Dort hatte Zakos eine Ahnung davon bekommen, warum Alexis so verkrampft wirkte: Michalidis verstand es, eine eisige Stimmung zu verbreiten, und selbst Zakos, der ihm gar nicht unterstand, fühlte sich wie ein Schuljunge, der wegen Missetaten beim gestrengen Direktor vorsprechen musste.

»Für uns wär des auf Dauer hier nix«, berichtete er Zickler. »Da ist der Heinrich schon lockerer. Und dieser Alexis ist

auch eher ein Unsympath. Mit dem macht's wirklich keinen
Spaß!«

»Ja, ja, du willst ja nur nicht, dass ich wieder neidisch
werde. Und dann kommst du wie beim letzten Mal total erholt zurück, knackebraun und strahlend wie das blühende
Leben und schwärmst stundenlang vom tollen Essen und
vom tollen Meer und den tollen Leuten«, murrte Zickler.
»Aber bevor du jetzt wieder protestierst, musst du eines wissen: In München hagelt's draußen gerade. Gefühlte neun
Grad Celsius. Also genieß es, und bis demnächst. Ich muss
jetzt ganz schnell in die Konferenz!«

Er klang ganz wichtig. In Zakos' Abwesenheit war Albrecht
zum kommissarischen Teamleiter avanciert – zum allerersten
Mal in seiner Laufbahn durfte er Zakos offiziell vertreten,
denn Zakos hatte sich für seinen Kollegen bei Baumgartner
verwendet. Er hatte gehofft, dass Zickler die Aufgabe einigermaßen gut bewältigen würde, ohne allzu sehr anzuecken und
ihn beim Chef zu blamieren. Dann stellte sich aber heraus,
dass diese Sorge unbegründet war, denn Zickler gab sich die
allergrößte Mühe, alles richtig zu machen, was auch wiederum
einen Nachteil hatte: Albrecht hatte kaum noch Zeit für ihn.
Auch jetzt hätte er sich gern noch weiter ausgelassen und von
Amygdaleza und von Konstantinos, dem Straßenkoch, erzählt. Stattdessen legte er das Handy auf den Tisch und sah
vom Fenster aus den Athenern dabei zu, wie sie eilig ihres
Weges gingen, in ihre Büros, zu Terminen, zum Einkaufen
oder wo auch immer es sie hintrieb. Er kam sich ein klein wenig verloren vor. Die Stadt war ihm fremd, er wusste nicht
wirklich, wo er nach Eddie suchen sollte, nicht mal, ob es
überhaupt eine Chance gab, ihn zu finden: Anders als in
Deutschland wurden hier Flüchtlinge nur in Ausnahmefällen
namentlich registriert. Die Illegalen waren hier keineswegs

ein zahlenmäßig vernachlässigbares Grüppchen, sondern eine nicht beherrschbare Menge. Dennoch hatte er keine Lust, die ganze Zeit über mit Alexis zusammenzuarbeiten. Der Mann zog ihn runter, das konnte er nicht gebrauchen. Deswegen hatte er ihn überredet, ihm einfach ein paar Ansprechpartner zu nennen, an die er sich auch allein wenden konnte, und schließlich hatte Alexis eingewilligt.

»Aber du weißt: Der Chef sagt, ich bin für dich verantwortlich«, hatte er betont und dabei ziemlich nervös geklungen. »Bevor du in eine brenzlige Lage kommst, informierst du mich!«

Das hatte Zakos zugesagt, sich allerdings gefragt, was denn schon so brenzlig daran sein sollte, mit Leuten zu sprechen, die mit Flüchtlingen arbeiteten. Es war lächerlich.

Sein erster Termin war die Kentriki Agora, der Zentralmarkt in der Athinas-Straße 42, wo er um neun Uhr eine Sozialarbeiterin treffen sollte. Als er ankam, war er fünfzehn Minuten zu früh dran – offenbar hatte er seine Wegstrecke überschätzt, und trotz der vielen Menschen hatte er sich zügig auf dem breiten Boulevard fortbewegen können. Jetzt nutzte er die Zeit, um sich ein wenig umzusehen: Die Athinas-Straße lag nur unweit entfernt von der schicken Ermou-Straße mit ihrer Fußgängerzone, die ihn bei seiner Ankunft so positiv überrascht hatte. Doch hier in der Athinas-Straße wirkte die Stadt ganz anders, normaler und weniger schick: Nicht alle Passanten waren so gut gekleidet, und neben den Geschäftsleuten, die zu ihren Büros und in die naheliegenden Banken strömten, bewegten sich auch einfache Leute, die ihre Lebensmitteleinkäufe machten: Mütter, die die Seitenlenker ihrer Buggys mit Einkaufstüten vollgehängt hatten, Rentner in ausgebeulten Hosen und Anoraks, die in kleinen Grüppchen plaudernd auf den Bürgersteigen zusammenstanden.

Sogar alte Weiblein in Schwarz, die man eher auf einer rückständigen Insel als in einer Großstadt vermutet hätte, sah er vereinzelt. Neben den Kaufhäusern und Läden mit Haushaltswaren boten außerdem direkt auf dem Bürgersteig fliegende Händler ihre Waren feil, priesen die Küchengeräte oder blinkendes Plastikspielzeug an und versuchten dabei, den Verkehrslärm aus hupenden Pkw und höllisch knatternden Mopeds zu übertönen. Dabei machten sie ihrerseits einen Heidenlärm. Zakos blickte sich grinsend um und freute sich an der quirligen Stimmung.

»Bist du Nikos?«, sprach ihn schließlich eine kleine, rundliche Frau an und streckte ihm eine Hand mit kurzen Fingern und knallrot lackierten Nägeln entgegen: »Angeliki Papadopoulou«, stellte sie sich vor. Sie war etwa Anfang fünfzig, trug das blondgesträhnte Haar jungenhaft kurzgeschnitten und von den Ohrläppchen baumelten riesige Kreolen.

»Nur noch einen Moment: Ich muss unbedingt etwas hiervon für meine Schwiegermutter kaufen, wo ich schon mal da bin.«

Direkt vor ihnen befand sich ein kleiner Kräuterstand. Zakos, der die griechische Schrift nur rudimentär beherrschte, entzifferte ein paar Etiketten: Oregano, Rosmarin, Salbei. Bei den Übrigen musste er passen – es waren Gewürze und Tees, die er nicht kannte.

»So, das wär's, nun muss ich hier rein. Du kannst mich begleiten, und wenn ich fertig bin, trinken wir einen schnellen Griechischen«, sagte sie. Zakos blickte sie verständnislos an. Sie hatte so schnell gesprochen, dass er nur die Hälfte verstanden hatte, und außerdem war es hier extrem laut.

»Ein-en Ka-ffee!«, erklärte sie. »Wenn ich zu schnell spreche, dann sag's mir. Ich kenne das Problem, meine Jungs finden auch immer, ich rede zu schnell. Aber du wirst ja gleich

93

ein paar von meinen Jungs kennenlernen, dann siehst du schon.«

Damit hatte sie sich bereits umgedreht und einen der Eingänge der Markthalle passiert, und Zakos musste sich ranhalten – Angeliki bewegte sich so schnell, wie sie sprach, und Zakos hatte regelrecht Probleme, sie in dem Getümmel nicht zu verlieren. Doch nicht nur die Menschenmenge machte ihm zu schaffen, sondern auch der stechende Geruch hier drinnen: Sie befanden sich in der Metzgerhalle, Kuhhälften hingen an Metallaufhängungen von den Ständen, ebenso wie ganze Hammel und Lämmer, dann wieder reihenweise auf Tischen oder Tresen aufgeschichtete Hühner, Gänse, Hasen. Die Händler dahinter trugen blutbesudelte weiße Kleidung, manche auch Gummischürzen und Gummistiefel – die Pfützen auf dem Steinboden, in denen Zakos watete, waren rot. Doch er hatte keine Zeit, seine Füße vorsichtig zu setzen, er musste sich beeilen, um Angeliki nicht zu verlieren, die er schließlich an einem der Stände im Gespräch mit ein paar Männern wiederentdeckte.

Sie winkte ihn zu sich und stellte Zakos alle vor: »Die beiden sind Thomas und Noah«, sagte sie und wies auf zwei schwarze Jungen – einen eher kräftigen, breitschultrigen und einen zierlichen. »Und das ist Manolis, bei dem sie arbeiten.«

Manolis war der Metzger, ein dicker Mann mit Bartstoppeln im Gesicht und einer Zigarettenkippe, die ihm aus dem Mundwinkel hing. Offenbar war er irgendwie unzufrieden mit einem der Jungen. Er zeigte immer wieder auf Noah, den zierlicheren der beiden, und bald waren alle vier am Debattieren. Zakos fand es zu laut, um der Unterhaltung zu folgen, und er nutzte lieber die Zeit, um ein wenig herumzuschauen: Über sich entdeckte er eine überraschend elegante dunkelgrün lackierte Stahlkonstruktion auf schmalen grünen Säulen. Dahinter waren ebenso aufwendig gestaltete Torbögen und Nischen aus Mauerwerk sichtbar – die Markthalle war das reinste Kunstwerk und erinnerte ihn an Les Halles von Paris, die er einmal bei einer Reise besichtigt hatte. Beide Bauten stammten wohl etwa aus der gleichen Zeit. Nur dass es hier lauter zuging, auch wegen der vielen TV-Bildschirme – offenbar im Zuge einer Modernisierung dieses Marktbereiches installiert –, auf denen Nachrichten oder Musikvideos in Dauerschleife liefen.

Nun hatte Angeliki offenbar eine Einigung mit den Männern gefunden, die sie, einen nach dem anderen, zum Abschied auf beide Wangen küsste. Dann geleitete sie Zakos in eine Taverne innerhalb der Markthalle, wo es zumindest ein wenig ruhiger zuging. Am Tresen bestellte sie zwei »Griechische«, den landesüblichen Mocca. Als Zakos nach seinem Geldbeutel griff, winkte sie ab: »Die kosten hier nur einen Euro pro Tasse – da kann sogar ich als arme Sozialarbeiterin großzügig sein und dich einladen.« Schließlich setzten sie sich mit den kleinen Tassen an einen der mit Karodecken bezogenen Tische, und Angeliki sprudelte los.

»Alexis hat gut daran getan, dich zu mir zu schicken, denn von der Flüchtlingsarbeit versteht der Mann nicht so viel. Wir kennen uns, weil mal einer meiner Jungs unter Mordverdacht stand, und seither sind wir öfter miteinander in Kontakt«, sagte sie und nippte in einer Redepause an ihrem Tässchen.

»Ich betreue schon seit fünfundzwanzig Jahren Flüchtlinge, derzeit junge Männer, die als unbegleitete Minderjährige ins Land gekommen sind. Eine Zeitlang habe ich in einem Heim gearbeitet, wo solche jungen Männer wohnten, während sie noch die Schule besuchten. Aber nun kümmere ich mich um etwas ältere, achtzehn und aufwärts, und versuche, sie an Arbeitgeber zu vermitteln. Du kannst dir vorstellen, dass das alles andere als ein einfacher Job ist, bei einer herrschenden Jugendarbeitslosigkeit von achtundvierzig Prozent. Aber Manolis hier auf dem Fleischmarkt hat mir schon öfter weitergeholfen, der nimmt gern Helfer. Sieht nur leider so aus, als ob Noah, der junge Eritreer, den du vorhin gesehen hast, körperlich einfach zu zierlich für den Job ist. Ich habe vorgeschlagen, dass er die leichteren Arbeiten machen soll, aber das finden Manolis und der andere Junge wiederum ungerecht. Na ja, es wird sich schon einspielen, hoffentlich!« Sie lächelte.

»Jedenfalls: Alexis hat mir von dir und deinem Anliegen bereits alles erzählt. Und ich kann dazu nur sagen: Total unwahrscheinlich, dass der Mann, den ihr sucht, in einem Auffanglager lebt. Dort brauchst du gar nicht erst zu suchen, das wäre verschwendete Zeit. Zeig mir doch mal ein Bild von ihm.«

Zakos legte die beiden Fotos auf den Tisch, und Angeliki beugte sich darüber.

»Schöner Mann«, sagte sie schließlich. »Er hat so ein nettes Gesicht. Sieht gar nicht aus wie ein Mörder. Kein Wunder, dass diese Frau auf ihn hereingefallen ist. Und dafür hat sie nun mit ihrem Leben bezahlt, schrecklich«, sagte sie.

Zakos warf selbst noch mal einen Blick auf die Fotos. Unter dem Kriterium Attraktivität hatte er die Bilder noch gar nicht recht betrachtet. Aber Angeliki hatte fraglos recht: Kamara war ein gutaussehender Mann, und die Frisur, seine Dreadlocks, gaben ihm etwas Verwegenes. Schon möglich, dass er ein Frauentyp war.

»Ich kenne ihn nicht«, fuhr sie fort. »Aber ich könnte dir ein paar Tipps geben, wo du Afrikaner wie ihn, die bereits seit Jahren in Griechenland leben, finden kannst«, sagte Angeliki.

»Baustellen kannst du diesbezüglich eher vergessen, da arbeiten die illegalen Leute aus dem Osten, Albaner, Serben und so weiter. Und die Gegend jenseits des Omonia-Platzes, wo nun so unglaublich viele Flüchtlinge untertauchen, ist für dich auch zu vernachlässigen. Da gibt's eher Nordafrikaner und Pakistani. Die Schwarzen sind unten in Piräus, am Hafen«, erläuterte sie.

»Sie entladen zum Beispiel die Container aus Übersee oder arbeiten auf den Werften als Handlanger. Die ersten Westafrikaner kamen schon vor dreißig oder vierzig Jahren, und sie lebten offenbar ganz gut von ihrer Arbeit hier. Solange es Arbeit gab. Doch dann gerieten die Werften in die Krise, und schließlich das ganze Land, und es passierte, was in solchen Fällen immer passiert: Die ganz unten, die Ungelernten und die Illegalen, spüren den Niedergang als Erste. Und das waren in den Häfen die Schwarzen.«

Zakos nickte. Was Angeliki sagte, klang einleuchtend.

»Ich würde an deiner Stelle alle Armenspeisungen in Piräus abklappern, die Hafenanlagen, die Polizeistationen. Und natürlich die Ärzte.«

Zakos blickte indigniert. Die Vorstellung, jetzt haufenweise Arztpraxen abzuklappern, überforderte ihn – dazu hätte er auch gar nicht genügend Leute.

»Entschuldige, ich meine natürlich die ›Ärzte der Welt‹«, sagte Angeliki, die seinen Blick richtig gedeutet hatte. »Diese Hilfsorganisation, du wirst sie kennen. Sie haben Stationen im Stadtgebiet. Zu ihnen kommen Bedürftige, die keine Krankenversicherung besitzen. Ich kenne einen Mann, der dort tätig ist und beispielsweise oft unten in Perama Dienst tut, in der Nähe der großen Werft. Der kennt die Situation und weiß vieles. Ich rufe ihn gerade mal für dich an.«

Sie holte ein Handy aus ihrer Umhängetasche, und ein

paar Sekunden später redete sie drauflos. Schließlich schrieb sie Zakos etwas auf einen Zettel.

»Mitsos ist heute im Pedion-tou-Areos-Park hier in Athen. Da kannst du auch ein paar von seinen Kollegen treffen.«

Dann musste Angeliki bereits zu ihrem nächsten Termin, also brachten sie die Tassen zurück an die Theke und schoben sich wieder durch das Gedränge der Markthalle.

»Wenn du weitere Fragen hast – meine Nummer hast du!«, sagte Angeliki am Eingang, dann gab sie ihm – wie den beiden Männern in der Metzgerei – zwei Küsschen, eines auf jede Wange, und war im Nu im Gedränge verschwunden.

Zakos kannte den Pedion-tou-Areos-Park, das Marsfeld, noch aus seiner Kindheit – seine Großeltern hatten hier im Stadtteil Kipseli gelebt. Es gab zwar auch noch ein Haus für die Sommerfrische auf dem Peloponnes, doch einige Tage seiner Ferien hatte Zakos als Kind auch immer hier verbracht. Als er noch klein gewesen war, hatte er in ebendiesem Park mit den Nachbarskindern gespielt. Doch nun sah die Grünanlage eher aus wie ein Campingplatz. Die Bewohner waren keineswegs Feriengäste, sondern Flüchtlinge.

»Die meisten hier sind Familien aus Syrien und Afghanistan«, erläuterte Mitsos, der Kontakt von Angeliki. »Dort hinten haben wir auch noch ein paar Zelte, in denen wir nur junge Männer untergebracht haben, da sind auch welche aus Eritrea und Somalia dabei.«

Mitsos war ein drahtiger Typ mit Nickelbrille und bauschigem grauem Kräuselhaar, das ihm bis zum Nacken reichte. Er empfing Zakos in dem größten Zelt auf dem Platz, in dem sich die Station der ›Ärzte der Welt‹ eingerichtet hatte, und betrachtete die beiden Fotos des Gesuchten lange und gründlich.

»Ich glaube nicht, dass ich mit ihm schon mal zu tun hatte«, sagte er dann.

»Aber ganz sicher bin ich mir nicht. Ich habe ehrlich gesagt ein ziemlich schlechtes Gedächtnis für Gesichter. Und man begegnet über die Jahre so vielen hier, die Hilfe brauchen – da kann man sich nicht an alle erinnern. Ich bin allerdings kein Arzt, sondern koordiniere hier nur die Dinge. Ein Mediziner, der einen Menschen über längere Zeit wegen irgendeiner Erkrankung behandelt hat, erinnert sich sicher besser als ich.«

Sie zeigten die Fotos auch noch zwei jungen Ärztinnen, die ihre Arbeit für Zakos unterbrachen, und einem älteren Mann, einem Sanitäter im Ruhestand, der hier aushalf, doch keiner von ihnen erinnerte sich an Eddie.

»Sei nicht enttäuscht«, sagte Mitsos schließlich. »In unserer Station in Perama arbeiten noch weitere Ärzte. Du musst ohnehin mal dort vorbeischauen. Und wenn du willst, erzähle ich dir jetzt ein bisschen was über uns.«

Es hätte keinen Sinn gehabt, die Menschen in den Zelten zu befragen – so wie er Mitsos verstanden hatte, waren sie ohnehin erst ganz kurz im Land und hätten Edward Kamara kaum begegnet sein können. Deswegen gingen sie zusammen ein Stück durch den Park, und Mitsos informierte ihn über die Organisation, für die er tätig war.

»Bis 2010 waren wir hauptsächlich im Ausland stationiert, in Mali und in vielen anderen Ländern. Aber dann kam in Griechenland die Krise, und unzählige Menschen hier wurden arbeitslos. Viele konnten bald ihre Krankenkasse nicht mehr bezahlen. Du musst wissen: In Griechenland gibt es kein staatliches Versorgungssystem für Arme. Nur Arbeitslosengeld, maximal sechs Monate lang ungefähr vierhundert Euro. Wer keine Familie hat, die ihn auffängt, der ist geliefert. In dieser Situation machte es keinen Sinn mehr für die griechische Abteilung der ›Ärzte der Welt‹, in die Ferne zu ziehen, daher wurde beschlossen, dass sie hier im Land tätig wird. Besonders schlimm ist die Situation für Kinder und Babys. Viele besitzen keine Impfungen und sind unterernährt«, erläuterte er. »Unsere Arbeit hier ähnelt also der in der Dritten Welt.«

Zakos machte große Augen. Er war geschockt. Er wusste natürlich von der Krise, doch so schlimm hatte er sich die Lage in Griechenland nicht vorgestellt.

»Es ist sonderbar«, sagte er. »Als ich jung war, wirkte Griechenland viel ärmer auf mich als Deutschland.« Er erinnerte sich: Ältere Leute trugen damals Anzüge wie aus Schwarzweißfilmen und rochen nach Mottenkugeln, und die meisten Autos auf den Straßen waren gebraucht und viele der Hausfassaden verstaubt und brüchig.

»Heute haben alle die gleichen Autos und Handys und Nikes. Alles ähnelt sich so. Und trotzdem ist der Unterschied so groß?!«

»Vielleicht nicht trotzdem, sondern deshalb«, gab Mitsos zu bedenken. »Bis vor ein paar Jahren jedenfalls hungerte niemand in diesem Land, und dass Menschen sich keine ärztliche Konsultation leisten konnten, so was gab es einfach nicht. Aber lass uns nicht abschweifen, sondern bei den aktuellen Problemen bleiben: Unsere Arbeit hat sich durch die vielen Flüchtlinge im Land natürlich potenziert. Leider werden wir mittlerweile oft behindert, weil es Kräfte gibt, die ganz gezielt dagegen vorgehen, dass wir auch den *Refugees* helfen. Unser Krankenhaus in Perama wurde diverse Male von Rechtsradikalen angegriffen. Du hast sicher schon von der Partei Chryssi Avgi gehört. Ein Teil der Köpfe dieser Organisation ist mittlerweile zum Glück im Gefängnis, aber das hält ihr Fußvolk nicht von Angriffen ab. In Perama sind sie besonders stark.

Sie ziehen in Pulks vor unsere Klinik und pöbeln herum. Unsere Mitarbeiter und die Patienten haben ständig Angst, dass mal einer einen Molotow-Cocktail wirft oder jemanden mit einem Baseballschläger umbringt.«

Zakos nickte bekümmert, und Mitsos fuhr fort.

»Hier im Camp sind Angriffe bis dato noch ausgeblieben, zum Glück. Bei diesen Flüchtlingen hier sieht unsere Arbeit ganz anders aus als in Perama. Hier geht's überwiegend um Ersthilfe. Die meisten, die ankommen, sind dehydriert«, erklärte er. »Und auch hierbei leiden die Kinder und Babys am meisten, denn für sie kann Flüssigkeitsverlust lebensbedrohlich sein.«

Sie waren die Reihen der Zelte abgegangen. Obwohl alle besetzt schienen und einige Menschen davor auf Decken Platz genommen hatten, war es außergewöhnlich ruhig. Es gab kein lautes Lachen, keine Musik, keine ausgelassenen Stimmen. Bedrückend, dachte Zakos, der sich an Amygdaleza erinnerte, wo es ebenso unnatürlich still gewesen war.

Schließlich setzten sie sich auf eine Bank, Mitsos drehte sich eine Zigarette, und bald stieg Zakos der stechende Geruch von dunklem Tabak in die Nase. Als Raucher hatte er Selbstgedrehte nie gemocht. Jetzt allerdings schien ihm jede Form von Tabakdunst attraktiv, und er musste den Impuls unterdrücken, Mitsos anzuschnorren. Zur Ablenkung blickte er in die andere Richtung, wo unter aufgehängter Wäsche auf einer Isomatte Kinder spielten: Ein Mädchen mit straff geflochtenen Zöpfchen, höchstens fünf, und zwei Jungen, die noch kleiner waren. Sie füllten Plastikbecher mit Gras und Steinchen und spielten Kochen.

Da erschien Zakos vor dem geistigen Auge eine Szene aus der eigenen Kinderzeit hier im Park. Er erinnerte sich an Spielkameraden in kurzen weißen Hosen, die Taschen voller

Plastiksoldaten, die er damals äußerst interessant fand – in Deutschland gab es so was nicht, zumindest nicht bei seiner friedensbewegten Mutter. Nun dachte er an die Schlachten, die sie hinter den Parkbänken ausgeführt hatten, und an den Geschmack von Zimtkaugummis aus dem *Periptero* am Parkeingang. Sie schmeckten schärfer als die zu Hause, Zakos' Zunge brannte davon, aber vor den anderen verzog er keine Miene. Er wollte gern dazugehören, wirkte aber immer ein wenig fremd, denn sein Haar war nicht so kurz geschoren wie das der griechischen Jungs, und sein Griechisch nicht ganz korrekt – bis heute nicht.

Er war kein richtiger Grieche, so hatte er es immer empfunden, er fühlte sich eher deutsch, aber er hatte eben auch diesen anderen, südländischen Anteil in sich, den er meistens als bereichernd, aber auch manchmal als verwirrend empfand. Doch angesichts der heutigen Sorgen kam ihm seine kulturelle Zerrissenheit wie ein Luxusproblem vor.

Mitsos war seinem Blick gefolgt, er nickte bei dem Anblick der Kleinen, die auf der Decke in ihr Spiel vertieft waren.

»Kinder sind Kinder – sie finden immer ein Spiel«, sagte er lächelnd.

»Man muss hier nur aufpassen, dass sie nicht mit altem Spritzbesteck oder Kondomen in Berührung kommen, doch wir haben wenigstens rund um die Zelte wohl das Allermeiste weggeräumt.«

»Auch das noch!«, dachte Zakos. Er wollte eigentlich nichts Unschönes mehr hören über den Park seiner Kindheit. Jedoch gab es kein Entrinnen.

»Die Junkies sind auch Flüchtlinge, aber anders als diese hier in den Zelten, die nur auf der Durchreise in den Norden sind. Sie leben seit Jahren hier«, erklärte Mitsos.

»Die meisten konsumieren Shisha. Nicht solche Shisha,

wie du vielleicht denkst. Sie nennen das nur so. In Wahrheit ist es Crystal Meth. Allein solltest du nachts nicht hierhergehen.«

Später, im Vorort Perama am östlichen Ende von Piräus, hakte Zakos noch am selben Tag drei Anlaufpunkte ab: die Polizeistation, das Krankenhaus von »Ärzte der Welt« und eine Kleiderausgabe für Bedürftige, die wohltätige Damen an diesem Nachmittag im Hof der Grundschule veranstalteten. Überall hatte er sein einnehmendes Lächeln aufgesetzt, freundlich gegrüßt, sich vorgestellt, Edward Kamaras Fotos herumgezeigt, wieder gelächelt, wieder die Fotos herausgezogen. Langsam taten ihm die Füße weh, der Rücken, ja sogar die Wangenknochen vom vielen Gesichtverziehen. Nun war es dunkel, und er fühlte sich leer und erschöpft.

Schließlich postierte er sich an der lauten Straße, Kleinlaster, Pkw und knatternde Mopeds fuhren vorbei und verursachten einen derartigen Krach, dass Zakos ein Stechen im Kopf verspürte. Der scharfe Geruch nach Autoabgasen und Müll verstärkte sein Unwohlsein noch. So stand er und hielt Ausschau nach freien Taxis, doch alle, die vorbeikamen, hatten das »Besetzt«-Zeichen aktiviert, und die wenigen freien schienen sein Winken nicht zu sehen oder ignorierten es. Schließlich stieg er in den überfüllten Linienbus und zuckelte apathisch durch die ärmlichen Stadtviertel von Piräus. Er starrte durch das Fenster auf die Händlerstände mit Plastikwaren oder Körben, passierte Autowerkstätten, die noch aussahen wie aus einem alten Film, Filialen großer Supermarktketten und Wohnblocks mit Wänden, die mit Werbeplakaten verklebt waren, und fühlte sich deprimiert. Das Gespräch mit Mitsos ging ihm durch den Kopf, dazu die Gesichter der Flüchtlinge und die der Armen und Obdachlosen aus den

Kleiderkammern und wohltätigen Küchen. Er tat sich schwer mit dem Griechenland, das er hier sah und das nichts mit dem üblichen, wunderschönen Griechenlandklischee zu tun hatte, das alle Welt – auch er – so liebte. Mit alldem hier hatte es so viel gemein wie eine Caritas-Kleiderkammer in Berlin-Neukölln mit einem oberbayerischen Geranienbalkon, das war ihm schon klar, aber er hatte die unschöne Seite Griechenlands einfach nicht gekannt, daher war er besonders irritiert. Er fühlte sich fremd und sehnte sich mit aller Macht nach vertrauten Menschen.

Schnell zog er sein Handy hervor und rief zu Hause an. Sarah war bestimmt gerade dabei, Elias ins Bett zu bringen, aber vielleicht könnte er dennoch ein paar Worte mit ihr sprechen und ihre Stimme und die seines Sohnes hören. Doch die Verbindung war schlecht und brach immer schon nach den ersten Worten ab. Schließlich schaltete sich Sarahs Mailbox ein und er lauschte ihrer Ansage, die von Elias' Babyglucksen begleitet wurde.

»Ich denke an euch! Küss den Kleinen von mir«, hinterließ er und legte auf.

Elias war nach seinem Uropa benannt, es handelte sich dabei um die eingedeutschte Version des griechischen Namens Ilias. Es war griechische Tradition, sich bei der Namenswahl für Erstgeborene an den Ahnen zu orientieren, und Zakos hatte sich daran gehalten. Doch würde der Kleine später irgendeinen Bezug zu Griechenland und zu Athen haben, wo nicht mal sein Vater hier richtig heimisch war? Noch konnte sein Sohn nicht sprechen, doch manchmal versuchte Zakos, Griechisch mit ihm zu reden, damit er zweisprachig aufwachsen könnte. Zweisprachigkeit war ein Geschenk, so hatte es sein eigener Vater immer gesagt, der damals ausschließlich Griechisch mit ihm gesprochen hatte. Zakos selbst aber vergaß seine guten Vorsätze oft und fiel wieder ins Deutsche, wenn er sich mit dem Kind beschäftigte. Jetzt fühlte er sich ein wenig schuldig deswegen.

Überhaupt begleitete ihn permanent das schlechte Gewissen Elias gegenüber und das Gefühl, als Vater zu versagen. Und die Beziehung mit Sarah kriegte er ebenfalls einfach nicht auf die Reihe. Daran änderte auch die Reise nichts. Er hatte gehofft, er könne all diese Probleme durch den Ortswechsel eine Zeitlang vergessen, doch das hatte nicht funktioniert, so viel war ihm mittlerweile klar. Er hatte seine Sorgen mitgebracht, und die Verstimmung darüber haftete an ihm wie ein unguter Geruch.

Kapitel 5

*E*r war bereits im Hotelzimmer und wollte nach dem langen Tag gerade kurz duschen, als Alexis auf dem Handy anrief.

»Setz dich ins Taxi, und komm sofort ins Polizeipräsidium, in zwanzig Minuten fahren wir los!«, sagte er mit aufgeregter Stimme.

»Was ist denn los?«, wunderte sich Zakos.

»Wir holen deinen Afrikaner! Also mach schnell!«

Da war Zakos schon fast aus der Tür. Kurz darauf saß er in dem ersten Wagen eines kleinen Autokonvois, der über die Autobahn in Richtung Flughafen hetzte. Alexis saß neben ihm auf dem Rücksitz, und Zakos blickte immer noch nicht durch, wohin die Fahrt überhaupt ging: Alexis debattierte mit irgendjemandem am Telefon. Endlich legte er auf und wandte sich Zakos zu.

»Hör zu, ich habe heute ein bisschen Fleißarbeit für dich geleistet und beim Drogendezernat recherchiert – und weißt du was? Ein Schwarzer namens Eddie ist den Kollegen sehr wohl bekannt. Wahrscheinlich ist der Mann in einen Drogenhandel involviert. Da staunst du, oder? Mit etwas Glück kassieren die Kollegen ihn noch heute Nacht in einer Lagerhalle in der Nähe vom Flughafen! Da dachte ich, du willst bestimmt dabei sein, oder?« Er wirkte verändert, erregt und hellwach. Es war offensichtlich, dass ihm die Aufregung wohltat.

»Das da ist Apostolis«, fuhr Alexis fort und zeigte auf den Kollegen auf dem Beifahrersitz, der sich schon die ganze Zeit über das Handy ans Ohr presste, sich aber nun umdrehte und ihm kurz zunickte. »Apostolis sagt, könnte sein, dass Eddie nicht das erste Mal in Deutschland war. Der besucht euch wahrscheinlich regelmäßig. Stimmt's, Apostolis?«

Wieder drehte der Kollege sich um und zwinkerte ihnen zu, doch er führte sein Telefongespräch fort.

»Was du nicht sagst, Matia Mou!«, raunte er ins Gerät. »Ja, ich kann's auch kaum noch aushalten!« Er klang so schmachtend, als sei er gerade beim Sex. Einen Moment lang wünschte sich Zakos seinen Kollegen Zickler her. Apostolis musste man live erlebt haben, sonst glaubte man das nicht: Schon äußerlich sah der Mann nach einer Überdosis Testosteron aus, zumindest wenn man nach dem Brustpelz ging, der ihm vorne aus dem Hemdkragen wuchs wie ein dichtes schwarzes Fell. Auch Ohren und Augenbrauen waren vom Wildwuchs nicht verschont und wuchsen hier in regelrechten Büscheln. Das Beste aber war und blieb die Stimme: Mittlerweile war Apostolis zu einem rauen Flüstern übergegangen. Zakos verstand zwar nichts Genaueres – der Autolärm war zu laut und Apostolis zu leise –, aber es war auch so ziemlich eindeutig, dass das Gespräch gerade in eine nicht jugendfreie Unterhaltung hinübergeglitten war.

Auch der Fahrer des Wagens, ein dunkelblonder Schlaks, der sich beim Einsteigen als Babis vorgestellt hatte, telefonierte nun – und lenkte den Wagen bei 180 Stundenkilometer sehr lässig mit einer Hand. Zakos konzentrierte sich beim Blick durchs Fenster auf die anderen Verkehrsteilnehmer. Er war schon normalerweise ein schlechter Mitfahrer und saß am liebsten selbst am Steuer, und ein telefonierender Fahrer machte ihn regelrecht hibbelig.

Zum Glück beendete wenigstens Apostolis endlich sein Gespräch und drehte sich zu Zakos um, was ihn von Babis' Fahrstil etwas ablenkte.

»Also, ich erkläre dir mal alles«, sagte Apostolis. Jetzt klang er nicht mehr nach Schlafzimmer, sondern nüchtern und geschäftsmäßig.

»Die Afrikaner begleiten Drogentransporte«, erläuterte er. »Das Modell ist ganz neu, doch dank eines Informanten, den wir einschleusen konnten, wissen wir jetzt Bescheid. Es läuft so ab: Großdealer arbeiten mit Lkw-Fahrern zusammen, die Gemüse nach Norden transportieren. Sie verstecken den Stoff hinten im Transportraum vom Lkw – meistens inmitten von Ladungen mit Gurken und Knoblauch, das können normalerweise nicht mal die Drogenhunde erschnüffeln.«

Zakos nickte. Der Trick mit dem Knoblauch war ihm bekannt.

»Ein Flüchtling im Laderaum ist ein super Ablenkungsmanöver für die Polizei«, fuhr Apostolis fort. »Wenn sie aus irgendeinem Grund den Lastwagen anhalten und ihn sehen, gibt es eine große Aufregung, und deshalb wird die Ladung dann meistens gar nicht richtig kontrolliert. Und Lkw-Fahrer werden in der Regel nicht für blinde Passagiere verantwortlich gemacht. Es sei denn natürlich, es handelt sich um Schleuser, aber das ist bei einem Lkw voller Lebensmittel kaum der Fall, das weiß auch die Polizei. Deswegen macht sie den Fahrern in solchen Fällen kaum Ärger. Ansonsten ist alles ganz einfach: Die Polizei nimmt den Flüchtling mit, und das war's. Der Lkw-Fahrer kann weiterfahren und wird allerhöchstens namentlich notiert. Die Fuhre kann in aller Seelenruhe an den für sie bestimmten Ankunftsort weitergeleitet werden. Geradezu genial!«

»Und die Afrikaner machen das mit?«, wunderte sich Zakos. »Trotz des Risikos?«

Apostolis nickte.

»Gegen Bares natürlich! Und was kann schon passieren? Wenn niemand die Drogen findet, dann gar nichts. Wenn man die Männer aufspürt, werden sie zwar als Asylsuchende registriert, aber das war's! Offenbar funktioniert dieses Geschäftsmodell schon eine ganze Weile. Die Jungs reisen permanent hin und her, und Eddie ist einer der fleißigsten Touristen auf der Route. Anscheinend liebt er München. Vielleicht hat es ihm das berühmte Münchner Bier angetan, wer weiß?!« Er lachte dröhnend, und Babis, der offenbar trotz des Telefongesprächs bestens in der Lage war, zuzuhören, stimmte gackernd ein.

»Aber ab heute ist Schluss damit, wir werden ihm einen Strich durch die Rechnung machen«, endete Apostolis.

Auf der Höhe von Koropi fuhren die Wagen von der Autobahn ab und bretterten über die Landstraße hintereinander her, fünf dunkle Škoda-Limousinen. Wäre es nicht so finster und das Gebiet, das sie passierten, nicht bis auf eine unbeleuchtete Tankstelle und zwei oder drei entgegenkommende Pkw verlassen gewesen – sie wären aufgefallen wie bunte Hunde. Doch hier nahm niemand von ihnen Notiz.

Schließlich kam eine Siedlung in Sicht, doch als sie näher heranfuhren, erkannte Zakos, dass es sich lediglich um Lagerhäuser handelte. Es gab keine Straßenlaternen, doch ein paar der Hallen waren beleuchtet, so dass Zakos Werbefotos mit abgedrucktem Gemüse erkennen konnte, außerdem Firmenlogos, die ebenfalls auf einen landwirtschaftlichen Handel schließen ließen, Agrikultura, Agrotiki Agora, Fruit-Garden of Eden. Erst als Apostolis seinen Kollegen Babis auf freiem Feld stoppen ließ und die übrigen Wagen sich in unmittelbarer Nähe zum Parken gruppierten, sah Zakos, dass eine der Lagerhallen am Ende des Bereichs von außen völlig unbeleuchtet war.

Sie stiegen leise aus. Es roch scharf wie von Lagerfeuern, und Zakos spürte die Feuchtigkeit der hohen Grashalme durch die Beine seiner Jeans dringen. Eine kurze Weile war die Luft erfüllt vom Rauschen der nahen Autobahn und dem Rascheln, das die Männer verursachten, als sie sich fertigmachten, die schusssicheren Westen auspackten und anlegten, die Pistolen aus den Halftern holten und die Hosenbeine oder Ärmel wieder hinunterzogen, dazu immer wieder ein leises Piepen oder ein paar melodische Töne vom Ausschalten der Handys.

»Wir sind hier nur Zaungäste«, hörte er Alexis in sein Ohr raunen. »Aber sicherheitshalber ...« Er streckte ihm eine der Westen entgegen, die in durchsichtige Folie eingeschlagen war.

»Eine Waffe hast du ja hoffentlich«, sagte er. Doch Zakos schüttelte den Kopf. Er hatte seine Pistole, die er bei der Suche nach Eddie den ganzen Tag bei sich getragen hatte, gerade in den Safe seines Hotel-Kleiderschrankes gelegt, als Alexis' Anruf kam. Nun hätte er sie gern bei sich gehabt, oder zumindest eine Pistole von den Kollegen. Er fand die martialische Ausrüstung der Männer etwas alarmierend und fragte sich, wo er da hineingeraten war. Doch es war zu spät. Der kleine Tross setzte sich bereits in Bewegung, Richtung Lagerhalle.

Alexis und er waren die Schlusslichter und gingen ein kleines Stück hinter den anderen. Als die Männer vor ihnen das dunkle Lagergebäude erreicht hatten, machte Apostolis ein

Zeichen, und etwa die Hälfte seines Teams verschwand zur Rückseite der Halle. Apostolis selbst, außerdem der Polizist, der am Steuer gesessen hatte und sechs oder sieben weitere Kollegen machten sich dann auf zum Eingang an der schmalen Seite des Gebäudes und postierten sich an der Wand vor der Tür. Einen Wächter jedenfalls schienen die Drogendealer nicht postiert zu haben – sie schienen sich offenbar ziemlich sicher zu fühlen. Der Überraschungseffekt würde den Polizisten in die Hände spielen. Dennoch war äußerste Vorsicht geboten. Zakos zog sich mit Alexis neben dem Eingang hinter Palettenstapeln zurück und hielt den Atem an.

Nur Sekunden später schossen die griechischen Kollegen das Türschloss heraus, und die Hölle brach los. Zakos duckte sich weg, er hörte Schreie, weitere Schüsse, dann ein Geräusch wie von aufeinanderfolgenden Donnerschlägen. Es war ohrenbetäubend. Plötzlich spürte er, wie Alexis ihn anstieß.

»Da vorne!«, schrie er ihm zu und war bereits losgelaufen, Zakos hinterher.

Ein Mann, dunkel gekleidet, nur an seinen Umrissen gegen die etwas hellere Lagerwand zu erkennen, war hinter der Halle aufgetaucht und losgerannt, schnell wie ein Wiesel. Zakos konnte gerade noch sehen, wie er zwischen zwei nebeneinanderliegenden Lagerhallen verschwand.

Zakos rannte. Er rannte so schnell, dass der Aufprall seiner Füße auf dem Asphalt Schmerzen verursachte, links, rechts, links. In wenigen Sekunden hatte er aufgeholt, Alexis erreicht, ihn dann überholt. Er rannte und rannte, hinter dem Mann her. Schon lange war er nicht mehr so schnell gelaufen, er spürte keine Erschöpfung und wusste, ohne lange darüber nachzudenken, was es war, das ihm solche Energie gab: die Tatsache, dass sich seine Kondition ohne Kippen deutlich verbessert hatte.

Doch der Vorsprung war groß, und der Verfolgte war ebenfalls schnell. Plötzlich, im Gegenlicht einer trüben Straßenlaterne, erkannte Zakos die gezackte Silhouette der Frisur des Mannes. Dreadlocks.

Zakos legte noch einen Zahn zu. Er kam näher und näher. Hinter sich hörte er Alexis' Atem, seine Schuhe auf dem Steinboden. Immer geringer wurde der Abstand zu dem Fliehenden, der nun, erneut, im Schatten eines Gebäudes verschwand und daraus wieder auftauchte, ganz allmählich langsamer werdend.

Doch der Mann hatte einen Vorteil. Er kannte das Gelände, und als sie nun hinter ihm nach links abbogen, eröffnete sich vor ihnen ein gigantisches Labyrinth an Containern, ordentlich aufgestellt in Reih und Glied, die schließlich an einem dunklen Wäldchen endeten – ein schier unüberwindbares Versteck in einer dunklen Nacht am Ende der Welt.

Das war sein Ziel, und hier, das wurde Zakos schlagartig klar, hier würden sie ihn nicht so leicht erwischen können. Und auch Alexis schien das zu erkennen. Zakos hörte ihn hinter sich fluchen und dann, nach einem kurzen Moment der Unsicherheit, einen lauten Ruf: »Stehen bleiben oder ich schieße!«

Alexis brüllte es heraus, und Zakos erschrak, doch er konnte nicht so schnell bremsen und sich nach Alexis umdrehen, er war zu schnell, und so hörte er, wie der andere erneut brüllte: »Stehen bleiben oder ich schieße, habe ich gesagt!«

»Nein!!!!«, schrie Zakos, aber es war schon zu spät. Als er sich im Auslaufen voll zu dem Kollegen umgedreht hatte, sah er noch, wie Alexis die Waffe bereits in seinen ausgestreckten Händen hielt und feuerte und der Mann vor ihnen kurz vor einem der unzähligen Durchgänge zwischen den Containern strauchelte und zusammenbrach.

»Nein!!!«, schrie Zakos erneut, und dann, als er den am Boden Liegenden erreicht hatte, zu Alexis: »Malaka!«

Aber es war zu spät.

Der Mann war nicht Eddie. Er war auch nicht aus Sierra Leone, sondern hellhäutig, wahrscheinlich aus einem nordafrikanischen Land – soweit das zu sagen war, denn sie fanden keinen Pass bei ihm. Außerdem trug er in Wahrheit gar keine Dreadlocks auf dem Kopf, der flüchtige Blick hatte getrogen, sein Haar war eine wirre, dunkle Krause.

Und eigentlich, dachte Zakos, war er auch gar kein Mann, sondern noch ein halbes Kind. Vielleicht 17, vielleicht 19 Jahre alt, schwer zu sagen bei dem schmerzverzerrten, von Tränen und Rotz überzogenen Gesicht. Immerhin war er noch am Leben, auch wenn er sein linkes Bein mit Sicherheit lange nicht mehr so richtig würde gebrauchen können, nach einem Schuss in Kniehöhe.

Die anderen feierten Alexis, weil er den Flüchtenden aufgehalten hatte, aber Zakos hatte Probleme, sich zu freuen – er blieb bei dem heulenden Jungen, bis die Sanitäter da waren und der Verletzte in den Notarztwagen gehievt wurde. Alexis kam noch einmal dazu und sah ebenfalls nach dem jungen Kerl, doch zwischen Zakos und ihm herrschte eisiges Schweigen. Alexis nahm es ihm offenbar sehr übel, dass Zakos ihn beschimpft hatte. Zakos dagegen fand es unverzeihlich, dass der andere so leichtfertig geschossen hatte. Als er ihn damit konfrontierte, blickte Alexis ihn nur verärgert an und drehte sich mit einem unwirschen »Ach, geh doch zum Teufel« weg.

Abgesehen davon herrschte bei den Kollegen absolute Hochstimmung über den Erfolg, den sie zu verbuchen hatten: Apostolis' Informant hatte recht gehabt, die Männer in der Halle waren tatsächlich gerade dabei, einen Lastwagen zu prä-

parieren. Die Polizisten hatten zwölf Päckchen Heroin sicher-
gestellt, bestimmt zehn Kilogramm, schätzte Zakos. Ob der
Spediteur mit drinsteckte, war noch nicht zu sagen, Zakos war
es auch egal, er registrierte nebenbei allerdings, dass der Las-
ter beschädigt war: Die Blechfront war übersät von Schuss-
löchern. Daher also die donnerähnlichen Geräusche, die wohl
zu einigen Schreckmomenten bei den Dealern geführt haben
dürften – kein ungeschickter Zug von Apostolis, musste Zakos zugeben. Des Weiteren hatten die Drogenfahnder drei
Griechen, einen Türken, einen Tunesier und zwei Westafrikaner verhaftet, und einer davon hieß tatsächlich Eddie: Ed-
mond irgendwas aus Mali. Definitiv nicht Zakos' Mann,
ebenso wenig wie der Junge, auf den Alexis geschossen hatte.
Jetzt wollte Zakos nur noch hier weg, doch es dauerte und
dauerte, und er saß herum, ging auf und ab und umrundete
sogar einmal das komplette Gelände, während Krankenwa-
gen und Polizeibusse eintrafen und wieder abfuhren und die
ebenfalls mittlerweile anwesende Spurensicherung sich dar-
anmachte, eine ganze Wagenladung Obst und Gemüse nach
weiterem Schmuggelgut zu durchsuchen.

Die Kollegen vom Athener Polizeidezernat hatten immer
noch zu tun, als im Morgengrauen endlich zwei Polizeiwagen
zurück in die Stadt fuhren und ihn und Alexis mitnehmen
konnten, aber als Zakos seinen Kollegen Apostolis suchte, um
sich von ihm zu verabschieden, fand er ihn vor der Halle, wieder beschäftigt mit dem Handy am Ohr. Diesmal aber legte er
sofort auf, als er ihn sah.

»*Agori mou!* Mein Junge«, sagte Apostolis zum Abschied,
küsste ihn auf die Wangen, dass die Brauenhaare an Zakos'
Haut kitzelten, und klopfte ihm anerkennend auf die Schulter. Dabei war Zakos ja in keiner Weise an dem Verlauf des
Abends beteiligt gewesen. Aber er verstand schon, der Mann

war einfach euphorisch wegen seines Erfolges. Er lächelte also und verzog sich dann in den Fond jenes der beiden Autos, in dem Alexis nicht saß.

Als er dann in seinem Hotelzimmer eintraf, schien bereits die Sonne von einem strahlend blauen Morgenhimmel. Zakos zog die Vorhänge zu, riss sich die nach Schweiß stinkenden Sachen vom Leib und fiel ins Bett in einen außergewöhnlich tiefen Schlaf.

Er erwachte vom Telefonläuten, tastete sich durch seine auf dem Boden verstreut liegenden Sachen, bis er die Hose mit dem Handy darin gefunden hatte und blickte verständnislos aufs Display: Das Gerät war überhaupt nicht eingeschaltet! Er hatte wohl vergessen, es nach dem gestrigen Vorfall bei der Lagerhalle wieder einzustellen. Doch das Telefonläuten hörte nicht auf, und er brauchte noch eine Weile, um zu kapieren, dass es vom Festnetzanschluss auf seinem Nachtkästchen kam.

»Lebst du noch, oder spinnst du jetzt eigentlich total?«, erklang Zicklers Stimme. »Der Chef hat stundenlang versucht, dich zu erreichen! Und die Sarah ruft auch ständig bei mir an und hyperventiliert, weil du nicht ans Telefon gehst, und das braucht echt kein Mensch!«

»Was …? Wie …?«, machte Zakos, der dem Wortschwall noch nicht ganz gewachsen war.

»Du hast noch gepennt!«, sagte Zickler nun überrascht. »Jetzt bin ich aber fassungslos. Es ist nach elf Uhr! Abgestürzt, oder was?«

»Schlimmer!«, brummte Zakos und erzählte, was in der vergangenen Nacht vorgefallen war.

»Ich dachte, der erschießt vor meiner Nase meinen Mordverdächtigen!«, empörte er sich, als er bei Alexis' Steckschuss angelangt war.

116

»Die Athener fackeln ja nicht gerade lange!«, erwiderte Zickler.

»Nein. Aber hier ist sowieso alles anders. Man blickt bei diesen Griechen nicht wirklich durch«, meinte Zakos.

»Also, wenn sogar du das sagst! Du bist doch selber Grieche!«, erwiderte Zickler erstaunt.

»Trotzdem!« Eine Sache fand Zakos an dem Vorfall allerdings merkwürdig: Dass er Alexis in diesem Moment des Schreckens und der Wut auf Griechisch beschimpft hatte. Offenbar kam diese Emotion direkt aus dem griechischen Teil seines Unterbewusstseins.

»Aber jetzt verbindest du mich am besten mit dem Chef«, bat er.

»Zu spät!«, sagte Zickler. »Der hat jetzt schon seine Narkose und liegt wahrscheinlich gerade unterm Messer. Er wollte nämlich gestern Abend für sich die Mountainbikesaison eröffnen, hat er g'sagt. Kreuzbandriss!«

»Autsch!«, entfuhr es Zakos.

»Ja, muss sauweh tun, aber trotzdem hat er noch kurz vor der OP wie ein Irrer rumtelefoniert und versucht, alle zu erreichen, um für die Zeit seiner Abwesenheit Instruktionen zu geben.«

»Als da wären?«

»Ehrlich gesagt, waren's nur Durchhalteparolen. Weitermachen wie sonst, und er kann sich auf uns verlassen und bla, bla. Kennst'n doch. Dir lässt er ausrichten, dass du dich locker machen sollst und ganz in Ruhe weitersuchen. Zur Presse ist noch nix durchgesickert von wegen ›Asylant tötet Deutsche‹, wir sind also völlig entspannt«, erklärte Zickler.

»Gut. Und wie kommt ihr zurecht?«

»Geht so. Wir haben mittlerweile fast das ganze Telefonregister aus dem Handy der Toten durch und mit ungefähr tausend Yogatanten gequatscht. Und Onkeln. Die gibt's nämlich auch, das hätt ich gar nicht gedacht, und nicht zu knapp.«

»Was für Onkel? Albrecht, wovon redest du eigentlich?«

»Na, die Hofreiter war doch ein echter Yogafan, hat sich rausgestellt! Und auf der Party waren ungefähr achtzig Prozent Leute aus ihrer Yogaschule oder dem Kursus oder Aschram oder wie auch immer man des nennt. Du, und du glaubst es nicht, sie war nicht die Einzige, die ihre innere Spiritualität gesucht hat. Die suchen die dort alle«, seufzte er.

»Und außerdem haben sie's alle am Rücken und wollen einen überzeugen, dass man auch mal mitmachen soll. Gut, ich hab's ja auch am Rücken …«

»Aber Yoga ist doch eigentlich eine ganz sanfte Sache, dachte ich immer«, wandte Zakos ein. »Oder kennst du einen Mörder, der Yogi ist?«

»Ich sag dir mal was, ich persönlich kannte vorher nur einen Jogi, der hat aber nix mit Yoga am Hut, sondern mit Fußball. Und ich bin sowieso Fan einer ganz anderen Theorie – für mich hat dieser Mord nix mit Yogaleuten zu tun und auch nicht mit dem Flüchtling, den ihr alle verdächtigt, sondern einzig und allein mit dem Viertel da draußen!«

»Ach, Zickler«, seufzte Zakos. »Das hatten wir doch schon!«

Sie hatten sämtliche Vorfälle der letzten Jahre in dem kompletten Stadtviertel unter die Lupe genommen – ohne irgendwelche Anzeichen auf potentielle Querverbindungen. Am Tag vor Zakos' Athen-Flug waren sie dann sogar noch mal in das Café um die Ecke von dem Tatort gegangen, »um ein Feeling zu kriegen für den Ort«, wie Zickler sagte. Der Wirt Danilo hatte Zickler mit großem Hallo begrüßt und ihnen einen Crèma ausgegeben, und sie hatten ein wenig über die permanenten Trainerwechsel bei 1860 gefachsimpelt, aber zur angeblichen Kriminalität in der Gegend hatte der Mann nichts Erhellendes zu berichten gehabt.

»Man hört hier höchstens ab und zu, dass jemandem eine Jacke oder das Handy abgenommen wird«, sagte er. »Und einmal hat eine Gang Halbstarker einem Jungen aus der Straße sogar die Turnschuh von den Füßen weg geklaut. Aber das ist eher ein Problem unter Jugendlichen. An unsern Schuhen sind die gar nicht interessiert!«

Dann hatten Zickler und er die Köpfe gesenkt, auf ihre Schuhe geblickt und laut herausgelacht, weil beide an jenem Tag Haferlschuhe trugen, und Zakos hatte ganz schnell seinen Kaffee geleert und war schon mal raus, weil ihm vor so viel gegenseitigem Einverständnis fast ein bisschen übel wurde. Und das war's dann auch gewesen, was die Hinweise über Kriminalität in dem Viertel anging.

»Eines muss ich jedenfalls unbedingt noch wissen«, sagte Albrecht nun am Telefon.

»Nein, eigentlich zwei Sachen. Erstens, bist du rückfällig geworden? Und zweitens, wie viele Souvlakia hast du schon gegessen?«

Erst jetzt fiel Zakos ein, dass er schon eine Weile nicht mehr ans Rauchen gedacht hatte – die Ereignisse des vergangenen Abends hatten ihn wenigstens kurzeitig total davon abgelenkt.

»Keine Sorge, ich fasse keine Kippe mehr an«, beruhigte er den Kollegen. »Aber bei der Sache mit den Souvlakia besteht noch deutlicher Nachholbedarf!«

»Gibt's ja gar nicht! Das musst du sofort ändern!«, sagte Albrecht. »Und iss auch eins für mich mit.«

Kurz darauf, auf dem Weg zur Station Monastiraki, fiel Zakos der Auftrag wieder ein, als er eine Straße entlangging, in der sich ein Grillrestaurant neben das andere reihte. Ob-

119

wohl es noch etwas früh für ein Mittagessen war – besonders in Griechenland – verspürte er stechenden Hunger. Fürs Hotelfrühstück war es zu spät gewesen, und Zickler hatte ihm mit seinem Gerede von den Fleischspießen mehr als Appetit gemacht.

Zu seiner Überraschung waren bereits jetzt ein paar Plätze in den Lokalen besetzt, wenn auch die meisten Leute vor einem Kaffee und noch nicht beim Essen saßen. Zakos nahm sich einen der Stühle, die wie in der alten Zeit aus dunklem Holz mit einer Sitzfläche aus geflochtener Schnur gefertigt waren. Etwas weiter vorne war der Monastiraki-Flohmarkt. Dort gab es zahlreiche Stände mit Touristenkram: gebatikte Hosen, mit Band-Logos bedruckte T-Shirts. Im Sommer war es hier immer sehr touristisch, das wusste Zakos noch von früher, aber trotzdem hatte er es immer irgendwie ganz schön gefunden. Nun aber, wo die Stadt ihren Bewohnern gehörte, herrschte eine heitere und entspannte Stimmung, als wäre man gar nicht im Zentrum einer lauten Metropole, sondern irgendwo an einem beschaulichen Ort in der Provinz. Zakos sog den Duft von gebratenem Fleisch ein und fühlte sich einen Moment lang wie im Urlaub.

Sogleich eilte ein Kellner herbei, angetan mit der griechischen Kellneruniform aus schwarzer Anzughose und weißem Hemd. Er spannte eine der typischen Papiertischdecken auf den Tisch und fragte, ob er bereits ein Bier bringen dürfte. Zakos wählte lieber eine Cola und ließ sich ein Kebab und einen griechischen Salat empfehlen.

Das Gericht entpuppte sich als gigantischer, ziemlich scharf gewürzter Fleischberg und hätte auch Zickler begeistert – das war noch deftiger als Souvlakia. Genau das Richtige nach einer langen Nacht, fand Zakos, der sich heute ein wenig wie verkatert fühlte.

Später bestellte er sich noch einen Mocca und lächelte vor sich hin: Das Gespräch mit Zickler hatte ihm gutgetan und ihm geholfen, die Dinge einzuordnen. Mitunter nahm er sich alles zu sehr zu Herzen, gerade zurzeit war das oft der Fall. Bilder wie das von dem angeschossenen jungen Mann konnte er dann nicht so leicht wegstecken. Der flapsige Ton zwischen Zickler und ihm dagegen half ihm, Distanz zu den Dingen zu bekommen und sich nicht zu sehr runterziehen zu lassen. Auf diese Weise konnte er auch so manches besser einschätzen, als wenn er auf sich gestellt war. Der Münchner Kollege brachte ihn einfach meistens gut drauf.

Langsam wurde es doch noch voll an den Tischen um ihn herum, und auf einen Schlag füllten sich auch die Straßen und der Platz, den er von hier aus überblicken konnte. Vielleicht waren doch irgendwo in der Nähe ein paar Touristenbusse angekommen, dachte Zakos. Dann merkte er, dass der Großteil Griechen waren, und zwar junge: Die Schulen waren aus. Die Schüler tobten fröhlich rufend durch die Stadt und erfüllten die Stimmung mit ihrer Vorfreude auf das Wochenende: Es war Freitagmittag, fiel Zakos erst jetzt ein.

Mit dem Gedränge kamen allerdings auch die Bettler. Schon normalerweise saßen sie fast an jeder Ecke oder ließen ihre Sammelbecher in der Metro kreisen. Nun aber gingen sogar kleine Kinder von Tisch zu Tisch. Ein Mädchen, das gegen eine milde Gabe Taschentuch-Päckchen verteilte, war dabei noch so winzig, dass es kaum über die Tischkante gucken konnte.

Die meisten Passanten ignorierten sie, ältere Damen aber gaben ab und an etwas. Aber Zakos fand es furchtbar anstrengend, andauernd abweisend zu Boden zu sehen, wenn er um Geld angegangen wurde. Da hatte er eine Idee: Kurzerhand packte er eine Handvoll 10- und 20-Cent-Stücke aus seinem

Geldbeutel in seine Hosentasche, mit dem Vorsatz, einfach jedem, der ankam, ein paar Münzen zuzustecken. Dann winkte er das kleine Mädchen heran und später auch noch einen körperbehinderten, sehr dicken Mann, der für eine angebliche Operation sammelte. Im wahrsten Sinne erleichtert, stand Zakos schließlich auf und machte sich auf den Weg.

An der Station Monastiraki nahm er den Elektrikos, den Stadtzug Richtung Piräus, wo wieder besonders viele Bettler und um Almosen bittende Straßenmusiker zustiegen, darunter ein Kind mit einer Ziehharmonika. Zakos war froh über das Kleingeld in seiner Jeans. Am Bahnhof in Piräus erwartete ihn dann ein schrecklicher Trubel: Schreien, Pfiffe, Tröten. Neugierig ging er in Richtung der Lärmquelle – und schreckte zurück. Direkt neben dem Bahnhofsgebäude auf der kleinen Platia fand eine Kundgebung der Chryssi Avgi statt.

Zakos drückte sich an eine Hauswand und sah kurz zu: Viele der Männer trugen schwarze T-Shirts und derbes Schuhzeug, eine Art Fascho-Uniform. Ein ebenso großer Teil waren allerdings Bürger, die ganz normal wirkten. Es wurden rotschwarze Banner hochgehalten und auch viele griechische Fahnen geschwenkt. Alle schrien sehr laut und hysterisch irgendwelche Sprüche, und Zakos schlängelte sich bald wieder zurück in den Bahnhof, um auf der gegenüberliegenden Seite an die Straße zu gelangen. Zwei Frauen in mittlerem Alter in Trenchcoats und hohen Schuhen, die von der Demo eingekeilt worden waren, begleiteten ihn, und so kamen sie ins Gespräch. Zakos erkundigte sich, wie es sein konnte, dass die Bürger von Piräus gar nicht gegen solch einen Aufmarsch protestierten. In Deutschland würden Demos der Rechtsextremen oft von gut doppelt so vielen Gegnern und deren Protest begleitet.

»Keine Sorge, der antifaschistische Protest ist sicher schon unterwegs«, stellte eine der Frauen fest. »Das bedeutet aber auch, dass es höchste Zeit ist, sich in Sicherheit zu bringen, bevor hier Steine fliegen!«

Nun mischte sich die andere Dame ein, die eine schwere Einkaufstüte und einen Aktenordner trug. »Im Ernst: An Ihrer Stelle würde ich zusehen, dass Sie sich bei solchen Demos in Sicherheit bringen: Die sind richtig gefährlich!«

Gemeinsam traten sie nach draußen in den Verkehrslärm. »Wenigstens sind die Straßen nicht gesperrt. Aber mein Bus ist jetzt natürlich schon weg. Mein Gott, wie satt ich das alles hab!«, rief eine der Damen noch aus, dann nickten ihm die beiden zu und verschwanden zu Fuß.

In Perama war von solcher Aufregung heute allerdings nichts zu bemerken. Es herrschte eine schläfrige Stimmung, als würden die Einwohner hier noch der altmodischen Gewohnheit des griechischen Mittagsschlafs frönen. Die Hauptstraße war nun kaum befahren, Lila blühende Glyzinen bewegten ihre Äste in der milden, nach Meer und Hafen riechenden Frühlingsluft.

Die Kirche, in der die Armenspeisungen abgehalten wurden, stand an der Hafenseite der Hauptstraße. Die Tür zum Gemeinderaum war offen, und Zakos ging hinein und rief: »Hallo, ist hier jemand?«

Seine Stimme hallte in dem hohen Gemäuer, aber es kam keine Antwort. Zakos blickte sich um und sah eine Theke und eine paar chromglänzende Gerätschaften dahinter, außerdem einen alten Herd. Auf der anderen Seite waren Tische aufgebaut, auf denen sich Stühle und Hocker türmten. Es roch nach Chlorini, dem Putzmittel der alten Damen in Griechenland.

Erst jetzt bemerkte Zakos eine angelehnte Tür, die aus der

Küche ins Innere der Kirche zu führen schien. Daraus trat nun ein grauhaariger, etwas gebückter Pope.

»Eine Sekunde, ich bin schon da«, sagte er und kam sehr langsam zu Zakos in den Essensraum.

In Gegenwart des Pfarrers fühlte sich Zakos sofort etwas unsicher. Er war zwar griechisch-orthodox getauft, hatte aber nur selten eine orthodoxe Kirche besucht und keine Ahnung, wie man einen griechischen Geistlichen ansprach. Und jetzt fiel ihm auch mit einem kurzen Schrecken ein, dass er schon öfter beobachtet hatte, wie alte Frauen einem Popen zum Gruß die Hand küssten. Doch der Priester begrüßte ihn einfach nur mit einem Händedruck und stellte sich als Vater Gerassimos vor.

»Ich muss mich setzen, ich kann nicht mehr so lange stehen«, sagte er schließlich, und Zakos half ihm, zwei Stühle von einem der Tische herunterzustellen. Es dauerte ein wenig, bis Gerassimos sich sortiert und auf einem der Stühle niedergelassen hatte, und Zakos hatte Gelegenheit, ihn zu mustern: Sein Bart war silberweiß und reichte bis zum Gürtel des langen Gewands. Das graue Haar trug er in seinem Nacken zum Dutt gerollt. Er sah sehr malerisch aus.

»Mein Sohn, was kann ich für dich tun?«, fragte er mit einer Stimme, als wollte er ihm die Beichte abnehmen, und Zakos schilderte ihm sein Anliegen und holte die Bilder hervor.

Daraufhin nestelte Vater Gerassimos unter dem Bart eine Hornbrille hervor, die ihm an einer langen Kette um den Hals hing und sich mit der Kordel verheddert hatte, an der er sein Kreuz aus hellem Holz umgehängt hatte. Endlich hatte er es geschafft. Er setzte die Brille auf und inspizierte Edward Kamaras Gesicht. Es dauerte seine Zeit.

Währenddessen betrachtete Zakos die Schwarzweißfotografien, die gerahmt hinter dem Priester an der Wand hingen. Das eine zeigte die Kirche in einer Zeit, als hier noch keine Werften und Containerhäfen existierten: in einer kleinen Sandbucht, flankiert von Tamarisken, in einem fast dörflichen Idyll. Darunter war eine Feierszene zu sehen: die Einweihung einer Straßenbahnlinie. Auch von ihr war heute in Perama nichts mehr zu entdecken.

Schließlich blickte der alte Mann wieder auf: »Der hier kommt mir bekannt vor, aber den anderen kenne ich glaube ich nicht«, sagte er.

Zakos seufzte.

»Vater, das ist doch ein und derselbe Mann! Schauen Sie bitte noch mal genau hin«, bat er. Es war offensichtlich, dass man sich nicht darauf verlassen konnte, was der Alte durch die trüben Gläser überhaupt sah. Der Pope blickte noch mal auf die Bilder und ließ sich wieder sehr viel Zeit.

»Ich bleibe dabei: Diesen Mann hier, den erkenne ich nicht!«, sagte er schließlich und zeigte auf das Bild, das zu Weihnachten in München aufgenommen worden war. Dann wies er auf das alte Passbild des jungen Eddie mit dem kurzgeschorenen Haar.

»Aber dieses Gesicht sagt mir was. Ich bin sicher, dass er das eine oder andere Mal hier war!«, sagte er.

»Wie sicher?«, brach es aus Zakos heraus. Er spürte, wie ihn Erregung ergriff – es war immerhin der erste Hinweis, seit er in Griechenland war.

»Ganz sicher kann man niemals sein«, sinnierte der Pope und lächelte ihn freundlich an.

»Wir haben ja viele Afrikaner hier. Griechen und Albaner auch. Keine Pakistani, die nie. Immer sagen alle, es gäbe so viele Pakistani in der Stadt, und sie leben alle vom Müll. Sie gehen von Tonne zu Tonne und holen sich Altmetall raus.

Das soll die reinste Mafia sein, sagt man. Aber bei uns hier sieht man sie nie. Bei uns sind Griechen und Afrikaner. Aber Pakistani? Nie.«

»Vater, bitte! Es ist wichtig!« Zakos wurde ungeduldig. Die pakistanische Altmetallmafia interessierte ihn gerade null. Aber der Pope ließ sich nicht aus der Ruhe bringen, er lächelte nur noch breiter. Es war ein Lächeln wie das, mit dem Erwachsene Kinder bedenken.

»Vielleicht kenne ich den Mann auf dem Foto, vielleicht auch nicht«, sagte er. »Schade, dass Frau Kanelidou nicht mehr da ist. Sie kommt nur morgens und natürlich mittags, und nun ist ja schon fast Nachmittag. Aber wenn du Montagmittag zur Speisung da bist, kann Frau Kanelidou sich die Bilder ansehen, die kennt hier jeden.«

»Erst am Montag?«, seufzte Zakos. »Findet die Speisung am Wochenende nicht statt?«

»Das habe ich nicht gesagt. Speisung ist hier jeden Tag«, sagte der Priester in seiner umständlichen Art. »Wir können doch die Menschen nicht das ganze Wochenende über hungern lassen!«

Er schüttelte den Kopf.

»Nein, nein, die Gemeindedamen sind auch morgen und übermorgen im Haus. Wir haben viele Gemeindedamen, ich muss zugeben, dass mir gar nicht alle einfallen.« Er kicherte. »Aber Frau Kanelidou kennt sie alle, und sie macht auch die Einteilung, wann wer hier arbeitet. Hinten in der Küche gibt es einen Plan, da hängen auch der Einkaufsplan und der Speiseplan. Alles perfekt organisiert!«

Zakos nickte und gemahnte sich selbst zur Geduld. Er sah, ein, dass ein Pope sich nicht hetzen ließ.

»Und wo finde ich Frau Kanelidou jetzt?«, fragte er in bemühtem Ton.

»Hier jedenfalls nicht«, antwortete Gerassimos mit feinem Lächeln, und langsam bekam Zakos das Gefühl, er spanne ihn absichtlich ein wenig auf die Folter und amüsiere sich dabei über ihn.

»Sie ist nämlich nach Rhodos gereist. Vor Montagmorgen kommt sie nicht zurück.«

Kapitel 6

*E*s war noch hell, als Zakos in Rhodos-Stadt ankam, und der Sand von Elli Beach, der sichelförmigen Badebucht in der Stadt, fühlte sich warm an unter seinen nackten Füßen. Es war ein Gefühl wie im Sommer. Er trug die Schuhe in der Hand, schlenderte durch den goldenen Sand und strahlte. Sogar zwei Bikinimädchen hatten sich auf Handtüchern hier ausgestreckt, sichtbar ein wenig fröstelnd zwar, obschon sie im Windschatten zweier umgedrehter Plastikliegestühle lagen, aber immerhin. Weiter drüben watete eine alte Dame mit geschürztem Kleid durch das seichte Wasser, während sie mit der anderen einen breitkrempigen Basthut gegen die Brise verteidigte. Zwei Männer, beide mit Stirnglatzen, lehnten an einem umgedrehten Ruderboot, hielten Amstel-Bierbüchsen in der Hand und palaverten, und weiter hinten trauten sich ein paar ganz wagemutige Jungs bereits ins Wasser. Die Luft roch nach Süden, Meer und dem Kokosöl der jungen Sonnenanbeterinnen, und Zakos spürte ein jähes Glück, dem Norden und der Kälte entwischt zu sein. Dreizehn Grad und Regen in München, ergab die Handy-Recherche. Zakos warf die Schuhe neben sich, legte sich mitten in den Sand, verschränkte die Arme über dem Kopf und freute sich.

Es war alles ganz schnell gegangen. Noch exakt einen einzigen Sitzplatz hatte es für den Nachmittagsflug gegeben, und Zakos hatte nicht gezögert. Vater Gerassimos hatte nach einer Ewigkeit des Herumblätterns in seinem Notizbuch Frau Kanelidous Handynummer gefunden – allerdings war ihr Gerät bis jetzt immer abgeschaltet gewesen –, und Zakos war sofort aufgebrochen, zuerst mit dem Taxi in sein Hotel, wo er eilig ein paar Dinge zusammenpackte, und dann mit der Metro zum Flughafen. Der Flug – in einer Propellermaschine, bei deren Anblick Zakos ein wenig erschrak, weil er noch nie mit einem so kleinen Flugzeug gereist war – dauerte eine Stunde und kostete nur etwas über fünfzig Euro, und nun befand er sich in einer vollkommen anderen Welt.

Alexis hatte ohnehin keine Zeit für ihn, er würde das ganze Wochenende auf einer Fortbildung über EDV-Fahndungsvernetzung verbringen. Am Telefon war er zuletzt wortkarg und regelrecht unfreundlich gewesen, aber keiner von beiden hatte die Vorfälle der vergangenen Nacht angesprochen. Zakos wollte ohnehin nicht mehr daran erinnert werden. Schließlich war er am Strand ein wenig eingenickt – offenbar hing ihm die Müdigkeit der Nacht immer noch in den Knochen –, und als er aufwachte, war es schon dämmrig. Doch der Wind hatte sich gelegt, und das Meer lag vollkommen windstill vor ihm.

Zakos stand auf, schüttelte sich den Sand aus den Sachen und zog Schuhe und Strümpfe wieder an, dann rief er noch mal bei der Gemeindedame aus Perama durch – wieder erfolglos. Schließlich schlenderte er ans Ende der Bucht in die kleine Taverne, bestellte sich ein Bier und wartete.

Als Tsambis Jannakis eine Viertelstunde später das Lokal betrat und ihn sah, ließ er einen freudigen Ruf erklingen und ging ihm mit ausgestreckten Armen entgegen, um ihn dann an sich zu drücken wie einen verlorenen Sohn. Zakos schämte sich ein bisschen, weil ausnahmslos alle in dem Lokal zu ihnen hinsahen, und entwand sich möglichst schnell Tsambis' festem Griff, zumal dieser intensiv nach Zigaretten roch.

»Nikos! Welche Freude!«, dröhnte Tsambis, ließ sich auf den Stuhl fallen, zündete sich eine Zigarette an und blies den Rauch mitten in Zakos' Gesicht. Das rief sofort einen Kellner auf den Plan.

»Das Rauchen ist hier aber verboten – oh, Kommissar Jannakis, guten Abend!«, sagte er. Sie saßen zwar draußen auf der Terrasse unter einem der obligatorischen Heizpilze, doch es gab einen Windschutz aus durchsichtigem Kunststoff und daher keinen Durchzug.

»Guten Abend, guten Abend!«, sagte Jannakis, dann schlug er einen verschwörerischen Ton an. »Wir machen heute mal einfach eine kleine Ausnahme, *endaxi?* Danach lüften wir tüchtig durch, und ich verspreche auch ganz fest, euch nicht anzuzeigen!« Er lachte dröhnend über seinen eigenen Witz.

»Und nun bring mir schnell einen Aschenbecher und ein Fix!«

Der Mann seufzte, fügte sich schließlich und eilte davon.

»Du siehst blendend aus. Ein bisschen fülliger, aber steht dir«, fuhr Tsambis fort, und Zakos lächelte ein wenig säuerlich – der Rauchentzug hatte offenbar seinen Preis gefordert.

»Als du angerufen hast, hab ich gedacht, ich falle vor Überraschung vom Stuhl«, fuhr Tsambis fort. »Was machst du in Griechenland?!«

Zakos erzählte, von dem Mord, von der Ermittlungsarbeit in Athen, schließlich von dem Popen und seiner Gemeindedame. Tsambis lachte.

»Wie schön: Dieser Dame haben wir es zu verdanken, dass wir unsere Freundschaft auffrischen können!« Er drückte Zakos' Hand, und Zakos fühlte sich komisch bei der ungewohnten Berührung einer behaarten Männerpranke und blickte sich unauffällig um. Er kannte die griechischen Gepflogenheiten, doch nicht immer war ihm dabei ganz wohl.

Tsambis allerdings schien davon nichts zu merken, er war bestens gelaunt und freute sich über die Maßen, Zakos wiederzusehen. Dabei waren sie bei ihrem ersten Treffen nicht unbedingt die besten Freunde gewesen: Jannakis leitete das Kommissariat Rhodos und hatte Zakos unterstützt, als er in der Nähe, auf der Insel Pergoussa, einen Mordfall an einer Deutschen aufklären musste. Dabei hatte er sich fast die ganze Insel zum Feind gemacht, weil er potentielle Zeugen unhöflich abkanzelte, sie anschrie oder einschüchterte. Und nicht selten hatte er versucht, sich vor Zakos als der Boss aufzuspielen, war damit aber nicht durchgekommen. Tsambis gehörte der eigentlich vergangenen Ära der griechischen Machos an, er trug Goldkettchen, machte geschmacklose Witze, rauchte Kette und ging Zakos damals ganz gehörig auf die Nerven, aber seither hatten sie über Facebook Kontakt gehalten. Irgendwie hatte Zakos ihn trotz allem vermisst.

»Und wenn du Sonntag noch da bist, mache ich für dich bei mir zu Hause ein richtig schönes Lämmchen vom Grill, das schmeckt so!« Er legte Daumen, Zeigefinger und Mittelfinger zusammen und küsste die Fingerkuppen mit einem schmatzenden Geräusch. Zakos grinste, schlug Jannakis freundschaftlich auf die Schulter und sagte zu.

Das Essen war schon abgeräumt, Zakos hatte kross frittierte Zucchini und gegrillten Fisch gehabt, jetzt fühlte er sich satt und zufrieden und bereits ein bisschen beschwipst von dem Retsina, den Tsambis geordert hatte. Da nahm er eine Bewegung am Eingang des Lokals wahr. Eine kleine Gestalt mit schwarzem, kurzen Haar bahnte sich ihren Weg durch einen Pulk von Menschen an der Garderobe, und er hatte das Gefühl, die Luft zum Atmen würde ihm knapp und sein Herz setze einen Moment lang aus.

Erschrocken blickte er erst mal weg und starrte auf den Tisch, dahin, wo kurz davor noch sein Fischteller gestanden hatte. Er war so aufgeregt, dass er fast automatisch nach Jannakis' Zigarettenpackung greifen wollte, aber schließlich besann er sich und hob wieder den Blick.

Sie war es, Fani. Mit festen Schritten näherte sie sich ihrem Tisch, blieb dann vor ihnen stehen und sagte nur ein einziges Wort.

»*Kalispera*« – guten Abend. Es klang etwas atemlos.

»Nicht so förmlich, Mädchen«, brummte Tsambis. »Schön, dass du noch kommst, aber nun nimm dir endlich einen Stuhl, und setz dich, oder willst du den ganzen Abend hier rumstehen wie bestellt und nicht abgeholt?!«

Jetzt erst sprang Zakos, der sie wie gelähmt angestarrt hatte, auf, beugte sich zu ihr hinunter und küsste sie auf beide Wangen. Sie duftete nach Zimt, und er musste den Impuls unterdrücken, sie ein zweites Mal in den Arm zu nehmen, um den Geruch noch mal einatmen zu können. In diesem Moment wurde ihm schlagartig klar, dass nicht wirklich die Suche nach Frau Kanelidou ihn nach Rhodos geführt hatte, ebenso wenig das Wiedersehen mit Jannakis, das waren nur Vorwände. Er hatte sich selbst etwas vorgemacht. Eigentlich war er nur wegen Fani hier.

»Jetzt stehst DU plötzlich in der Gegend herum, als wärst du hier der Kellner«, wandte Jannakis sich nun an ihn.

»Kinder, was ist denn heute nur mit euch los?«

Zakos spürte, dass sein Gesicht sich urplötzlich heiß anfühlte. Fani, die sich längst auf einem Stuhl niedergelassen hatte, sah zum Glück nicht zu ihm hoch, sondern lächelte lediglich Jannakis ein wenig verlegen an.

»Nikos, ich habe dir ja schon geschrieben, dass ich sie aus ihrem Inseldorf, in dem sie beinahe versauert wäre, hierher beordert habe, erinnerst du dich?«, sagte Jannakis. »Polizisten wie Fani, die schon mal maßgeblich an einer Mordaufklärung beteiligt waren, können wir hier bestens gebrauchen, gerade in heutigen Zeiten! Aber du hast ja bestimmt in Athen bereits bemerkt, wie sich alles verändert hat hier in diesem Land.«

»Das kann man wohl sagen!«, nickte Zakos und erzählte von seinen Erlebnissen, von den Armen, den Flüchtlingen, den Junkies im Park.

»Am Anfang war ich noch ganz begeistert von der Stadt, weil sie so viel schöner ist als früher, gepflegter und sauberer«, fuhr er fort. »Aber wenn man genau hinsieht, erkennt man überall Verfall.« Er meinte nicht nur die Gebäude, und Tsambis verstand ihn sofort.

»Das kommt, weil die da oben unser Land systematisch ausgebeutet und zerstört haben«, sagte er. »Und nun siehst du das Produkt davon: eine Jugendarbeitslosigkeit von fünfzig Prozent und eine Auswanderungswelle wie vor hundert Jahren: Wer kann, nimmt die Beine in die Hand und geht. Hauptsächlich sind das leider diejenigen, die man auch hier gut gebrauchen könnte, die einen anständigen Beruf gelernt haben oder einen Hochschulabschluss besitzen. Die gehen ins Ausland, um zu arbeiten. Aber was soll aus einem Land werden, aus dem alle brauchbaren Leute fliehen? Zurück bleiben nur die Alten, die Idioten und die Gangster.«

»Na, na – und was seid dann ihr?«, fragte Zakos lächelnd.

»Die Idioten, das gebe ich auch jederzeit zu!« Jannakis lachte dröhnend.

»Die Gangster sind nämlich alle in Athen. Ich persönlich fahre schon seit einer ganzen Weile nicht dorthin, denn ich möchte nicht auf offener Straße überfallen werden.«

»So schlimm ist es doch gar nicht!«, protestierte Fani.

»Im Zentrum kann man die ganze Nacht unbehelligt ausgehen, auch als Frau.«

»Jaaa, vielleicht dort, wo die Reichen und Schönen leben, am Kolonaki, in Kifissia oder Glyfada. *Endaxi*, ich geb's zu, da mag das noch so sein. Aber ein paar Meter weiter, hinter der Omonia, da würde ich niemandem empfehlen, abends allein unterwegs zu sein, wenn du meine Meinung hören willst. Obwohl, ich nehme das zurück: Für Fani gilt es nicht. Unsere Kleine hier kann nämlich ganz schön austeilen, unter der Lederjacke, die sie immer trägt, sind wahrscheinlich überall Muskeln versteckt.«

Damit lag Tsambis unbewusst gar nicht so falsch, erinnerte sich Zakos, und seine Mundwinkel umspielte ein leises Grinsen, aber Fanis Gesicht verzog sich nicht im Geringsten. Stattdessen schenkte sie sich ein Glas Wein ein und trank es in einem Zug aus.

»Wenigstens ist hier die Welt noch einigermaßen in Ordnung«, sagte Zakos und machte eine Armbewegung, die nicht nur das kleine Lokal, sondern auch die ganze Bucht draußen umfasste, wo sich die Lichter auf der Oberfläche des ruhigen Wassers malerisch kräuselten und sich gerade die Silhouette eines ausfahrenden Kreuzfahrtschiffes wie eine Verheißung heiler Urlaubstage ins Bild schob.

»Ha, ha, dass ich nicht lache«, machte Tsambis. »Nein, nein, hier gibt's kein Idyll mehr, das sieht alles nur so aus. Wir haben genau die gleichen Probleme wie überall: Arbeitslosigkeit, Drogen, Mord, Bankraub. Sogar unsere eigenen Flüchtlinge haben wir hier!«

»Bei denen hat sich der Chef ganz besonders eingesetzt!«, sagte Fani, und Jannakis warf sich in die Brust.

»Und ob! Ich habe sie aus dem Wasser gezogen, Männer und Frauen«, sagte er. »Mit meinen eigenen Händen!«

Wie zum Beweis zeigte er seine von jeder Menge schwarzen Haaren bewachsenen Pranken und drehte sie hin und her.

»Es gibt sogar einen Film, warte mal!«

Er holte sein Smartphone heraus, wischte ein paar Mal darauf herum, dann erklangen sonderbare Geräusche – ein beständiges Rauschen und Knattern, der Klang von Wellen, die gegen Felsen schlugen, und aufgeregte Stimmen.

Auf dem Display sah Zakos Holzplanken, die im Wasser trieben. Menschen klammerten sich daran fest. Die See war aufgewühlt, die Wellen trugen weiße Schaumkronen. Eine der Bootsplanken, ein großes weißes Holztrumm, war bereits nahe ans Ufer getrieben. Ungefähr zwanzig Menschen kauerten darauf wie auf einem Floß, doch keiner wagte, hinunterzuklettern, um das unsichere Gefährt nicht ins Ungleichgewicht zu bringen.

Links im Bild wurden nun ein paar Männer sichtbar, die schwimmenden Flüchtlingen die Hand reichten und sie herauszogen. Andere standen bereits im brusthohen Wasser, holten Menschen von dem behelfsmäßigen Floß und halfen ihnen an Land, und einer davon war, tatsächlich, Jannakis. Dann erklang die Stimme eines Nachrichtensprechers, und in der nächsten Einstellung sah man, wie die Flüchtlinge versorgt wurden. Manche saßen unter Wärmedecken und tranken aus Plastikwasserflaschen, andere starrten nur apathisch aufs Meer, sichtlich geschockt von den Erlebnissen. Dann endete der Clip.

»Du kannst dir nicht vorstellen, was das für ein Tag war«, sagte Tsambis. »Eisig, und ein solcher Wind! Ich hatte frei an dem Tag und war auf dem Weg zu einem Freund. Dann sah ich einen Auflauf am Strand und dann mitten im Wasser diese Menschen!«

Zu Zakos' großer Überraschung fing er plötzlich an zu weinen, und Fani ergriff routiniert seine Hand und machte ein beruhigendes Geräusch, wie zu einem Kind.

»Sogar eine Hochschwangere war dabei!«, sagte Tsambis.

»Aber sie hat's geschafft, alle haben es geschafft, und das Baby hat sie hier bei uns im Krankenhaus gesund auf die Welt gebracht!«

Fani reichte ihm eine Papierserviette, er schnäuzte sich ausgiebig, und Zakos kam aus dem Sich-Wundern nicht heraus – nicht so sehr, weil Tsambis emotional geworden war, sondern weil er von ihm, so wie er ihn kannte, eher Stammtisch-Sprüche gegen die Flüchtlinge erwartet hätte als so tiefes Mitgefühl.

»Man hat ja schon einiges gesehen, gerade in unserem Beruf. Aber das dann doch noch nicht! So ein Drama, vor unserer Haustür, mitten in unserem Meer! Das werde ich nie vergessen«, sagte Jannakis, nun wieder ganz ruhig.

»Und entschuldige bitte, wenn ich bei dem Thema die Beherrschung verliere. Aber ich muss bei den Flüchtlingen immer an meine *Yiayia* denken. Die ist mit vierzehn Jahren vor den Türken aus Kleinasien geflohen, nur mit einem Bündel und einer Ikone darin im Arm. Sie hat ihr Leben lang davon erzählt.«

Noch einmal ging ein Schluchzer durch seine massige Gestalt, dann hatte er sich wieder im Griff.

»Aber jetzt müsst ihr noch einen kleinen Whiskey mit mir nehmen! Nein, nein, Fani, auch du, keine Widerrede! *Garsoni!*« Und er winkte den Kellner zu sich.

Sie küssten sich schon, da hatte Jannakis das Lokal noch gar nicht richtig verlassen, und später hätte Zakos nicht zu sagen gewusst, wer damit angefangen hatte, aber das war auch ganz egal: Fani zu küssen kam ihm vor wie etwas absolut Existentielles. Er fuhr ihr mit beiden Händen in die glänzenden, glatten Haare, spürte ihren vollen Mund, die kühle Zunge, und mittendrin fing er an zu lachen. Und dann küsste er sie weiter. Als sie aufstanden, fiel einer der Stühle um, sie lachten wieder und küssten sich im Stehen, und sie brauchten lange für den Weg in sein Hotelzimmer, weil sie sich immer wieder küssen mussten, obwohl sie es eigentlich sehr eilig hatten.

Zakos erwachte vollkommen ausgeruht, dabei hatten sie nur wenige Stunden geschlafen. Fani neben ihm atmete ruhig und zufrieden und umarmte ihn dabei immer noch wie selbstverständlich. Zakos setzte sich auf, er wollte sie ansehen. Die Haut ihres nackten Arms hob sich olivfarben gegen das weiße Betttuch ab. Sie trug das Haar jetzt kürzer als damals vor gut eineinhalb Jahren und sie war schmaler geworden, aber auch erwachsener – ein neuer, entschlossener Zug lag um ihren Mund.

Er hatte nicht das geringste schlechte Gewissen, mit ihr in diesem Raum zusammen zu sein – was er selbst irgendwie erstaunlich fand. Ganz im Gegenteil, er hatte das Gefühl, er hätte einen Anspruch auf das hier, es sei sein gutes Recht, diese geschenkte Zeit mit ihr in dem kleinen, etwas schäbigen Hotelzimmer. Sarah und Elias waren für ihn im Moment weit weg, in einem anderen Land, einem anderen Leben. Vorsichtig entwand er sich Fanis Arm, bückte sich nach seiner schwarzen Jeans auf dem Fußboden neben dem Bett und holte sein Handy hervor, um es auszuschalten. Dann ließ er die Hose wieder auf den Boden sinken und lehnte sich auf dem Kissen zurück.

Der Vorhang war nicht ganz zugezogen, und obwohl er den Himmel von hier aus nicht sehen konnte, erkannte er, dass es draußen sonnig war. Das Hotel, in das der Taxifahrer ihn gestern nachmittags gebracht hatte, lag hinter Elli Beach in einer Gegend, die hauptsächlich aus älteren, mehrstöckigen Hotels bestand, die allesamt ihre beste Zeit schon hinter sich hatten, und jetzt, wo die Saison noch nicht richtig begonnen hatte und die meisten Quartiere und Lokale noch geschlossen waren, wirkte alles heruntergekommen. Von seinem Platz im Bett aus erkannte er die kaputte Leuchtreklame eines benachbarten Hauses und darüber eine hässliche, schmutzige Wand, aber dennoch war das hier jetzt ein ganz besonderer Ort für ihn. Und nach einer Weile schlug Fani die Augen auf und lächelte, das größte Lächeln, das er seit langem gesehen hatte, und zog ihn noch näher an sich.

Zum Frühstücken führte sie ihn in ein skandinavisches Café an einem kleinen begrünten Platz nur ein paar Schritte von seinem Hotel entfernt. Sie holten sich Milchkaffee, Spiegeleier und Zimtschnecken auf einem Tablett und setzten sich auf die Baststühle einer hübschen verglasten Terrasse in den Windschatten, und Zakos fand es lustig, hier im Süden Griechenlands ausgerechnet so zu frühstücken wie bei IKEA. Fani kicherte und meinte, er würde sich wundern, wenn er wüsste, wie viele skandinavische Lokale und Läden es auf Rhodos gebe.

»Es gibt hier eine große skandinavische Gemeinde, lach nicht!«, sagte sie.

Sie sprühte nur so vor guter Laune und erzählte und erzählte – dass Tsambis Jannakis ihr nun sogar eine eigene Abteilung unterstellt hatte, dass er sie aber trotzdem manchmal behandelte, als sei sie noch ein Schulmädchen. Und dass Lefteris, der phlegmatische Kollege auf Pergoussa, wo sie herstammte und wo Zakos sie kennengelernt hatte, nun einen neuen Polizisten einarbeitete und sich dabei aufspielte, als hätten nicht Zakos und Fani, sondern er allein seinerzeit jenen Mordfall an einer deutschen Politikergattin gelöst. »Und dabei ist er immer noch so eine Schlaftablette, wie du ihn kanntest«, sagte sie ausgelassen.

»Sonst sind viele in letzter Zeit weggegangen: zum Beispiel Andreas, der ist nach Athen zurück. Und Liz aus dem Reisebüro hat noch mal geheiratet, in ihrem Alter, stell dir vor!«

»Ach was – wieder einen Griechen oder mal einen Briten?«

»Ich glaube, er ist Tunesier«, sagte sie. »Und ungefähr dreißig Jahre jünger als sie. Aber jeder, wie er mag!«

Sie kicherte wieder, fuhr ihm durchs Haar und küsste ihn.

»Was machen wir heute noch?«, fragte sie dann. »Aris ist verreist, und er hat gesagt, ich kann mir jederzeit seinen Wagen ausleihen. Wir könnten einen Ausflug machen!«

Aris! Der reiche Bauunternehmer war Fanis Ziehonkel, allerdings hatte Zakos ihn während seines letzten Griechenlandaufenthaltes überführt, Wucherzinsen von Schuldnern einzutreiben. Daher hatte er gedacht, der Mann wäre vielleicht gar nicht mehr auf freiem Fuße. Aber Fani sagte, seine Verhandlung habe noch nicht stattgefunden – und sie zweifle ohnehin daran, dass Aris jemals verurteilt würde.

»Dem passiert nichts, der hat Freunde überall!«, erläuterte sie.

Aris' Wagen war allerdings eine Überraschung – ein metallicblauer, ziemlich eingestaubter Fiat Panda, der entweder darauf hinwies, dass der Besitzer plötzlich einen Sinn für Unterstatement entwickelt hatte – oder dass seine Geschäfte schlecht liefen. Doch Zakos war es einerlei, er genoss die Fahrt und betrachtete Fani, die am Steuer saß, von der Seite, wie vollkommen unbeschwert und glücklich sie wirkte. Er fragte sich, wie es sein konnte, dass er die letzten eineinhalb Jahre komplett verdrängt hatte, wie sehr er sie eigentlich vermisste.

Sie fuhr Richtung Süden, um ihm die Akropolis von Lindos zu zeigen.

»Das ist die einzige Jahreszeit, in der man hier raufgehen kann – im Sommer steht man auf dem Fußweg nämlich in der Schlange, weil so viele Leute nach oben wollen. Manche lassen sich auch mit Eseln nach oben bringen, aber bisweilen stehen sogar die Esel Schlange. Das dauert ewig, und glaub mir, so ein Eselrücken kann ganz schön hart sein. Ich weiß, wovon ich spreche. Auf Pergoussa hatten wir früher ein Maultier, aber das ist alles eins.«

Lindos war für Zakos eine Überraschung: ein kalkweißes Örtchen, wie dahingewürfelt an den Berghang. Es wirkte gar nicht wie die sonst üblichen Siedlungen auf den Dodekanes mit ihren bunten, neoklassizistischen Häuschen, sondern wie die Dörfer auf den Kykladen.

Darüber thronte die Akropolis, aber am schönsten fand Zakos die Aussicht hier oben auf das weite tiefblaue Meer. Bei diesem Anblick wurde er innerlich vollkommen ruhig.

Sie waren nicht allein oben – außer ihnen gab es noch ein paar Touristen, ausschließlich ältere Semester, und eine griechische Familie mit drei Kindern, die sich aber weniger für die antiken Säulen als für eine Katzenmutter mit vier Jungen interessierten, die zwischen den Steinen herumturnten und sich hinter den aus Ritzen wuchernden Sträuchern und Gräsern versteckten. Die Hauptattraktion war der aus Sandstein rekonstruierte Teil des Athene-Tempels – doch Zakos und Fani entschieden, dass ihnen die »echten«, alten Säulen aus Marmor besser gefielen.

»Das hier sieht aus wie der Eingang einer Angeber-Disko«, fand Zakos, und Fani nickte belustigt.

Später lagen sie fast genau unterhalb der altertümlichen Stätte in einer windgeschützten Bucht am Meer, und Zakos erzählte von dem Fall, der ihn nach Griechenland geführt hatte, bis zu jenem Punkt, als er bei dem Popen von Perama und Frau Kanelidou angekommen war.

»Der Pfarrer war allerdings wahrscheinlich halb blind, und ein wenig verwirrt kam er mir ehrlich gesagt auch vor«, endete er schließlich.

»Das ist alles andere als eine heiße Spur. Wer weiß also, ob diese Gemeindefrau unseren Mann tatsächlich kennt.«

Er hatte sie noch immer nicht erreicht, ihr Handy war einfach tot.

»Aber du weißt schon, dass wir sie trotzdem sofort ausfindig machen können!«, sagte Fani mit plötzlicher Nüchternheit. »Ich würde an deiner Stelle über die Kollegen in Athen mit dem Popen in Kontakt treten – oder ich mache das schnell am Telefon. Vielleicht weiß er ja noch ein paar Details, wo die Dame sich genau aufhalten könnte. Und wir können ihre Festnetznummer ausfindig machen und ihre Familie in Perama anrufen und einfach fragen. Ansonsten: Handyfahndung steht auch uns zur Verfügung, wir sind nicht von gestern, auch hier auf Rhodos nicht.«

»Natürlich, klar, das weiß ich ja«, sagte Zakos, auf einmal verlegen, und schwieg eine Weile.

»Aber bitte nicht jetzt sofort. Im Moment bin ich nämlich gar kein Polizist«, seufzte er dann.

»Sondern?«, grinste Fani.

»Tourist!«

Und mit diesen Worten zog er sein Hemd aus und streckte sich genüsslich, denn die Sonne wärmte fast so stark wie an einem Sommertag.

Kapitel 7

Der alte Pope stand im Hof seiner Kirche mit einem Besen in der Hand und blickte ihn lächelnd an: »Da bist du nun, mein Sohn, das ist gut!«, begrüßte er Zakos und nickte Fani neben ihm zu.

»Heute ist Frau Kanelidou nämlich wieder da, geh nur zu ihr hinein.«

Dann begleitete er ihn zur Tür und rief in den Raum.

»Sophia! Besuch für dich!«

Sie hatten auf die Handyfahndung verzichtet. Zakos wollte die kurze Zeit mit Fani ungestört genießen, alles andere schob er im Moment von sich fort. Er war deshalb auch nicht am Sonntag bei Jannakis zum Grillen gewesen und hatte mit einem Vorwand abgesagt, weil er dadurch kostbare Stunden mit Fani verloren hätte. Stattdessen fuhren sie wieder ans Meer und machten ein Picknick, und er schwamm sogar – es war nicht kälter als die Isar in München im Sommer, fand er, doch Fani machte nur »Brrr« und weigerte sich hineinzugehen.

Gegen Mittag war sie plötzlich wortkarg geworden und hatte ihn ein paarmal sehr merkwürdig von der Seite angesehen. In ihrem Blick lag die gleiche Angst, die auch ihn umtrieb – die Angst vor der nahenden Trennung. Und dann hatte er schließlich eine Entscheidung getroffen und sie gebeten, ihn am Abend nach Athen zu begleiten. Atemlos vor Nervosität hatte Fani Jannakis angerufen und ihn dringend um Urlaub ersucht. Er hatte ihn gewährt.

Weil so kurzfristig kein Flug für sie zu bekommen war, hatte Zakos seinen eigenen Flug gecancelt, und sie waren am späten Nachmittag in die riesige Nachtfähre nach Piräus gestiegen. Am Anfang hatten sie zwei Stunden lang ganz oben an Deck im Wind gestanden, bis Fani schließlich sagte, sie sei so durchgefroren wie auf der *Titanic* in Erwartung des Eisbergs. Darum gingen sie runter in den Bauch des Kolosses, stopften sich in der Filiale einer griechischen Fastfoodkette mit Hamburgern und Pommes voll, tranken Bier und erzählten sich bis zur Ankunft um drei Uhr früh Geschichten aus ihrer Kindheit. Nur manchmal war Zakos urplötzlich nervös geworden, und zwar immer dann, wenn die Tür nach draußen aufging und Zigarettenrauch zu ihnen hereinwehte. Als Fani das bemerkte, verschwand sie und kehrte kurz darauf mit einem Tütchen gesalzener Sonnenblumenkerne zum Knabbern zurück. Sie steckten noch in den Schalen, und man musste sie mit den Zähnen aufknacken. Zakos hatte das seit seiner Kindheit nicht mehr getan, aber Fani beteuerte, dies sei das beste Mittel beim Abgewöhnen von Zigaretten, und Zakos stellte fest, dass das Knacken der Kerne ihn tatsächlich beruhigte. Es war eine wunderbare Überfahrt, Zakos war so glücklich wie schon lange nicht mehr, aber am nächsten Morgen war er wieder heillos übernächtigt, und wäre er nicht so elektrisiert von Fanis Anwesenheit gewesen – er wäre wahrscheinlich am Steuer des Mietwagens, den er kurz nach dem Aufstehen in Athen in einer kleinen Mietwagenfirma genommen hatte, an einer Ampel eingenickt. Doch nun fühlte er sich auf einen Schlag hellwach.

Heute Morgen war die Armenküche nicht leer wie am

Freitag. Zwei Frauen um die fünfzig beugten sich an einem der Tische gemeinsam mit einem dunkelhäutigen Jungen über ein paar Formulare; in einer Ecke saßen zwei abgerissen aussehende alte Männer und unterhielten sich. In der Küche brutzelte es derweil bereits, und über dem ganzen Raum lag ein würziger Duft.

Sophia Kanelidou war eine rundliche Frau um die sechzig. Sie stand am Herd und rührte in einem großen Topf, und als Zakos näher kam, sah er, dass sie Zwiebeln glasig briet.

»Was gibt's denn heute?«, fragte Fani, und die Frau lächelte ihr zu.

»Nudeln mit Hackfleisch. Das kochen wir oft, denn es ist billig und jeder isst es gern«, sagte sie. »Was kann ich für euch tun?«

»Wir sind von der Polizei. Vater Gerassimos sagte, Sie könnten uns vielleicht helfen. Wir wollen, dass Sie sich Bilder von einem Mann ansehen, vielleicht kommt er Ihnen bekannt vor«, erläuterten ihr die beiden. Die Köchin drehte das Gas herunter, wischte sich die Hände an der Schürze mit Blumenaufdruck ab und nahm die beiden Fotos in die Hand. Sie hatte ein weiches, vom Kochdunst gerötetes Gesicht mit freundlichen Augen, und Zakos sah es sofort an ihrem Blick: Sie kannte Eddie.

»Kommen Sie, wir setzen uns einen Moment hin«, sagte er zu ihr, und sie gingen an einen der Tische, wo die Köchin die beiden Bilder vor sich hinlegte, sich mit der Schürze über das verschwitzte Gesicht wischte und tief seufzte.

»Ist er tot?«, fragte sie.

»Nicht dass wir wüssten. Wie kommen Sie darauf?«, fragte Zakos.

»Weil – Sie sind doch von der Polizei. Und da dachte ich ... ach so, jetzt verstehe ich. Er wird gesucht!«

Zakos nickte und erzählte ihr von dem Mordfall, von der Frau in München. Sie hörte geduldig zu, dann schüttelte sie den Kopf.

»Ja, Eddie. Er kann nur wenig Griechisch, und ich spreche kein Englisch, aber man verständigt sich trotzdem hier, mit Händen und Füßen. Er war immer so höflich, sagte *kalimera,* Mama Sophia, *efcharisto poli,* Mama Sophia. Manchmal hat er hier ein bisschen ausgeholfen. Er hat immer gelächelt, aber es war kein fröhliches Lächeln. Ich glaube, er war ein sehr trauriger Mann. Er kann unmöglich ein Mörder sein.«

Zakos wollte etwas einwenden, doch Sophia ließ ihn nicht zu Wort kommen. »Nein, nein, nein, Ich kenne das schon, es ist nicht das erste Mal. Wenn irgendwas passiert, sind es immer die Armen oder die Schwarzen. Ein Einbruch, ein geklautes Moped, Drogen – immer heißt es, das war bestimmt einer von Mama Sophias Jungs! Und wissen Sie was?«

Sie wartete keine Antwort ab. »Das steht mir langsam bis hier!« Sie hielt sich die kurzen, dicken Finger unter die Nase.

»Aber diesmal sind Sie auf der falschen Fährte. Das ist ein anständiger Mann. Das weiß ich, das sagt mir meine Menschenkenntnis, schließlich helfe ich schon seit Jahren hier. Er hatte Pech im Leben. Aber deswegen muss man ihn noch lange keinen Mörder heißen!«, regte sie sich auf, und Zakos und Fani ließen sie erst mal nur reden und hörten zu.

»Mama Sophia – so nennen die Leute Sie hier?«, fragte Fani schließlich und lächelte die Köchin gewinnend an, aber Sophia hatte die Arme vor der Brust verschränkt und blickte unwirsch.

»Wer hat sich das denn ausgedacht – Ihre Jungs hier?«, fuhr Fani fort.

»Ja, klar, wer sonst«, antwortete Sophia schließlich. »Ich bin ja auch ein bisschen wie die Mutter für alle hier. Die Menschen kommen nicht nur wegen des Essens, manche brauchen auch einfach ein nettes Wort und ein freundliches Gesicht.«

Fani nickte. »Vielleicht haben Sie recht, Mama Sophia, und Eddie war es gar nicht«, sagte Fani leise und freundlich. »Aber vielleicht hat er den Mörder gesehen, oder er weiß irgendwas. Das könnte helfen, damit kein weiterer Mord passiert. Denn das darf nicht sein.«

Zakos schaute sie verstohlen an. Sie machte das gut, fand er.

Sophia wirkte aber noch nicht vollkommen überzeugt.

»Gibt es denn einen Beweis? Hat ihn jemand gesehen?«, fragte sie misstrauisch. »Oder ist das nur wie immer: Er soll der Sündenbock sein!«

»Nein, einen Beweis haben wir nicht«, gab Zakos zu. »Es ist nur ein Verdacht. Aber wenn wir das nicht überprüfen, dann kann auch seine Unschuld nicht bewiesen werden. Dann läuft der Mörder weiter frei herum. Und tötet vielleicht noch mal.«

Sophia brummte, immer noch verärgert.

»Sophia, diesmal geht's nicht um geklaute Mopeds«, sagte Zakos mit Nachdruck.

»Es geht um Mord, um Mord an einer Frau, einer Mutter von zwei Kindern. Wenn Eddie es war, muss er dafür einstehen. Ein Mörder darf nicht frei herumlaufen, sonst tötet er vielleicht noch mal. Aber natürlich wird alles seriös in Deutschland untersucht, und so kann Eddies Unschuld bewiesen werden – wenn er es nicht war.«

»*Endaxi!*«, stieß sie schließlich etwas widerwillig aus. »Natürlich will ich nicht verantwortlich sein, falls noch ein Mord passiert. Aber ich habe ja schon gesagt, dass ich ihn schon lange nicht mehr gesehen habe. Vor etwa einem Jahr hat er sich bei allen verabschiedet. Er wollte weg aus Griechenland, mit einem anderen Mann, einem alten Mann, Mori, ebenfalls einem Schwarzen, der aber krank war.«

Doch da war noch was, dachte Zakos. Man sah es ihr an.

»Denken Sie nach, Mama Sophia, bitte«, sagte er, und sie wand sich ein wenig und seufzte.

»Na gut, er war hier. Vor kurzem erst, allein. Aber nur für einen Moment. Ich konnte gar nicht mit ihm reden, denn ich musste Essen ausgeben. Plötzlich war er wieder verschwunden. Ich weiß also nicht, was passiert ist. Ich dachte, vielleicht sind die beiden damals gar nicht losgefahren, vielleicht lebten sie weiter hier in Perama oder an einem anderen Ort in der Stadt, und er schämt sich, uns das zu gestehen? Ich weiß es nicht.«

»Wissen Sie, wo er wohnt?«, fragte Fani.

Sophia schüttelte den Kopf.

»Die Leute kommen ja zu uns, und nicht umgekehrt, und ich frage nie nach. Manche haben eine Wohnung, manche nicht. Und einige kommen jeden Tag von weit her, auch aus Athen. Sie fahren ohne Busticket hierher, weil sie lieber hier um einen Teller Suppe betteln als in einer Gegend, in der man sie kennt. Das sind allerdings eher die Griechen. Aber auch die Schwarzen wollen nicht, dass man weiß, wo sie wohnen. Ihr wisst ja, warum.«

Zakos schüttelte den Kopf.

»Weiß er es wirklich nicht?«, wandte sich Sophia an Fani. »Aber es war doch in den Nachrichten, auf der ganzen Welt: die Rechtsradikalen von Chryssi Avgi. Sie jagen sie. Es ist zwar besser geworden in letzter Zeit, weil einige Rechtsradikale eingesperrt wurden, nachdem sie diesen armen Sänger ermordet haben.«

»Pavlos Fyssas. Ein linksautonomer Rapper. Er wurde von einem Neonazi erstochen«, erklärte Fani Zakos. Mama Sophia nickte und fuhr fort.

»Trotzdem haben die Ausländer hier Angst. Alle haben Angst. Überall, wo Menschen Flüchtlingen helfen, kommen diese Teufel von Chryssi Avgi und terrorisieren sie. Nur hier ins Gotteshaus trauen sie sich nicht!« Und sie blickte so grimmig, als wollte sie sich mit aller Kraft persönlich dagegenstemmen, falls einer von denen das wagen würde.

Zakos schüttelte den Kopf, als sie die Gemeindeküche verlassen hatten, doch Fani war nicht überrascht.

»So was passiert heutzutage leider oft, das ist doch überall so«, sagte sie.

Zakos nickte. Natürlich. Schon jetzt, im Frühjahr, waren in Deutschland beispielsweise mehr Anschläge auf Flüchtlingsunterkünfte verübt worden als im ganzen vergangenen Jahr. Doch er hatte nie darüber nachgedacht, dass es hier vielleicht auch so war. Für ihn war Griechenland immer (noch) eine heile Welt, und er musste sich erst daran gewöhnen, dass das gar nicht sein konnte.

»Jetzt wissen wir, er war hier. Und was tun wir jetzt?«, fragte Fani.

»Wir holen uns Verstärkung, allein kommen wir nicht weiter«, sagte Zakos. »Ich muss mal kurz telefonieren.«

Er wollte sich mit Alexis besprechen, der wiederum seinerseits ein paar Gespräche führen musste. Einstweilen gingen sie in ein Stehcafé beim Eingang der Werft. Dann meldete sich Alexis zurück, und alles ging ganz schnell.

»Sie wissen Bescheid«, sagte er. »Sie warten auf dich.«

Die Polizeistation war nicht weit entfernt, die Kollegen dort waren schon bereit aufzubrechen: Es waren drei Mann, allesamt jünger als er, und sie wirkten professionell und motiviert und hielten sich nicht mit langen Reden auf, sondern nickten nur kurz zum Gruß. Nur einer – ein etwas rundlicher Kerl mit vollen Wangen und frischen blaugrünen Augen – gab ihm die Hand: »Du bist also der Deutsche. Ich heiße Stefanos, und die anderen lernst du schon noch kennen«, sagte er. »Wenn der Mann, den du suchst, hier ist, werden wir ihn finden!«, fuhr er fort. »Wir haben einen Ruf zu verteidigen – nicht dass es in Deutschland heißt, die Polizei hier tauge nichts.«

Kurz darauf preschte ihr Einsatzwagen auch schon über das Werftgelände und scheuchte aus den Schiffen, die hier fahruntauglich aufgebockt lagen, ein Dutzend Obdachlose auf. Doch Afrikaner waren keine dabei. Dann fuhren sie an den Rand der Gemeinde, wo die Häuser endeten und der Berg kahl aus roter Erde aufragte, und arbeiteten sich durch ein kleines Viertel aus Zelten und Verschlägen, in dem Immigrantenfamilien hausten – hauptsächlich Sinti oder Roma, Zakos wusste es nicht.

»Die Leute stammen aus Bulgarien und Rumänien und weiß der Himmel, woher sonst noch«, seufzte Stefanos. »Ich habe das Gefühl, es werden hier täglich mehr.«

Auch ein Kleinkind war dabei, etwa in Elias' Alter. Es hockte auf einer Matratze und kaute auf einem Stück hartem Brot herum, die Wangen gerötet. Wahrscheinlich zahnte es, Zakos hatte dafür mittlerweile einen Blick. Er musste an seinen eigenen Sohn denken, und dieser Gedanke versetzte ihm einen Stich, so schmerzlich, als vermische sich die Betroffenheit über die elende Unterkunft dieses Kindes mit dem schlechten Gewissen gegenüber seinem Sohn, nach dem er sich in den vergangenen Tagen lediglich per SMS bei Sarah erkundigt hatte. Immer ein wenig verstohlen, damit Fani es nicht bemerkte. Nun fühlte er sich schäbig und war froh, als sie den Verschlag und seine Bewohner verließen.

In der Behausung daneben erwartete sie dafür der Anblick einer verwahrlosten alten Frau, die sich eine stinkende Decke umgewickelt hatte und auf einem Klappbett kauerte. Sie hatte bei ihrem Eintreten angefangen, hysterisch zu weinen, und beruhigte sich auch durch gutes Zureden nicht. Ihre Schreie klangen Zakos später noch lange im Ohr.

Danach waren sie in ein paar Wohnungen in einem Haus nicht weit von dort eingefallen, und dort lebten tatsächlich Afrikaner: ebenfalls Familien mit Kindern, zu viele Menschen auf zu wenig Raum zusammengepfercht. Immerhin gab es vier feste Wände, auch Matratzen, Tische, zusammengewürfelte Stühle. Strom gab es nicht. Zumindest schienen nicht alle welchen zu beziehen. Stefanos zeigte Zakos ein Verlängerungskabel, das sich vom Kühlschrank durch eine Wohnung ins Treppenhaus und dann in eine obere Etage schlängelte.

»Da hat jemand ein Herz für die Armen«, sagte er. »Die Leute hier halten zusammen und helfen sich, dabei sind die Wohltäter da oben sicher auch nicht viel besser dran. Hier hat keiner viel Geld.« Das war offensichtlich: Der Hausgang war schmutzig und voller Müll, die Stufen abgetreten und kaputt.

Kamara befand sich nicht hier, und keiner erkannte ihn. Zakos behauptete zwar, er würde lediglich als Zeuge gesucht. Er sagte sogar, eine Belohnung erwarte ihn. Aber man glaubte es ihnen kaum. Wenn die Bilder herumgingen, wurden die Blicke verschlossen, niemand reagierte auch nur mit einem Zucken im Gesicht. Das immerhin war ein Zeichen, dachte Zakos: Er glaubte, er sehe es den Leuten an, ob sie auf das Gesicht des Gesuchten reagierten. Bei Sophia war ihm das gelungen.

Als sie das Haus wieder verließen, fühlte sich Zakos erschöpft und hoffnungslos. Aber es gab noch einen Anlaufpunkt: ein leer stehendes mehrstöckiges Gebäude, fast ganz am Ende von Perama, da, wo die Landzunge ans Meer grenzte. Es war offenbar nie ganz fertiggestellt worden, und nun war es eine Ruine, ohne Fenster, ohne Türen, in den Räumen und Gängen Müll, Kartons und Dreck.

Aber auch hier hausten Menschen, und die Polizisten leuchteten mit Taschenlampen hinter einen behelfsmäßigen Windschutz aus Pappe, unter ein Lager aus fauligen Decken und in einen unbeleuchteten Keller hinein. Erneut zogen sie ein paar Menschen ans Tageslicht: wieder Obdachlose, Griechen, Albaner, darunter auch eine Frau. Eddie fanden sie nicht.

»Ich hab ja versprochen: Wenn er hier ist, finden wir ihn«, sagte Stefanos, als sie wieder in den Einsatzwagen stiegen. »Wir haben ihn nicht gefunden, also war er nicht hier!«, fuhr er fort, und seine Männer lachten.

»Willst du den Kollegen aus Germany verarschen!«, sagte der Kollege neben ihm, ein Mann mit rötlichem Bart. Daraufhin lachten alle noch mehr, und sogar Stefanos grinste.

»Was soll ich sagen: Du siehst es ja selbst«, sagte er schließlich. »Wir haben unser Bestes gegeben, das war Ehrensache – schließlich fühlen wir uns der griechischen Gastfreundschaft verpflichtet.«

»Und dem Befehl der vorgesetzten Dienststelle«, fiel der Rotbart ein.

»Dem erst recht!«, bestätigte Stefanos. »Aber manchmal hilft alles nichts …« Er machte eine bedauernde Geste.

Mehr gab es nicht zu sagen, und Zakos blickte Fani an, die ebenso erschöpft wirkte, wie er sich fühlte. Er hatte jetzt eigentlich nur noch das Bedürfnis nach einer heißen Dusche und nach etwas zu essen – sie hatten außer einem Sandwich zum Frühstück den ganzen Tag noch nichts gehabt.

Dann fiel ihm ein, dass er am Abend mit seinem Vater, den er seit Jahren nicht gesehen hatte, verabredet war, und die Vorstellung überforderte ihn so, dass ihm ein lautes »Puh« entwich.

»Keine Sorge, es ist noch nicht alles verloren«, sagte Stefanos, der das Geräusch auf den Fahndungsmisserfolg bezog.

»An eurer Stelle würde ich der Sache noch eine Chance geben und ein paar Tage weitersuchen. Geh einfach immer wieder in die Werft und den Containerhafen, eines Tages ist er vielleicht doch da. Wahrscheinlich ist es ohne uns und den Einsatzwagen sogar einfacher.«

Das sagt er jetzt, dachte sich Zakos, aber er kommentierte es nicht.

»Und wenn du uns wieder brauchst, meldest du dich!«, schloss Stefanos.

Fani bestand darauf, dass er seinem Vater nicht absagte.

»Ihr habt euch schon viel zu lange nicht gesehen«, sagte sie, außerdem wollte sie Freunde aus Pergoussa treffen, die außerhalb der Touristensaison in Athen lebten. Sie schlug vor, dass Zakos später zu ihnen stoßen sollte, und er willigte ein.

Zakos wollte gerade ein Taxi heranwinken – er fühlte sich zu erschöpft, um den Mietwagen durch die ihm fremden Straßen zu kutschieren. Da fiel ihm ein, dass er den Straßennamen und die Hausnummer in Kypseli gar nicht mehr wusste, deshalb rief er noch mal kurz bei seinem Vater durch. Aber der sagte, dass sie dort gar nicht mehr wohnten.

»Wir sind schon vor über fünfzehn Jahren nach Piräus umgezogen«, sagte er, hörbar verblüfft, dass sein Sohn das gar nicht wusste. Auch Zakos fühlte sich von dieser Info etwas geschockt, zeigte sie doch, dass er von seinem Vater fast nichts mehr wusste. In den vergangenen Jahren hatten sie lediglich ein paarmal telefoniert. Nun fühlte er sich plötzlich so deprimiert, dass er am liebsten umgekehrt wäre. Was sollte er denn auch dort, dachte er. Er hatte seinen Vater schon so viele Jahre nicht mehr gesehen, er vermisste ihn nicht und konnte auch weiterhin gut ohne ihn auskommen. Nur die Tatsache, dass er zu müde war, um eine Entscheidung zu fällen, hielt ihn davon ab, den Taxifahrer zu bitten umzudrehen, und dann hatte der Wagen sein Ziel bereits erreicht.

Schließlich stand er vor der Eingangstür und spürte, wie ihm das Herz bis zum Halse schlug. Er fühlte sich albern deswegen, versuchte seine Aufregung zu unterdrücken und läutete die Türglocke. Nach wie vor war ihm nicht klar, ob es nicht ein Fehler war, herzukommen. Dann öffnete sein Vater die Tür, und es zog Zakos fast die Füße weg.

»Mein Gott, Nikos, welche Freude!«, rief Konstantinos Zakos aus und nahm ihn fest in den Arm, und in diesem Moment hätte Zakos plötzlich losheulen können. Seinen Vater zu sehen war wie eine Sekundenreise in die eigene Kindheit. Er hatte sich kaum verändert: die warmen braunen Augen und der liebevolle Blick, mit dem er ihn musterte, die kräftigen, leicht gebräunten Unterarme, die Stimme, sogar der vertraute Geruch nach seinem Aftershave und einer Spur Weichspüler.

Als Zakos senior ihn schließlich losließ, nur um ihn dann erneut in die Arme zu schließen, bemerkte Zakos, dass dieser seine Tränen nicht zurückhalten konnte – er wischte sich ein paarmal die Augenwinkel, lachte verlegen und zog seinen Sohn in die Wohnung.

»Meine Güte, jetzt falle ich aber gleich um!«, erklang eine weibliche Stimme.

»Du siehst ja jetzt exakt so aus wie Konstantinos, als ich mich in ihn verliebt habe!«

Das war Dora, seine Stiefmutter. Sie war wie angewurzelt stehen geblieben, und nun konnte Zakos in der verspiegelten Wand im Eingangsbereich selbst erkennen, was in seiner Jugend noch nicht so ersichtlich gewesen war: Er wirkte tatsächlich wie ein direktes Abbild seines Vaters – nur mit der Ausnahme, dass dessen Haar mittlerweile graumeliert war und die Jahre ein paar Linien in sein Gesicht gezeichnet hatten.

Einen Moment lang standen sie da und betrachteten verblüfft ihr Spiegelbild, Vater und Sohn, wie zwei Ausgaben ein und desselben Mannes mit gleicher Größe und Körperhaltung und sogar einem ganz ähnlichen weißen Oberhemd – nur dass fast dreißig Lebensjahre sie trennten. Dann nahm Dora Zakos junior am Arm, reckte sich ihm entgehen, damit er sie auf die Wangen küssen konnte und sagte: »Wie schön, dass du da bist!«

Auf der Dachterrasse, die etwa die Ausmaße von Zakos' kompletter Wohnung besaß, hatte Dora den Tisch gedeckt, und er bog sich regelrecht vor Köstlichkeiten: frittierte Auberginen, Marides, Keftedes, eingelegte Paprika, Tiropitakia, Taramosalata. Es sah großartig aus, doch Zakos und sein Vater kamen kaum zum Essen, weil es so viel zu bereden gab. Natürlich wollten Konstantinos und Dora zuallererst alles über Elias, das Enkelkind, erfahren, und Zakos erzählte und erzählte und zeigte Fotos auf dem Handy. Bald wechselte das Gespräch dann zum Thema Sarah – wie sie sich kennengelernt hätten, wie hübsch sie sei, welchen Beruf sie ausübe, wo ihre Familie herkäme. Es war merkwürdig für Zakos, ausgerechnet jetzt von seiner Beziehung zu Sarah sprechen zu müssen, mit der er in den vergangenen Tagen seit ihrem Streit nicht mal telefoniert hatte – meistens hatte sich der Kontakt auf Fotos von Elias, die sie ihm sendete, beschränkt. Zakos hätte lieber ein anderes Thema gewählt, aber er sagte sich, da müsse er nun mal durch, und er hoffte, man würde ihm nicht ansehen, dass er sich gerade für eine ganz andere Frau als seine Lebensgefährtin und Kindsmutter interessierte. Zumal sein Vater ihm manchmal eigentümliche Blicke zuwarf – fast ein bisschen streng sah er ihn an, als versuche er, ihn mit Blicken zu durchdringen. Aber dann plauderte Zakos einfach in seiner munteren, lebhaften Art weiter und zeigte noch ein paar Babyfotos, und der Vater lächelte wieder und erzählte Anekdoten aus der Zeit, als Zakos klein gewesen war.

Als Dora schließlich ein Kaffeetischchen vor der Hollywoodschaukel neben dem Essenstisch deckte, entschuldigte sich Zakos, dass er fast nichts gegessen hatte.

»Ich bin zu aufgeregt – aber es hat phantastisch geschmeckt. Du bist eine großartige Köchin, Dora.«

»Das ist sie tatsächlich, wenn sie mal dazu kommt. Was aber unter der Woche fast nie der Fall ist, denn sie verbringt den allergrößten Teil der Zeit in ihrer Kanzlei, die sich in den Jahren zu einer Art Monster entwickelt hat und sie eines Tages mit Haut und Haar auffressen wird«, sagte sein Vater. »Deswegen haben wir die *Mezedes* bei einem guten Lieferservice bestellt.«

Dora grinste. »Und den *Baklava* für den Kaffee hat dein Vater vorhin in einem *Zacharoplastio* am Dimotiko Theatro gekauft«, fügte sie hinzu. »Sonst holen wir abends nur ein paar Sandwiches oder machen Mozzarella mit Tomaten, aber wir dachten, dass heute vielleicht ein guter Anlass für ein griechisches Essen wäre! In der Hoffnung, dass du es mittlerweile magst!«

»Wunderbar, vielen Dank«, sagte Zakos. »Ich liebe griechisches Essen!«

»Das war nicht immer so!«, lachte Dora und erzählte, wie sie früher bei Besuchen eines damals ziemlich pubertären Nikos die halbe Stadt nach original italienischen Teigwaren, nach ungarischer Salami und Schweizer Käse abgegrast hatte, um den Sohn ihres Mannes aufzumuntern. Denn damals habe er die hiesige Küche nicht ausstehen können und sich ständig darüber beklagt. Zakos lachte. Er erinnerte sich nur dunkel daran. Er wusste aber noch, dass er Dora und ihre akkurate und überkorrekte Art, die in diametralem Gegensatz stand zu allem, was seine Mutter war, damals aus vollem Herzen abgelehnt hatte. Und das, obwohl nicht sie, die viel jüngere Griechin, der Grund für die Trennung der Eltern gewesen war, sondern eher das Freiheitsbedürfnis seiner deutschen Mutter. Wahrscheinlich war er einfach eifersüchtig gewesen.

Heute kam ihm Dora viel sympathischer vor, was wahrscheinlich an ihm und nicht an ihr lag: Sie schien kaum verändert, nicht mal äußerlich. Und wäre ihr Gang auf den atemberaubend hohen Wildlederschuhen nicht etwas schwerer und angestrengter als der einer jungen Frau, hätte man sie für Nicks und nicht Konstantinos' Partnerin halten können.

Und dann lugte auf einmal ein Teenager durch die Terrassentür, der genauso aussah wie einst der junge Nikos, von dem sie gerade gesprochen hatte – inklusive langer Haare und einem von jugendlicher Überheblichkeit umwölkten Blick. Philippos, sein Halbbruder. Das letzte Mal hatte er ihn gesehen, als dieser noch Windeln trug.

Zakos spürte, er hatte einiges verpasst. Es versetzte ihm einen tiefen Stich. All das war ein bisschen viel auf einmal, er spürte plötzlich einen Schwindel, sein Kreislauf reagierte, und er entschuldigte sich für einen Moment und suchte das Bad auf.

Dort schaufelte er sich eine Handvoll Wasser ins Gesicht, kühlte sich noch eine Weile den Puls am Wasserstrahl und sah sich um: Auch dieser Raum hatte ganz andere Ausmaße, als er dies von zu Hause kannte – mit der Riesenwanne und der Bastsitzecke unter Palmen erinnerte dieser Nassbereich eher an einen Wellness-Tempel. Überhaupt schienen sein Vater und Dora auf großem Fuße zu leben.

Später stand Zakos mit seinem Vater am Kamin im Wohnzimmer und besichtigte die auf dem Sims arrangierten Familienfotos – sogar ein paar von ihm waren dabei, außerdem einige von seiner Halbschwester Vasso, die in Patras studierte und die vom Gesicht her der Großmutter ähnelte. Dora und Philippos waren in der Küche, er war mit seinem Vater allein.

»Euch scheint es ja gutzugehen. Trotz Krise, zum Glück«, sagte Zakos und machte eine Armbewegung, die die große Wohnung und die Dachterrasse umfasste. Sein Vater lächelte, ein wenig zurückhaltend.

»Das alles hier ist weniger mein Verdienst. Für Maschinenbauingenieure wie mich ist Griechenland in Ermangelung einer Großindustrie nicht ganz das perfekte Land«, sagte er.

»Ich habe zwar durchaus einen guten Job und arbeite in der Stadtentwicklung bei der Gemeinde Piräus – nur siebzig Prozent allerdings. Doch dadurch hatte ich auch mehr Zeit für die Kinder«, fuhr er fort.

»Aber mein Geld allein würde für unseren Lebensstandard nicht ganz ausreichen. Den haben wir Dora zu verdanken. Ihre Anwaltskanzlei geht absolut durch die Decke. Aber ehrlich gesagt war sie bereits von zu Hause aus nicht ganz arm.«

»Und was ist aus der Wohnung der Großeltern in Kypseli geworden?«, fragte Zakos und erzählte von seinen Erlebnissen dort im Park.

»Dabei wurde der Pate erst vor ein paar Jahren für viel Geld aufwendig saniert«, erläuterte sein Vater. »Ich glaube, 2010 war das. Dir ist vielleicht aufgefallen, dass zum Beispiel die Steinplatten und die Bänke dort neu sind. Aber dann ging alles seinen üblichen Weg.«

Zakos blickte verständnislos.

»Die Arbeiten wurden nie fertiggestellt«, erklärte sein Vater. »Offenbar war mittendrin das Budget aufgebraucht oder irgendwer hat sich daran bereichert. Oder vielleicht war es einfach Missmanagement – so genau habe ich es nicht verfolgt. Ich weiß nur, das Geld ist weg und der Park verkommt. Ich persönlich freue mich regelrecht, dass man nun Flüchtlinge dort unterbringt. Dadurch ist auch die Polizei verstärkt vor Ort. Vielleicht vertreibt das die Drogensüchtigen. Aber für die Immobilienpreise ist das alles eine Katastrophe, das ist nicht zu leugnen.«

»Ja, die werden wahrscheinlich sinken«, sagte Zakos.

»Nein, die können gar nicht mehr sinken«, lachte sein Vater bitter. »Die sind ohnehin am Boden. Aber auf diese Weise werden sie sich wohl auch nicht mehr erholen. Für mich bedeutet das, dass ich die Wohnung der Großeltern weder verkaufen noch vermieten kann. Keiner kauft oder mietet heutzutage dort, und darum steht die Wohnung leer, eine schöne, bewohnbare Wohnung von 160 Quadratmetern. Jammerschade. Ich habe sogar überlegt, sie gratis zu vermieten. Aber dann riskiere ich, wegen Steuerhinterziehung angezeigt zu werden, denn keiner würde mir glauben, dass ich keine Miete berechne. Du lachst, aber solche Fälle gab es tatsächlich schon!« Er schüttelte den Kopf.

»Aber ich will nicht klagen. Im Gegensatz zu vielen anderen geht es uns gut. Damit hast du absolut recht.«

Als Zakos sich schließlich auf den Weg machte, hatte er das Gefühl, alles sei plötzlich ganz anders als noch vor ein paar Stunden. Als hätte sich ein Fenster, das lange verschlossen gewesen war, geöffnet, und zum Vorschein gekommen sei nicht nur Zakos senior und seine zweite Familie, sondern auch ein Nick, den er selbst verdrängt hatte und der ebenso Teil dieser Familie war. Denn es gab Gefühle füreinander, eine gemeinsame Geschichte, ja sogar Familienfotos auf einem Kaminsims. Gleichzeitig waren auch Elias und Sarah in seinen Gedanken wieder präsent, ebenso als Teil der Familie. Mit Fani hatte er sich kurze Zeit zwar fast so gefühlt, als sei er wieder unabhängig und frei. Aber natürlich konnte man die Zeit nicht zurückdrehen.

Zum zweiten Mal an diesem Tag meldete sich bei Zakos das schlechte Gewissen, das er eine Weile so erfolgreich hatte verdrängen können – wie ein jäher Schmerz, der alles veränderte.

Fani hatte ihm schon davor von der Taverne an der Plaka erzählt, in früheren Zeiten war es das Lieblingslokal von Melina Mercouri gewesen. Die Schauspielerin und spätere Athener Abgeordnete war jeden Tag hierhergekommen, und nach ihrem Tod wurde das Lokal schließlich ihr zu Ehren umbenannt in Melina. Ein Cousin Fanis hatte hier einen Kellnerjob ergattert, und nun belagerte Fanis Runde einen kleinen Tisch am Eingang, und der Cousin versorgte sie mit Bier. Zakos sah Fani schon von draußen durchs Fenster lachen und gestikulieren, aber plötzlich kam sie ihm ein wenig wie eine Fremde vor. Er war froh, dass es sie gab, gerade in diesen Tagen. Doch ohne es zu wollen, musterte er sie auf einmal mit einem anderen Blick. Das Treffen mit seiner Familie schwang mit und beeinflusste ihn.

Fanis Freunde in Athen bestanden aus drei jungen Männern und einer Frau mit streng nach hinten gegeltem Haar, die eine zu enge Jeans trug, über der sich Speckröllchen unter dem T-Shirt abzeichneten. Zakos hatte alle Namen gleich wieder vergessen. Es war laut. Einer am Tisch, ein Typ mit einem Tattoo am Hals, gab Anekdoten zum Besten, und die Frau mit den Gelhaaren lachte sehr laut und fröhlich. Es klang aufgesetzt. Zakos hingegen hörte gar nicht richtig zu und döste eher vor sich hin, doch eines fiel ihm auf: Die Runde hier sprach anders als die übrigen Leute im Lokal. Anders, als es sein Vater tat. Genau konnte er es nicht festmachen, aber ihr Griechisch klang mal schärfer und dann wieder verwaschener. Das war der Inseldialekt. Und einer der Männer fluchte zu viel. Zakos war froh, als Fanis Bier endlich ausgetrunken war und sie gehen konnten.

Im Hotel gab es eine Überraschung: Fani hatte während seiner Abwesenheit um ein schöneres Zimmer gebeten – und auch schon alle Sachen dorthin geräumt. Nun zog sie ihn kichernd an der Hand den etwas düsteren Hotelkorridor entlang, bat ihn, die Augen zuzumachen (was er, zu müde, um zu widersprechen, ein wenig genervt auch tat), und führte ihn hinein.

»Tadam!«, sagte sie, und er öffnete die Augen.

Auch dieses Zimmer war ein wenig eng und etwas heruntergekommen wie das davor, doch der Blick war fabelhaft: Es gab eine riesige Fensterfont auf die abendlich beleuchtete Akropolis. Es war atemberaubend und fast ein wenig unwirklich, als würde man sich in einer virtuellen Ansichtskarte befinden.

»Wie hast du das denn geschafft?«, fragte Zakos. Als er eincheckte, hatte es geheißen, es gäbe kaum noch was – erst recht nicht mit Ausblick.

»Man muss nur mit den Leuten reden«, antwortete sie lächelnd und zog ihn zum Bett.

Es hätte schön sein können, aber für Zakos schwang bereits ein Hauch von Abschied und Wehmut mit, und als Fani schlief und er noch lange in das goldene Licht blickte, das aus der antiken Anlage durch die Glasfront in ihr Zimmer schien, fragte er sich, wie es sein konnte, dass er ganz plötzlich bei allem so einen bitteren Beigeschmack wahrnahm.

Kapitel 8

Der Mann stand am Pier in der Sonne und unterhielt sich
mit einem grauhaarigen Griechen, der ihm einen Baumarkt-
Prospekt entgegenhielt, und als Zakos und Fani auf ihn zu-
traten, lächelte er und blickte die beiden offen an. Zakos erkannte das Gesicht sofort.

»Edward Kamara! Eddie!«, sagte er, und es war keine
Frage, sondern eine Feststellung.

Der Mann nickte und sagte auf Englisch: »Das ist mein
Name. Was gibt's?«

Zakos' Herz raste. Er hatte schon nicht mehr daran geglaubt, dass sie ihn jemals finden würden. Am heutigen Tag
waren Fani und er schon beim Bürgermeister von Perama
gewesen, hatten sich außerdem mit Sekretärinnen dort unterhalten, mit dem Hausmeister, dem Mann am Empfang. Dann
waren sie erneut bei den ›Ärzten der Welt‹ vorbeigegangen,
um ein paar Mediziner zu sprechen, die Eddies Fotos noch
nicht inspiziert hatten. Viele Stunden hatten sie dann in der
Werft zugebracht – im Stehcafé am Eingang, wo die wenigen
Arbeiter, die hier noch zu tun hatten, eilig einen *Frappé* her-
unterschlürften oder sich einen großen Kunststoffbecher mit
Kaffee zum Mitnehmen einpackten. Dann hatten sie ein kleines Kabuff nebenan betreten, das mit alten Schultischen und

Stühlen möbliert war und in dem Mitglieder der kommunistischen Gewerkschaft PAME tagten. Die Luft darin war geschwängert von Rauch und Wut – auf die Krise, auf »die da oben« und auf die Verhältnisse allgemein; und nicht zuletzt auf die Nazis der Chryssi Avgi, die gemeingefährlich waren und allgegenwärtig zu sein schienen. Dann hatten sie ausnahmslos jedes der aufgebockten Schiffe noch mal inspiziert, wieder Obdachlose und ein paar Müllsammler aufgeschreckt und einige Männer, die an kleinen Booten arbeiteten, die Schleifmaschinen abstellen lassen. Überall hatten sie die Fotos von dem Mann herumgereicht, an dessen Auffinden Zakos schon gar nicht mehr glaubte. Und schließlich waren sie mit der Fähre nach Salamina herübergefahren und eine lange Reihe vertäuter und winterfest gemachter Segelboote entlanggelaufen. Am Ende hatten sie eine Roma-Familie gesehen, die sich lauthals stritt. Ein kleines Mädchen von vielleicht sieben Jahren mit dunkelrotem verstrubbelten Haar stand wie unbeteiligt dabei, und als die Kleine Fani sah, schenkte sie ihr ein Lächeln und winkte.

Als sie wieder in Perama ankamen, legte sich der Wind, der sie den ganzen Tag zum Frösteln gebracht und die Wolken über den Himmel gejagt hatte. Die Sonne stach wieder so stark, dass Zakos seine Jacke auszog; er musste an die Tage am Strand auf Rhodos denken und sehnte sich dorthin zurück.

Da sagte Fani, sie könnten ja auch noch zu der kleinen Mole neben dem Fährableger rübergehen, bevor sie ins Hotel zurückkehrten, und Zakos stimmte zu – ohne große Hoffnung: Für ihn sah es so aus, als lägen hier nur weitere vertäute Segelyachten. Doch nach ein paar Schritten bemerkten sie, dass die Ansammlung der Segelboote bald endete, und dahinter begannen zwei Reihen mit alten Holzkähnen, ein paar

Fischerbooten und Schleppern. Es gab ein Grüppchen von Anglern sowie Männer, die auf ihren Booten Arbeiten verrichteten. Zwei kleine Hunde jagten sich gegenseitig über den aufgeplatzten Beton und kläfften. Man hörte das Wasser gluckernd an die Mole schlagen, und eine entspannte nachmittägliche Stimmung lag in der Luft. Und dann erkannten sie den großen Schwarzen, der ihnen nun gegenüberstand und sie erwartungsvoll anblickte.

Aus reiner Gewohnheit hätte Zakos ihm beinahe die beiden Fotos gezeigt, die er in der vergangenen Zeit tausendfach hervorgezogen hatte, aber das war natürlich Unsinn, und im letzten Moment besann er sich. Er wusste nicht so recht, was er nun sagen sollte. Er hätte mit allem Möglichen gerechnet, mit einer Verfolgungsjagd, einem Angriff. Nur nicht damit, dass der Gesuchte vor ihm stehen und ihn freundlich begrüßen könnte – vollkommen arglos.

»Ich geh dann mal zurück zu meinem Boot, ich habe noch zu tun«, sagte der grauhaarige Mann, mit dem Eddie gerade noch geredet hatte, in die entstandene Stille. »Wenn du später Zeit hast, dann komm rüber, und wir besprechen alles Weitere.«

Eddie nickte und sah Zakos weiter an, und allmählich mischte sich Neugier in seinen Blick.

»Wir suchen Sie seit Tagen, in der ganzen Stadt«, sagte Fani schließlich. »Wir waren schon überall, in der Kirche, bei den Ärzten, in Salamina ...«

»Ich bin hier«, erwiderte Eddie verwundert und machte eine Armbewegung rüber zu einem Kutter in der Nähe, in dessen Kajüte ein weiterer Mann – ebenfalls ein Afrikaner – lehnte und auf einem Handy einen Film ansah.

»Was ist denn los?«

»Es geht um den Tod von Anne Hofreiter«, sagte Zakos,

aber Eddie schaute verständnislos. Nach einer Weile realisierte Zakos, dass er sie einfach nicht verstand – sein Griechisch reichte dazu nicht aus. Er versuchte es also auf Englisch und wiederholte alles, bis die Information zu dem Mann durchgedrungen war: Sie kamen aus München. Anne Hofreiter war tot.

»Oh my god!«, sagt Eddie endlich. Jetzt hatte er es kapiert.

Einem Moment lang dachte Zakos, er würde umkippen. Doch Edward Kamara hockte sich lediglich hin, umfasste seine Beine mit den Armen. Sein Gesicht sah leer aus, jeder Ausdruck war daraus gewichen. Apathisch und mit offenem Mund kauerte er da unten und schüttelte ein ums andere Mal den Kopf. Zakos sah Fani an, aber sie blickte hilflos zurück. Schließlich hockten sie sich neben Eddie und warteten einfach ab, und Fani streckte ganz vorsichtig die Hand aus und strich dem Mann ein paarmal über den Rücken.

Endlich kam wieder Regung in sein Gesicht, und er räusperte sich.

»Ich bin sehr traurig«, sagte er schlicht. »Was ist passiert? Ein Verkehrsunfall?«

»Nein«, antwortete Zakos. »Es war anders.«

Eigentlich sollte er Eddie nun abführen. Die Umstände des Todes von Anne Hofreiter könnte er ihm noch später erläutern. Aber irgendwas im Gesicht des Mannes hielt ihn davon ab, ihn als potentiellen Mörder zu behandeln. Er kam ihm eher wie ein Trauernder vor, so unendlich bekümmert. Was konnte es schon schaden, wenn er sich nun Zeit ließ und dem Mann einen kleinen Aufschub gab?

Also setzten sie sich alle drei an den Rand der Mole, ließen die Beine baumeln, und Zakos erzählte von dem Samstag, als er in das Haus in der Messestadt gerufen worden war. Er war nicht hundertprozentig sicher im Englischen, doch Eddie schien ihn trotzdem zu verstehen. Er unterbrach ihn kein einziges Mal, saß nur da und hörte zu und schüttelte ab und an wieder fassungslos den Kopf, als könne er es nicht glauben. Als Zakos bei der Beschreibung der Frauenleiche angekommen war, bei den Spuren von Kampf und dem vielen Blut, sah er, wie Eddies Füße, die in knallblauen Sneakers steckten, reflexhaft zuckten, als würde auch ihm ein körperlicher Schmerz zugefügt.

»Sie war so eine gute Frau«, sagte er schließlich. »Wer kann so etwas tun?«

Zakos schwieg.

»Wie gut kannten Sie sich?«, fragte er stattdessen. »Waren Sie ein Liebespaar?«

Eddie schüttelte den Kopf.

»Sie war mein Freund. Ein guter Freund zum Reden, als ich einsam war«, sagte Eddie, und seine Stimme klang brüchig und hohl. »Am Anfang, als ich sie kennenlernte, war ich verliebt. Sie war hübsch und freundlich, sie gefiel mir gut. Ich habe einmal versucht, sie zu küssen. Aber sie sagte nein. Und es war okay!«

Er blickte zwischen den Booten aufs Meer hinaus. Die abendliche Sonne zauberte hübsche Lichtreflexe aufs Wasser, als wäre die Welt ein schöner, friedlicher Ort.

»Sie waren nicht – gekränkt?«, fragte Zakos. Das englische Wort dafür fiel ihm nicht ein, deswegen wählte er das griechische, *thimomeni*. Eddie verstand ihn auch diesmal. Aber er sprach dennoch auf Englisch weiter.

»Nein, nein, sie war mir nicht böse«, erklärte er. »Es hätte danach sonderbar sein können zwischen uns. Aber so war sie nicht. Sie nahm den Kuss als Kompliment, und sie blieb mein Freund.« Er lächelte voller Trauer, und in diesem Moment war Zakos fast sicher, dass Eddie nicht Anne Hofreiters Mörder war. Es erschien ihm unmöglich, so sehr konnte ihn seine Menschenkenntnis sicher nicht täuschen.

Eine Weile schwiegen sie, blickten auf das Wasser und hingen ihren Gedanken nach. Zakos wusste, dass mit dem Auffinden Eddies nun auch für ihn eine Episode zu Ende ging. Seine Dienstreise war beendet. Er würde baldmöglichst zwei Flüge nach München buchen müssen, für Eddie und für sich selbst, und er würde sich von Fani trennen. Und diesmal wäre es wohl ein Abschied für immer, denn er war schließlich ein gebundener Mann, Vater eines Kindes. Er könnte nicht weiter so tun, als verhielte es sich gar nicht so. Das hatte ihm das Treffen am Vorabend mit seinem Vater gezeigt. Es war das Richtige. Auch wenn es sich gerade gar nicht so anfühlte.

Als der Beton, auf dem sie saßen, schließlich zu kalt wurde, rappelte sich Zakos endlich auf. Er musste sich jetzt zusammenreißen, den vorgezeichneten Weg gehen und die Unterstützung der Kollegen herbeordern.

»Eddie, vielleicht wollen Sie jetzt ein paar Sachen einpacken, und dann müssen wir uns auf den Weg machen«, sagte er, aber der andere sah ihn verständnislos an.

»Warum? Was … wer?«, aber plötzlich schien er zu verstehen.

»Wer sind Sie eigentlich?«, fragte er misstrauisch. »Ich dachte, Sie sind Freunde von Anne, aber Sie sind … sind Sie von der Polizei?«

Zakos nickte.

»Sie müssen nicht erschrecken, es passiert Ihnen nichts«, sagte er.

»Aber ich verstehe immer noch nicht«, sagte Eddie. »Wohin soll ich denn mit Ihnen gehen?«

»Es geht zurück nach München, Herr Kamara«, sagte Zakos.

»Möchtest du, dass ich jetzt für dich die Kollegen anrufe?«, hörte er Fani mit gedämpfter Stimme fragen.

Zakos nickte, und während sie telefonierte, wurde Eddie immer unruhiger.

»Ich möchte jetzt wissen, was los ist!«, sagte er laut. »Wozu brauchen Sie mich? Was wollen Sie denn von mir?«

»Wir ermitteln in dem Mordfall«, sagte Zakos. »Wir versuchen, die Umstände des Todes von Frau Hofreiter zu klären, wir ...«

Plötzlich verstand Eddie.

»Sie denken – ich bin der Mörder!«, rief er, und seine Stimme klang empört. »Aber ich bin doch hier! Ich bin in Griechenland! Deutschland hat gesagt, ich muss weg, und ich bin ausgereist. Was habe ich mit euren Problemen in Deutschland zu tun?«

»Zum Todeszeitpunkt waren Sie noch nicht fort. Sie befanden sich noch in München. Erst am nächsten Tag ging Ihr Flug.«

Eddie schwieg. Er sah so aus, als habe man ihn geohrfeigt.

»Ich habe sie nicht umgebracht«, sagte er leise. »Wir waren Freunde, nicht Feinde. Bitte glauben Sie mir.«

Zakos blieb ihm die Antwort darauf schuldig. »Wir müssen jetzt gehen«, sagte er stattdessen. »Aber Sie müssen sich keine Sorgen machen, wenn Sie unschuldig sind, wird sich alles klären.«

Eddie sah ihn lange an, er wirkte wie betäubt.

»Meine Sachen sind dort im Boot«, sagte er schließlich, und erst jetzt standen sie auf und schüttelten ihre Beine aus, und dann begleiteten sie Eddie auf den alten Kahn, auf dem vorhin der andere Mann den Film angesehen hatte. Jetzt war niemand mehr an Bord, und Zakos konnte sich schon denken, dass das an ihnen lag.

In der Kajüte stand Eddie eine geschlagene Minute nur herum und starrte vor sich hin, immer noch, als sei er benebelt oder betäubt. Erst als Zakos sagte, dass die Kollegen von der griechischen Polizei bald da sein würden, erwachte er wie aus einer Trance und kramte fahrig in einer Lade voller Plastiktüten herum, um schließlich eine davon herauszuziehen, in die er Toilettensachen packte. Er tat sie in eine Umhängetasche und gab ein paar Kleidungsstücke dazu. Währenddessen blickte Zakos sich um. Auf einem kleinen Tisch befanden sich Lebensmittel, Toastbrot, ein offener Beutel Orangen, ein paar Büchsen. In einer Ecke stapelten sich Schlafsäcke und zusammengefaltete Wolldecken. Es war zwar immer noch niemand hier zu sehen, aber anscheinend diente der alte Kahn nicht nur Eddie und dem Mann, den sie vorher gesehen hatten, als Unterschlupf, sondern auch noch einigen anderen Leuten. Als sie wieder an Land gingen, sah Zakos, dass noch zwei weitere Kähne mit diesem hier vertäut waren, zu einem notdürftigen, schwimmenden Heim.

Eddies Tasche war nur halbvoll, er drückte sie an seine Brust. Zakos und Fani nahmen ihn in ihre Mitte, als sie die Mole entlang zur Hauptstraße gingen, und versuchten, ihn aufzumuntern.

»Machen Sie sich keine Sorgen«, sagte Fani auf Griechisch. »Die Polizei in Deutschland arbeitet sehr gut. Wenn Sie unschuldig sind, müssen Sie keine Angst haben.«

Wenn Eddie sie verstanden hatte, merkte man es ihm nicht an. Er stolperte wortlos neben ihnen her, als hätten seine Beine keine richtige Kraft mehr. Den Kopf ließ er hängen, er starrte auf den Boden, und als Zakos einmal einen Blick auf seine Miene erhaschte, erschrak er: Das Gesicht, das auf der Mole noch so offen und freundlich gewirkt hatte, sah nun fahl und vollkommen apathisch aus. Er tat Zakos leid. Aber noch wusste Eddie gar nicht, was als Nächstes auf ihn zukommen würde, nämlich erst mal ein Haftaufenthalt bei den Griechen, bis Zakos alles für die Weiterreise geklärt haben würde. Vielleicht sollte er ihn behutsam darauf vorbereiten, dachte Zakos. Der Mann machte ihm Sorgen, so vollkommen in sich zusammengesackt, wie er war.

Zakos hatte über die Jahre bereits einige Menschen abgeführt, und er kannte das komplette Repertoire an Reaktionen: Empörung, Aggression, Verzweiflung, Erstarrung, Angst. Doch was in Eddies Gesicht zu erkennen war, diese bodenlose Resignation, war ihm fremd. Der Mann war schließlich nicht zum Tode verurteilt, sagte sich Zakos. Er wusste nicht recht, wie er nun mit ihm umgehen sollte.

Der Himmel hatte sich zugezogen, zudem hatte reger Autoverkehr eingesetzt. Offenbar war eine Fähre aus Salamina angekommen. Es war laut, Mopeds knatterten, das Gehupe der Autos nervte. Von weit weg erklang das Geräusch einer Polizeisirene. Der Wind hatte aufgefrischt, und man merkte plötzlich, dass der Sommer doch noch weit entfernt war. Es wurde unangenehm kalt und ungemütlich, und Zakos spürte, wie der Mann neben ihm von einem Schauder erfasst wurde.

»Sie haben gar keine Jacke an«, sagte Zakos, und dann schämte er sich einen Moment lag: Vielleicht besaß Eddie gar keine Jacke, dachte er. Er hatte ihn nicht brüskieren wollen.

Eddie schwieg weiter, doch er zitterte immer stärker, begann regelrecht zu schlottern.

»Du liebe Zeit, Sie frieren ja total«, sagte Zakos. »Holen Sie sich doch einen Pullover aus Ihrer Tasche«, schlug er vor. Eddie blickte auf, er nickte fast unmerklich und zog den Reißverschluss des Umhängebeutels wieder auf. Und dann machte Zakos einen Fehler: Er ließ Eddies Arm los.

Es war gar kein fester Griff gewesen, mit dem er ihn gehalten hatte. Eddie hätte sich vielleicht vorher losreißen können, wenn er es gewollt hätte, denn Zakos hatte einfach nicht damit gerechnet, dass dieser gebrochen wirkende Mann irgendeine Art von Initiative ergreifen könnte. Doch erst jetzt, als er seinen Arm fahren ließ, ging ein Ruck durch seinen Körper, er stieß Zakos neben sich zurück und rannte los, hinaus aus der dunklen Ecke, in der sie standen, auf die Straße ins grelle Licht der Straßenlaternen und der Autoscheinwerfer, ins Aufheulen der Hupen mit ihren langgezogenen Klagen, dem schmerzhaften Kreischen der Bremsen und der Schreie, die noch lange in Zakos' Ohren nachhallen sollten.

»Sehr gut gemacht, spitzenmäßig«, fuhr Alexis Ekonomidis seinen deutschen Kollegen an und blickte wütend auf Zakos hinunter, der auf einer braungelben Plastiksitzbank in der Chirurgie des Tzannio-Krankenhauses in Piräus saß und auf seine Hände starrte – wenn er die Finger ausstreckte, zitterten sie immer noch, deshalb formte er sie zur Faust und schob sie in die Hosentaschen.

»Du hattest die Leute aus Perama, die jederzeit für dich da waren. Du hattest mich und meine direkten Kollegen in Athen. Du hattest jede Form der Unterstützung. Kannst du mir also erklären, was dich dazu bewogen hat, niemanden zu informieren und dir Hilfe zu holen? Und zwar rechtzeitig zu informieren?«

Zakos schwieg. Er fühlte sich einfach nur schlecht.

»Stattdessen machst du einen hübschen Spaziergang mit dem Mann auf die Hauptstraße, statt an Ort und Stelle zu bleiben und die Verstärkung abzuwarten. Ich wette, du hattest schon wieder keine Waffe dabei!«

»Doch, ich …«

»Handschellen?«

Zakos blickte schuldbewusst, und der andere regte sich weiter auf.

»Dachte ich's mir doch! Ein Anfängerfehler nach dem anderen, aber mich einen *Malaka* nennen, nur weil ich professionell arbeite …«

Zakos sah nicht, was das eine mit dem anderen zu tun haben sollte, aber er hielt sich einfach zurück. Für Diskussionen reichte seine Kraft heute nicht mehr.

»Unter diesen Umständen kann man dem Kerl den Fluchtversuch wahrscheinlich nicht mal richtig verübeln«, beendete Alexis schließlich seine Tirade.

»Das war kein Fluchtversuch!«, sagte Fani. Sie saß ein paar Sitze entfernt von Zakos und hatte immer noch die graue Wolldecke umgelegt, die ein Sanitäter ihr am Unfallort gegeben hatte.

»Und? Wer? Ist? Das?!«, fragte Alexis und zeigte mit dem Finger auf sie. »Etwa deine kleine Freundin?«

Zakos seufzte. Es half nichts, er musste da durch.

»Das ist Fani Zifos, eine Kollegin, die mir behilflich war«, sagte er mühsam.

»Aus Perama?«, bellte Alexis.

»Ähm, nein, aus Rhodos. Wir kannten uns von früher, und sie hat mich jetzt unterstützt, sie hat gerade frei, und deshalb …«

»Ja, ja«, sagte Alexis abfällig. »Von früher.« Er schwieg einen Moment.

»Bisher dachte ich eigentlich immer, die deutschen Kollegen wären korrekter als wir. Stimmt aber nicht. Stimmt überhaupt nicht, in keiner Hinsicht. Na ja. Dann habt ihr also zu zweit dabei versagt, den Mann an der Flucht zu hindern. Oder wie war das?«

»Es war kein Fluchtversuch, das habe ich ja schon gesagt«, sagte Fani mit fester Stimme.

»Sondern ein Selbstmordversuch.«

Sie stand auf und kam herüber, wobei die Decke über den Boden schleifte. Das verhalf ihr nicht gerade zu einem seriösen Auftreten – sie wirkte wie ein übernächtigtes Kind.

»Sonst wäre er ja losgelaufen, als die Bahn frei war«, fuhr sie fort. »Aber das ist er nicht, er ist erst gelaufen, als ein paar Fahrzeuge mit hoher Geschwindigkeit anrasten, und das beweist doch, dass …«

»Das beweist überhaupt nichts!«, fiel ihr Alexis ins Wort. »Außer vielleicht, dass der Mann einen Dachschaden hat. Und dass ihr beide vollkommen versagt habt. Das ist meine Meinung. Nur mein Chef ist anderer Meinung, der ist nämlich der Ansicht, es gäbe nur eine einzige Person, die Schuld trägt an dem Vorfall, weil diese Person die Verantwortung trug. Und das bin ich. Toll! Danke! Super!«

»Das tut mir wirklich wahnsinnig leid!«, sagte Zakos, und er meinte es auch so. »Natürlich wollte ich nicht, dass du für meinen Fehler zur Rechenschaft gezogen wirst. Aber der Mann wirkte tatsächlich total ruhig und gefasst. Wie sollten wir denn ahnen, dass er so was tun würde?«

Alexis seufzte und steckte die Hände in die Hosentasche.

»Scheiße«, sagte er. Aber allmählich war er nicht mehr ganz so aufgebracht.

In diesem Moment öffnete sich die Tür am Ende des Ganges, und eine blasse junge Ärztin in weißem Kittel und Birkenstockschuhen kam mit eiligen Schritten auf sie zu. Sie stellte sich als Dr. Alexandrou vor und ratterte drauflos.

Zakos verstand beileibe nicht jedes Detail – der medizinische Fachjargon überforderte seine Griechischkenntnisse, weshalb er einige Male nachfragen musste. Aber immerhin wurde schnell klar, dass Eddie wohl großes Glück gehabt hatte. Er würde den Vorfall überleben und hatte sich hauptsächlich einige Rippenbrüche und Abschürfungen zugezogen, allerdings auch eine Kopfverletzung, die beobachtet werden musste.

»Sicherheitshalber haben wir ihn in ein künstliches Koma versetzt«, sagte die Ärztin, mittlerweile etwas langsamer und deutlicher formulierend. Dann nickte sie ihnen knapp zu und wollte sich auch schon wieder Richtung Tür in Bewegung setzen.

»Halt. Einen Moment noch«, sagte Zakos. »Wie lange wird es dauern, bis ich ihn sprechen kann?«

»Schwer zu sagen, da lege ich mich jetzt nicht fest«, sagte sie kurz angebunden. »Vier bis fünf Tage in jedem Fall.« Und schon war sie weg.

»Alles klar, aber jetzt muss ich wieder weiter«, sagte Alexis schließlich, und dann, etwas freundlicher. »Wenn ihr wollt, dann nehme ich euch mit dem Wagen nach Athen mit. Und ihr erzählt mir, wie das passieren konnte.«

Ihr Mietwagen befand sich noch in Perama – Zakos und Fani waren beim Krankentransport mitgefahren. Deswegen nahmen sie das Angebot an. Fani setzte sich nach hinten und wickelte sich wieder in die Decke – sie hatte ihre Jacke nach dem Unfall über Eddie, der bewusstlos am Fahrbahnrand lag, ausgebreitet und hatte dann auf der Fahrbahn nach seinen Sachen gesucht, die aus der Tasche gefallen waren. Als der Notarztwagen eintraf, hatte sie so stark gezittert, dass sie fast nicht mehr sprechen konnte, aber das hatte wohl eher am Schock als an der Kälte gelegen.

Der Fahrer des VW, der Eddie erfasst hatte, hatte in der Schrecksekunde davor noch etwas abgebremst, aber dennoch wurde Eddie über die Kühlerhaube und schließlich auf den

Asphalt geschleudert – glücklicherweise an den Fahrbahnrand. Daher hatte ihn wenigstens kein nachkommender Wagen überrollt.

»Glück gehabt! Jetzt erholt euch erst mal von dem Schock«, sagte Alexis, als sie ihm in Ruhe alles erzählt hatten. Mittlerweile klang er fast ein wenig väterlich, aber Zakos fühlte sich immer noch schlecht. Nicht Alexis, sondern er war ja verantwortlich für das, was passiert war. Er hatte nicht gut genug aufgepasst.

Erst im Foyer legte Fani die Decke ab, aber sie fröstelte immer noch, darum bestellte Zakos Tee aufs Zimmer und eine warme Suppe. Diese wurde nach einer Weile von einem Lieferservice gebracht, aber sie schmeckte Zakos, als sei sie hausgemacht. Hühnersuppe Avgo-Lemono mit Reis, wie er sie zuletzt vor Jahrzehnten bei seiner Großmutter gegessen hatte. Der Geschmack tröstete ihn. Sie löffelten schweigend, dann tranken sie, ebenso still, jeder noch zwei Tassen Tee und fielen schließlich in einen tiefen Schlaf. Doch im Morgengrauen wachte Zakos auf, spürte Fanis immer noch kalte Füße an seinem Bein und fühlte sich traurig, denn er wusste, es blieb ihnen nicht mehr viel Zeit.

Kapitel 9

Zickler war auch nicht gerade begeistert von dem Vorfall. »So was Bescheuertes!«, sagte er. »Wie konnte denn des passieren?!«

»Schon gut, schon gut!«, brummte Zakos. »Lass mal, ich weiß es ja selbst!«

»Hm. Aber der Mann ist nicht lebensgefährlich verletzt, sagst du. Und immerhin hast du ihn jetzt. Des is doch was! Jetzt kannst du endlich wieder zurück. Da bin ich echt heilfroh!«

»Wieso? Ich dachte, du findest es so toll, mal Chef spielen zu können«, wunderte sich Zakos.

»Ja, phantastisch!«, sagte der andere spöttisch. »Der Dannecker bockt ständig rum, weil er es für unter seiner Ehre hält, sich von jemandem was sagen zu lassen, der noch nicht hundert Jahre im Dienst ist. Und die Astrid nervt sowieso, weil sie andauernd alles besser weiß. Und außerdem komm ich zu rein gar nichts mehr, weil ständig irgendwelche bescheuerten Besprechungen stattfinden. Noch dazu mit dem Schulz, weil der Baumgartner ist ja noch nicht aus der Reha zurück.«

Schulz war wiederum Heinrichs Stellvertreter. Zickler mochte ihn nicht, weil er so umständlich war.

»Also, ich freu mich, dass du in Griechenland fertig bist! Hast du schon gebucht?«

Zakos blickte rüber zu Fani, die sich unter der Bettdecke räkelte.

»Paar Tage noch«, sagte er. »Der Kamara ist ja noch im künstlichen Koma, und außerdem …«

»Den kannst du doch wohl per Gefangenentransport nachschicken lassen! Jedenfalls sobald er transportfähig ist. Aber das musst du doch nicht abwarten!«, sagte Zickler prompt. »Oder hast du Angst, er haut dir wieder ab?«

»Nein, nein, er ist ja bewacht. Aber ich will wenigstens ein einziges Mal mit ihm reden, bevor ich fliege. Ich frage mich nämlich, warum er das getan hat.«

»Na, ein klareres Schuldeingeständnis kann es quasi nicht geben, oder?«

»Nein, Albrecht, das verstehst du falsch«, sagte Zakos. »Ich glaub das nicht. Du wirst lachen, ich denk nämlich, vielleicht ist er unschuldig!«

»Dann versteh ich's aber nicht. Man lässt sich doch nicht einfach so überfahren. Außer vielleicht: Er hat Panik vor der Polizei. Vielleicht hat er mal was Schlimmes erlebt, da, wo er herkommt. Da war doch auch ein Bürgerkrieg. Sierra Leone! Da geht's bei der Polizei wahrscheinlich ganz anders zu!«

»Aber er ist doch schon ewig in Europa. Und München kennt er auch«, wandte Zakos ein. »Trotzdem, so muss es wohl sein. Er wollte lieber tot sein als in Haft. Dabei wirkte er erst gar nicht panisch auf mich. Eher schrecklich deprimiert.«

»Und du glaubst trotzdem, er war es nicht?«

»Genau«, antwortete Zakos. »Aber du weißt ja, wie's ist: Man weiß es nicht!«

»Man weiß es nicht!«, wiederholte Albrecht bekräftigend.

»Drum bleib ich noch hier, bis ich ihn sprechen kann«, sagte Zakos und legte schnell auf.

Der Wind vom Vorabend hatte sich gelegt, und wenn die Sonne zwischen den Wolkenfetzen am Himmel herauslugte, war sie schon wieder so warm, dass man die Ärmel hochkrempeln musste. Das Einzige, was sie heute zu erledigen hatten, war, den Mietwagen aus Perama zu holen, aber das eilte nicht so. Also gingen sie erst mal einen Kaffee trinken. Fani hatte ein Café in der Nähe der Monastiraki-Station vorgeschlagen. Sie kannte sich ziemlich gut aus für jemanden, der gar nicht in der Stadt lebte. Auf dem Weg dorthin hielt sie Zakos plötzlich am Arm fest.

»Hör mal, du gibst ja jedem Bettler Geld!«, meinte sie.

»Es ist ja nicht viel«, erwiderte er. »Und ich hasse das, wenn man immer nein sagen muss. Da habe ich einfach das Kleingeld in die Jeans gepackt ...«

»Ich finde das schön«, unterbrach sie und schenkte ihm ein strahlendes Lächeln. »Das ist so typisch für dich!« Aber Zakos war es unangenehm. Er tat es ja eher für sich. Sie sah in ihm einen besseren Menschen, als er war. Nicht nur, was seine Großzügigkeit Bettlern gegenüber anging.

Seit dem Treffen mit seinem Vater begleiteten ihn die Schuldgefühle täglich. Sie bezogen sich nicht nur auf Sarah und Elias, sondern auch auf Fani. Er musste endlich ein Gespräch mit ihr führen und ein paar Dinge klären. Er hätte von Anfang an ehrlich mit ihr reden müssen. Aber er hatte es nicht fertiggebracht. Und es war – er musste es sich selbst eingestehen – nicht nur, um sie zu schonen, sondern eher aus Egoismus: weil er unbedingt die Zeit mit ihr genießen wollte. Da hatte die Realität keinen Platz gehabt. Doch nun würde er nicht umhinkommen, sich ihr zu stellen. Bald, ganz bald, sagte er sich.

Er war schweigsam geworden, als sie den Glasaufzug eines hochmodernen Gebäudes bis zum obersten Stock hinauffuhren. Nun saßen sie auf der Sonnenterrasse des Dachcafés, in das sie ihn geführt hatte, und er stierte etwas trübselig in seinen *Frappé*.

»*Ola endaxy?*«, fragte Fani. »Ist es dir hier zu modern? Vielleicht möchtest du lieber woanders hingehen?«

»Nein, nein, phantastisch hier!« Zakos zwang sich zu einem Lächeln. Es war tatsächlich schön: In großen Tonkübeln waren Olivenbäume auf den Dachgarten gepflanzt, außerdem konnte man, fast wie auf einem Aussichtsturm, die ganze Stadt überblicken, die weißen Häuser, die Akropolis, den Likavitos-Hügel.

Die schöne Aussicht ließen sich die Inhaber allerdings honorieren, dennoch war das Lokal voll. Es war eine junge Klientel, die Leute tranken frischgepresste Säfte zum Kaffee, verspeisten Käse-Schinken-Toasts mit Rucola und zahlten insgesamt Preise wie anderswo für eine Hauptmahlzeit. Und hier ging niemand herum und schenkte karaffenweise Gratiswasser aus: Es war rappelvoll, die Gäste standen bereits für die Sitzplätze an. Zakos musste an seinen ersten Abend in Athen denken und das, was Alexis gesagt hatte: Natürlich gab es auch Leute, die Geld hatten. Denen es nach wie vor gutging. Und das war ja auch ihr gutes Recht, sie arbeiteten schließlich dafür. Dora und sein Vater gehörten ja auch zu dieser Klientel der Griechen, die nicht am finanziellen Abgrund standen, zum Glück. Warum war er dennoch von den Gegensätzen zwischen Arm und Reich hier immer wieder aufs Neue so überrascht? Im reichen München war man ja auch gewöhnt an die Obdachlosen unter den Isarbrücken oder an die organisierten Bettlertrupps aus Rumänien. Dort aber fehlte ihm der Blick des Außenstehenden auf die Zustände, und er nahm die Dinge viel eher als gegeben hin.

Einen Moment später waren sie wieder beim Thema Eddie. Fani war wegen des Vorfalls immer noch ziemlich durch den Wind.

»Dieses Bild vor meinen Augen, wie er von dem Auto in hohem Bogen durch die Luft geschleudert wurde – das vergesse ich nie! Ich dachte, so etwas überlebt kein Mensch. Ein Wunder, dass ihm nicht mehr passiert ist!«

Zakos nickte nachdenklich.

»Du warst so überzeugt, dass es ein Selbstmordversuch war – warum eigentlich?« Er war der gleichen Ansicht, wollte aber ihre Meinung hören.

Fani ließ sich mit der Antwort Zeit und dachte nach.

»Es ist schon so, wie ich gestern sagte«, antwortete sie schließlich. »Wenn er hätte fliehen wollen, hätte er dem Volkswagen ja nicht direkt vor den Kühler rennen müssen.«

»Ja, schon, aber lass uns mal alle Möglichkeiten durchspielen«, erwiderte Zakos. »Vielleicht war die Sache ein Manöver, um uns abzuschütteln. Vielleicht ist er so knapp wie möglich über die Straße, damit wir ihm nicht nachlaufen konnten. Und dabei hat er sich einfach verschätzt, und es hat ihn erwischt.«

»Kann ich mir nicht vorstellen!«, sagte sie.

»Hältst du ihn eigentlich für den Mörder?«

»Auf keinen Fall!« Diese Antwort kam prompt. »Der hatte keine Ahnung, dass die Frau tot war. Er ist ja richtig zusammengebrochen, als du es ihm beigebracht hast.«

»Aber das könnte gespielt gewesen sein!« Zakos wollte Fani testen. Und er wollte sich selbst testen. Wie sehr konnten sie sich auf ihren Instinkt verlassen?

»Vielleicht ist er ein guter Schauspieler und hat uns hereingelegt. So etwas passiert ja ziemlich oft«, gab er zu bedenken.

»Das weiß ich auch!«, sagte Fani, fast ein wenig gekränkt. »Denkst du etwa, ich weiß das nicht?«

»Natürlich, das meinte ich gar nicht«, beruhigte Zakos sie und gab gleichzeitig dem Kellner ein Zeichen, ihnen die Rechnung zu bringen.

»Und ich habe ja auch das Gefühl, dass er es nicht war. Ich war mir sogar hundertprozentig sicher, als wir gestern mit ihm dort bei den Booten saßen. Ich hätte plötzlich meine Hand für ihn ins Feuer gelegt. Aber gleichzeitig weiß ich, dass man das eigentlich nicht darf. Denn ganz sicher sein kann man nie. Ich glaube, es gibt keine persönliche Eigenschaft, an der man zwingend einen Mörder entlarvt, und umgekehrt keine, an der man seine Unschuld erkennt.«

»Aber was ist dann mit der Arbeit von Profilern?«, zweifelte Fani. »Die erarbeiten doch auch ein ganz genaues Bild von dem Charakter eines Täters, von seiner Kindheit, sogar davon, aus welchem Stadtteil einer Stadt er stammt. Und daraus können sie dann herleiten, ob jemand als Täter in Frage kommt.«

»Ja, aber das funktioniert eher bei Serientätern, weil sich dabei die Umstände der Mordfälle oft ähneln. Und noch aus einem anderen Grund: Weil solche Morde geplant sind, oft bis ins kleinste Detail«, gab er zu bedenken. »Und alles, was jemand mal geplant hat, kann man auch nachvollziehen und verfolgen. Doch wenn da kein längerfristiger Plan vorliegt, ist es schon schwieriger. Und die meisten Mörder wussten es ja selbst vorher nicht, dass sie jemanden umbringen würden. Viele sind später total von sich selbst überrascht.«

»Das ist traurig, was du da sagst«, sagte Fani nachdenklich. »Da tun einem die Mörder ja beinahe leid.«

»Lieber nicht«, entgegnete Zakos.

Sie fuhren im Aufzug hinunter, als Zakos noch mal nachhakte.

»Nach allem, was wir bedacht haben – wie ist nun dein Gefühl?«, fragte er sie. »Ist er ein Mörder oder ist er es nicht?«

»Ich glaube nicht!«, sagte Fani. »Und was denkst du?«

Er sah ihr tief in die dunklen Augen und schwieg. Aber innerlich gab er ihr recht.

Sie saßen bereits im Wagen, als Fani vorschlug, im Mikrolimano zu essen, und Zakos war einverstanden. Allerdings fanden sie dort eine halbe Ewigkeit lang keinen Parkplatz, und Zakos wurde zunehmend nervös; aber dann fielen ihm seine *Sporia*, die Sonnenblumenkerne, wieder ein, und er stellte beruhigt fest, dass er in der Lage war, das Auto zu lenken und gleichzeitig aus dem kleinen Säckchen in seiner Jackentasche Kerne zu knabbern, und er beruhigte sich wieder. Die Dinger halfen gut, fand er, es war eine super Idee von Fani gewesen.

Zakos konnte sich nur dunkel an das Mikrolimano erinnern, und es gefiel ihm gut. Es herrschte zwar ziemlicher Trubel, aber es war dennoch romantisch: Hier ankerten noch eine Menge kleiner türkisfarbener Holzfischerboote, die Restaurants waren direkt ans Wasser der kleinen Bucht gebaut. Wenn man aufs Meer blickte, fühlte man sich gar nicht wie inmitten einer Großstadt. Und auch hier waren alle Lokale so liebevoll eingerichtet, dass sie sich eine Weile gar nicht entscheiden konnten und erst mal auf und ab flanierten. Dabei fiel aber auch gleich auf, dass einige der Gastronomieflächen leerstanden. Seit Zakos für das Thema sensibilisiert war, fielen ihm immer öfter leerstehende Lokale und Ladengeschäfte auf, in Piräus ebenso wie in Athen.

Sie entschieden sich für eine Taverne mit Meeres-Deko und bunten Holzstühlen und bestellten Kalamari vom Grill, aber Zakos fühlte sich nicht ganz entspannt. Als Fani die Gegend vorgeschlagen hatte, war ihm nicht klar gewesen, dass er sich in unmittelbarer Nähe zu der Wohnung in Kastella befand, in der sein Vater mit Dora lebte. Es wäre Zakos mehr als peinlich, hier händchenhaltend mit einer Frau gesehen zu werden, die ganz offensichtlich nicht die große Blonde von den Handyfotos war, mit der er ein Kind hatte.

Fani schien seine Nervosität nicht zu bemerken. Sie genoss ihr Essen und träumte vor sich hin. Schließlich schob sie den leer gegessenen Teller zur Seite, streckte die Hände über die Tischplatte nach seinen aus und sagte mit träumerischem Gesichtsausdruck: »Was hältst du eigentlich davon, wenn ich dich in ein paar Wochen in Deutschland besuche?«

Zakos traten fast die Augen aus dem Kopf, aber sie plapperte arglos weiter.

»Ich war nämlich noch nie im Ausland, wenn man einen kleinen Ausflug von Rhodos rüber in die Türkei nicht mitzählt, aber da sah es eigentlich nicht viel anders aus als bei uns!«, lachte sie.

»Da kann ich auch zu Hause bleiben! Nein, ich will lieber etwas kennenlernen, das ganz anders ist, und München soll ja eine wunderschöne Stadt sein. Eine meiner Freundinnen war schon mal dort, Froso, du hast sie kennengelernt, das Mädchen neulich im *Melina*. Wie ist es denn jetzt im Frühling in München?«

»Schlecht«, sagte Zakos voller Entsetzen. »Ich, ähm …« Aber weiter kam er nicht, denn Fani fiel ihm lachend ins Wort.

»Ja, ja, das Wetter in Deutschland, ich weiß schon! Darüber klagst du ja die ganze Zeit, seit ich dich kenne, ist dir das eigentlich schon mal aufgefallen? Du hast wirklich eine griechische Seele, anscheinend liegt dir das Klima hier viel mehr als das dort«, sagte sie.

»Aber weißt du, ehrlich gesagt: Im Gegensatz zu dir liebe ich schlechtes Wetter und Regen. Das ist so herrlich gemütlich! Der Himmel ist dann so schön grau, alle Farben sind gedämpft, und man sitzt zu Hause und trinkt Tee, oder man kocht gemeinsam was Schönes. Und ich würde auch gern mal deine Wohnung in München sehen. Ist sie denn groß?«

»Fani ...«, krächzte Zakos, dann versagte seine Stimme. Er räusperte sich lange und umständlich, und dann begann er erneut.

»Fani, weißt du, ich meine ... ähm ...« Jetzt musste er es ihr sagen, die Sache mit Sarah und dem Kind. Aber im letzten Moment verließ ihn doch wieder der Mut.

»Was hat deine Freundin eigentlich in München gemacht?« Eigentlich interessierte ihn das nicht die Bohne. Nun hörte er sich die Geschichte an, wie Froso nach Deutschland gegangen war, um als Kindergärtnerin zu arbeiten, und wie dieser Plan dann aus diversen Gründen doch nicht geklappt hatte. Zakos tat, als fände er das alles sehr spannend, er hakte permanent nach und lachte bei allen auch nur entfernt witzig gemeinten Kommentaren Fanis über Frosos Erlebnisse lange und etwas zu laut. Und schließlich spann er das Thema weiter und fragte Fani dann noch detailliert über Tsambis und die Arbeit mit ihm im Kommissariat auf Rhodos aus. Darüber redeten sie auch noch, als sie ihr Essen längst bezahlt hatten und mit dem Wagen auf dem Weg ins Krankenhaus zu Eddie waren, dessen Zustand aber unverändert war. Und zu Zakos' Erleichterung sprach Fani das Thema München an diesem Tag nicht mehr an.

Doch es war nur ein kurzer Aufschub. Am nächsten Morgen musste er zwangsläufig alles gestehen.

Zakos kam gerade aus dem Badezimmer, nur ein Handtuch um die Hüften, da saß Fani bereits vollständig angezogen stocksteif auf der äußersten Kante des Bettes und reckte ihm mit ausgestrecktem Arm sein Handy entgegen.

»Wer ist DAS?!«, sagte sie, so nachdrücklich, dass ihre Stimme sich ein wenig überschlug und am Ende ganz hoch und hohl klang.

Es war ein Bild von Sarah, mit Elias auf dem Arm, und sogar in dieser Schrecksekunde war Zakos fast versucht, alles zu leugnen. Aber was hatte es denn für einen Sinn? Irgendwann musste es ja doch gesagt werden, und außerdem war ohnehin bei dem Anblick des Fotos sonnenklar, dass das Kind auf dem Bild seines war: Elias, das wusste er, sah mit seinen dichten braunen Haaren, den großen dunklen Augen und dem Strahlelächeln, mit dem er auf dem Bild seine zwei ersten reiskorngroßen Zähnchen präsentierte, seinem Vater wie aus dem Gesicht geschnitten ähnlich.

»Lass mich erst mal etwas anziehen«, sagte Zakos. Er wollte nicht halbnackt mit ihr diskutieren, da kam er sich lächerlich vor. Doch Fani war nicht bereit, zu warten, sie scrollte hektisch auf seinem Smartphone weiter, atemlos und entsetzt.

»Und DAS? Und DAS?«, sagte sie, und dann warf sie das Handy plötzlich heftig aufs Bett und ging zum Schrank. Zakos bemerkte erst jetzt, dass die Schranktür aufgerissen war und ihre Tasche halb gepackt davorstand, und er fragte sich, wie viel Zeit er eigentlich unter der Dusche verbracht hatte. Offenbar jedenfalls lang genug für sie, um sich ein Bild zu machen.

»Fani …«, begann er. »Bis gestern dachte ich eigentlich, du wüsstest es vielleicht sowieso. Tsambis wusste es auch! Und es gibt Bilder von mir mit Sarah und Elias auf Facebook. Ich dachte …«

Sie drehte sich kurz um, ihr Gesicht war schrecklich anzusehen, die Wangen rot vor Erregung. In ihren Augen war ein Blick, als wäre ein Zug entgleist, schoss es Zakos durch den Kopf.

»Wieso kommst du auf die Idee, dass ich dir auf Facebook folgen könnte?«, fauchte sie ihn an. »Nachdem du damals aus Pergoussa sang- und klanglos verschwunden bist und dich nie wieder auch nur gemeldet hast!«

»Fani! Lass uns in Ruhe reden, ich … ich kann's erklären«, sagte Zakos, und im selben Moment wurde ihm klar, wie klischeehaft dieser Satz klingen musste.

»Ich meine natürlich: Ich muss dir einiges erklären. Wir müssen einfach in Ruhe reden, wir …«

»Pah«, schnaubte sie. Sie hatte ihm immer noch den Rücken zugedreht und machte sich am Schrank zu schaffen, und dann bückte sie sich und zog den Reißverschluss ihrer kleinen Reisetasche mit einem lauten Ratsch zu.

Als sie sich zu ihm umwandte, waren ihre Wangen noch immer rot und die Partie rund um die Augen verschmiert, aber sie hatte ihren Gesichtsausdruck wieder im Griff. Eisig starrte sie ihn an.

»Mir war schon klar, dass du die vergangenen eineinhalb Jahre wahrscheinlich nicht allein verbracht hast«, sagte sie mit mühsam beherrschter Stimme. »Aber wenn ich gewusst hätte, dass du verheiratet bist, hätte ich mich nie im Leben mit dir eingelassen. NIEMALS.«

»Ich bin nicht verheiratet«, sagte Zakos. »Aber es stimmt schon, ich habe Familie. Es ist trotzdem nicht so, wie es jetzt aussieht, es ist anders. Lass uns doch bitte …«

»Bist du getrennt?«, fiel sie ihm ins Wort.

»Nein«, sagte er. »Das Ganze ist komplizierter, das kann man nicht zwischen Tür und Angel erklären. Ich würde mich jetzt gern anziehen, und dann gehen wir in Ruhe irgendwohin und reden.«

»Ohne mich«, sagte sie schlicht, warf die Reisetasche über die Schulter und ging aus dem Zimmer. Zakos blieb allein zurück, immer noch nackt bis auf das Handtuch um die Hüften, und fühlte sich wie ein vollkommener Idiot.

Natürlich war es besser so, sagte er sich. Er hätte ohnehin nicht so weitermachen können, und er hätte Fani schon viel früher reinen Wein einschenken müssen. Nein, er hätte besser gar nicht erst mit allem anfangen sollen. Hätte, hätte.

Er saß im Frühstücksraum des Hotels und starrte auf das kalt werdende Rührei auf seinem Teller. Draußen schien die Sonne, die Athener eilten den Bürgersteig entlang ihren Alltagsgeschäften nach, alles war wie in den Tagen davor – ein ganz normaler großstädtischer Wochentag, nur für Zakos hatte sich alles geändert: Er wusste nicht, was er überhaupt noch hier sollte. Eddie war gefasst, Zakos hatte diesbezüglich seine Pflicht erfüllt, er hätte längst wieder zu Hause sein und Zeit mit seinem kleinen Sohn verbringen können. Er hätte Zickler ablösen und sich wieder um sein Team kümmern können, schließlich und endlich hatten sie einen Mordfall zu lösen, denn Eddie, dieses Empfinden hatte er nach wie vor, war vielleicht gar nicht der Täter, sondern eventuell nur ein Zeuge. Und somit war der Mord alles andere als aufgeklärt. Es gab also für Zakos jede Menge in München zu tun.

Und last but not least, sagte sich Zakos, könnte er sich mit Sarah wieder vertragen und sie nach all der Zeit, in der sie sich nun ganz allein um Kind und Arbeit kümmern musste, endlich wieder entlasten. Stattdessen aber hatte er seinen Rückflug hinausgezögert, und zwar nicht wegen Eddie, das gestand er sich mittlerweile ein, sondern hauptsächlich, um noch länger mit Fani zusammen sein zu können. Fani, einem Mädchen aus einem Inselkaff mit ein paar hundert Einwohnern, naiv und ein bisschen unerfahren und definitiv viel zu jung für ihn. Was zum Teufel hatte er sich dabei eigentlich gedacht?!

Dabei war Fani nicht mal wirklich attraktiv, redete er sich ein. Was hatte er eigentlich an ihr gefunden? Sie war ziemlich klein und nicht gerade schlank und zudem von einem eher sperrigen Charakter. Stur. Und dass sie ihm nun nicht mal einen Moment zuhören konnte! Was dachte sie eigentlich?!

Eine Sekunde lang fiel ihm ihr Anblick ein, als sie so vollkommen aufgewühlt am Kleiderschrank gestanden hatte, und plötzlich schämte er sich so, dass sein Gesicht heiß wurde: Er hatte sie verletzt. Aber war nur er dafür verantwortlich, wenn sie sich irgendwelche Hoffungen gemacht haben sollte? Er hatte sie nie belogen oder ihr irgendwas versprochen, er hatte nur nichts über sein Leben in München erzählt. Trotzdem: Er hätte die Sache mit ihr bleiben lassen sollen.

Er schob den unberührten Teller von sich, warf seine Jacke um und ging nach draußen, und der allererste Mensch, auf den er traf, war ein dunkler junger Mann mit einem Geschwür am Hals, der ihn um ein paar Münzen bat. Zakos stopfte sich die Fäuste in die Hosentaschen, richtete den Blick auf den Steinboden und marschierte weiter, den Jungen ignorierend.

»Das ist so typisch für dich!«, klangen ihm Fanis Worte nach, und er dachte daran, wie sie ihn angehimmelt hatte, gestern erst, als sie sah, wie er jeden, der ihn darum bat, mit einer kleinen Münze bedachte. Dabei war er tatsächlich gar nicht nett. Sondern nur feig. Er war jemand, der alles tat, um gemocht zu werden, sogar von wildfremden Bettlern, sagte er sich selbstkritisch. Jemand, der nur frohe Gesichter um sich herum ertrug und der sich nicht unbeliebt machen konnte und Konfrontationen möglichst vermied. Sonst hätte er Fani gleich reinen Wein einschenken können. Dann hätte sie selbst entscheiden können, ob sie sich mit ihm einließ oder nicht. Dann, höchstens dann, wäre sie vielleicht mitverantwortlich für diese kurze Affäre gewesen. So aber war er es, und niemand sonst.

Kapitel 10

Nach kurzer Zeit kam ihm der tägliche Ausflug zum Tzannio-Krankenhaus in Piräus bereits wie eine Art Routine vor, und er fand es jeden Tag deprimierender. Alles zog ihn runter hier, der Anblick des graugesichtigen Mannes vom Empfang, der immer vor der elektrischen Eingangstür stand und rauchte, die alten Frauen, die auf dem Weg zu den Angehörigen waren, gebückt und mit hängendem Kopf, als gäbe es keine Hoffung mehr und kein Glück weit und breit. In einer etwas durchgesessenen Sitzecke versammelte sich eine Großfamilie um ein paar junge Kerle, die Kopfbandagen und andere Verbände trugen, einer davon im Streckverband und in einem Rollstuhl, und jeder aus der Gruppe schien sich mit jedem zu streiten – jedenfalls schrien sich alle ständig an. Dazu überall der abstoßende Geruch von Desinfektionsmitteln und Chlorini. Und das waren nur die guten Tage. An den schlechten Tagen – allen unregelmäßigen Kalendertagen – war allein schon der Weg durchs Foyer die Hölle, denn an diesen Tagen war die Ambulanz geöffnet, und weil die Räumlichkeiten der Erstaufnahme offenbar nicht ausreichten für den Ansturm, waren die Kranken an diesen Tagen überall, so kam es Zakos vor. Er musste sich seinen Weg regelrecht durch ein Gedränge bahnen. Krankenhäuser stimmten ihn generell melancholisch, auch in Deutschland, hier aber war es unerträglich – er hatte das Gefühl, dauerhaft schwermütig zu werden, sobald er das Gebäude betrat, und war auf dem Weg zurück ins Hotel noch lange mies gelaunt.

Viel lieber hätte er sich telefonisch nach Eddie erkundigt, doch das brachte nichts: Nie bekam er irgendjemanden an den Apparat, der Bescheid wusste, deshalb stand er dann wieder aufs Neue vor der verglasten Tür der Intensivstation, betätigte die abgegriffene Klingel und wartete dann eine Ewigkeit, bis Dr. Alexandrou oder eine ihrer Kolleginnen oder Kollegen endlich öffnete. Und wieder gab es nichts anderes zu hören, als dass Eddie sich nach wie vor im Tiefschlaf befand.

Er fuhr dann meistens direkt zurück in sein Hotelzimmer, skypte mit Zickler und las sich auf seinem Laptop Gesprächsprotokolle und Berichte der Kollegen durch, die an dem Fall mitarbeiteten, und am frühen Abend holte er sich meist etwas zum Essen rauf. Dann zog er sich ein paar Bier und zwei bis drei Spielfilme rein, bis er schlafen konnte. Bloß nicht nachdenken – Zakos war im Moment jede Ablenkung recht.

Eines Abends, als er bereits das erste Amstel geöffnet hatte, rief Alexis durch.

»Ich stehe vor deiner Tür – wenn du magst, komm runter und wir gehen ein wenig durch die Stadt.«

Weil er nichts Besseres zu tun hatte, stimmte Zakos zu.

Es hatte zu nieseln begonnen, aber das schien Alexis nie zu stören. Er war wieder in seine allabendliche Routine verfallen; mit großen, regelmäßigen Schritten durchmaß er die Straßen, blieb immer nur kurz stehen, um Zakos auf irgendwas aufmerksam zu machen – einen besonders hübschen Hauseingang, eine alte Kirche, ein ausgefallenes Graffiti an einer Hauswand –, und marschierte dann wortkarg weiter.

Nach etwa eineinhalb Stunden war die Runde beendet,

Zakos war schon ein wenig müde, aber Alexis sagte, er fühle sich im Gegenteil erst jetzt wieder endlich ausgeruht.

Sie gingen dann noch in ein Lokal in der Nähe der alten Agora, saßen unter einer Markise und tranken Rakomelo, heißen Raki mit Zimt und Honig – ein Gebräu, das Zakos noch nicht kannte, das ihm aber in seiner momentanen Stimmung gute Dienste erwies: Es war stark und wirkte schnell.

»Ist wie im Winter heute«, erklärte Alexis. »Aber ich mag dieses Wetter, das ist schön gemütlich.«

»Dann musst du zu uns kommen, da ist es ständig gemütlich«, brummte Zakos und schob den Gedanken an Fani fort. Aber er wunderte sich schon ein wenig über die Griechen, die ihr normalerweise so gutes Klima nicht zu schätzen wussten.

Es wurde dann noch ganz nett. Während Zakos' nass gewordene Haare allmählich unter dem Heizstrahler trockneten, bestellten sie noch eine Runde und hingen ihren Gedanken nach. Eine ruhige und entspannte Stimmung lag über der Szenerie, der Regen prasselte nun stärker, die wenigen Gäste rückten zusammen und blieben noch lange vor den bereits leeren Gläsern sitzen, bis der Schauer nachließ. In dem Moment war schwer vorstellbar, dass dies ein Ort war, an dem sich im Sommer Hunderte von Touristen tummelten.

Nach dem zweiten Rakomelo räusperte sich Alexis umständlich und sagte, er müsse mit Zakos noch über eine Sache reden. Zakos dachte, es ginge darum, dass er ihn in jener Nacht einen *Malaka* genannt hatte, aber es war etwas ganz anderes.

»Ich weiß schon, dass ich nicht immer besonders freundlich und zuvorkommend war. Ich hätte mich besser kümmern müssen, aber ich war, nun ja – nicht besonders gut gelaunt«, sagte er. »Das ist gerade eine ziemlich schlechte Zeit.«

Zakos nickte. Er fand, der andere wirke, als wolle er das

Thema nicht vertiefen. Aber nach einer Weile fragte er trotzdem nach.

»Wieso eigentlich?«

»Scheidung«, brummelte Ekonomidis düster.

»Scheidung, Unterhaltszahlungen, ständiger Streit. Die übliche Scheiße.«

Zakos nickte mitfühlend.

»Das tut mir leid!« Er wusste nicht recht, was er sagen sollte. »Wenn du reden willst …«

Doch Alexis lachte nur spöttisch auf.

»Alles, bloß das nicht!«, sagte er. »Weißt du, nach einer gescheiterten Ehe hat man vom Reden erst mal eine Weile genug!«

Sie orderten die Rechnung, und dann verabschiedeten sie sich: Zakos wollte in sein Hotel, er war müde, aber Alexis sagte, ihm sei es noch zu früh. Er wolle noch eine kleine Runde drehen.

»Sonst liege ich wieder die ganze Nacht wach.«

Mittlerweile hatte es wieder aufgehört zu regnen, und die Temperatur wurde sofort milder. Die Luft erschien Zakos nun wunderbar, vom Regen gereinigt und klar. Er genoss den Weg zum Hotel, die vielen Menschen auf den Straßen, das lebendige Treiben in den Cafés. Er wusste, dass er Athen vermissen würde. Vielleicht hätte er Alexis doch begleiten sollen. Die letzten Tage hatte er quasi allein im Hotelzimmer verbracht, nun spürte er, was für eine Vergeudung das gewesen war, und er bekam Lust, doch noch irgendwo ein Glas Wein zu trinken. Er bog daher in eine Seitenstraße der Ermou, wo er vor einiger Zeit eine kleine Weinbar gesehen hatte und man sich mit dem Glas auch ganz unkompliziert nach draußen stellen konnte. Er ging hinein und wollte sich am Tresen um einen Rotwein anstellen, aber es war sehr voll, darum bemerkte er Fani erst, als er direkt vor ihr stand. Sie saß mit Froso an einem kleinen Tisch und erstarrte, als sie ihn sah.

Auch Zakos war ziemlich geschockt. »Was machst du denn hier?«, sagte er. »Ich dachte, du bist längst wieder weg!«

»Ach, und was hätte sie tun sollen auf Rhodos, in dem Zustand, in dem sie war?«, keifte Froso ihn an. Sie war sehr laut, und das lag nicht nur daran, dass sie die Geräusche in dem Lokal übertönen wollte: Zakos nahm an, die beiden saßen schon länger da, und Froso wirkte, als hätte sie bereits einiges getankt.

»Ich kümmere mich hier erst mal um sie, bis es ihr nicht mehr so beschissen geht, nach allem, was du ihr angetan hast. Schau sie dir doch an!«

Zakos sah sie sowieso die ganze Zeit über an. In Wahrheit sah sie alles andere als beschissen aus, allerdings wirkte sie verstört. Sie war stark geschminkt – die Augen schwarz umrandet und auf den Lippen ein dunkler Brombeerton, der hervorragend mit ihrem dunklen Teint und dem dunklen Haar harmonierte. Zakos fand sie so wunderschön wie noch nie. Trotz des vielen Make-ups, oder vielleicht gerade deswegen, wirkte sie heute allerdings fast wie ein Teenager. Niemals war sie ihm derart jung vorgekommen wie jetzt, in der kleinen Bar neben ihrer Freundin, die ebenfalls zu aufgetakelt und wie Fani noch längst nicht mal fünfundzwanzig Jahre alt war. Darum war die Sache mit ihr auch so absurd, einfach lächerlich, schoss es ihm durch den Kopf. Er war erwachsen, er trug Verantwortung, und er sollte sich auch so verhalten. Aber dieser Gedanke tröstete ihn natürlich nicht. Er fühlte sich fürchterlich.

»Fani, bitte, lass uns irgendwo anders hingehen und reden«, sagte er nach einer Weile. »Bitte, sprich mit mir!«, und Fani stand tatsächlich auf.

»Das gibt's doch wohl nicht!«, stöhnte die Freundin.

»Nur eine Minute. Ich bin gleich zurück!«, sagte Fani zu Froso, und an der Art und Weise, wie sie sprach, erkannte er, dass auch sie betrunken war. Sie schwankte regelrecht, anscheinend waren ihr außerdem die Schuhe, die sie trug, zu groß. Es waren spitze schwarze Stöckelschuhe mit dünnen Absätzen, vor dem Lokal knickte sie darin um, also schlüpfte sie kurzerhand ganz raus.

»Fani, es tut mir so leid!«, sagte er und langte nach ihrer Hand. »Ich wollte dich wirklich nicht verletzen. Ich weiß nicht, was ich sagen soll!«

Sie stand nur da, barfuß und ziemlich blau, und sah ihn an. Das Licht der Straßenlaterne hier draußen war ein wenig besser als das im Lokal, und er erkannte, dass sie doch keinen Lippenstift trug: Der Rotwein hatte ihren Mund dunkel gefärbt.

»Sag lieber nichts!«, stammelte sie nach einiger Zeit. »Ich kann gar nicht fassen, dass ich dich hier sehe!«

Plötzlich lag sie ihm in den Armen und drückte ihn fest an sich, ließ ihn unvermittelt wieder los, schluchzte einmal kurz auf und sagte: »Pass auf dich auf!«

Dann bückte sie sich etwas unbeholfen nach den Schuhen, richtete sich auf und ging zurück ins Lokal, ohne ihn noch einmal anzusehen.

Am nächsten Morgen war Eddie nicht mehr auf der Intensivstation: Die Ärzte hatten ihn aufwachen lassen, so hieß es, und ihn schließlich in einem normalen Krankenzimmer im ersten Stockwerk des Hauses untergebracht, welches ziemlich leicht zu identifizieren war: Es war das Zimmer mit dem Polizisten am Eingang.

Kamara war auch schon während des künstlichen Komas auf der Notfallstation bewacht worden, sicherheitshalber.

Allein, Zakos war gar nicht erst bis zu ihm vorgedrungen – an einem schlafenden Zeugen war er nicht interessiert. Nun aber musste er sich erst mal mit dem Kollegen auseinandersetzen, der ihn nicht kannte, und es wurden so einige Telefongespräche nötig, bis er vorgelassen wurde.

Das Zimmer, in dem der Patient lag, war eigentlich ein Zweibettzimmer, doch der Platz für das zweite Bett stand leer. Außerdem war das Fenster des Raumes vergittert, aber ansonsten schien es ein ganz normales Krankenzimmer zu sein. Allerdings war es wesentlich spartanischer eingerichtet als in deutschen Krankenhäusern, es gab kein TV-Gerät, kein Telefon, nicht mal einen Besucherstuhl. Das Linoleum am Boden war gelblich und ziemlich zerkratzt.

Eddies Gesicht war immer noch verquollen, besonders rechts, wo sein Auge fast von einer Schwellung überdeckt wurde. Er trug einen Kopfverband, auch eine der beiden Hände war bandagiert. Und er schlief, ob schon wieder oder immer noch, war schwer zu beurteilen. Wahrscheinlich war dies jetzt ein normaler Schlaf, dachte sich Zakos, und kein Koma mehr. Ob er ihn wohl einfach wecken konnte? Nach einiger Suche auf den Korridoren fand er eine Ärztin, die Dr. Alexandrous Schwester hätte sein können – sehr blass, sehr jung und sehr gestresst wie alle hier – und die bereit war, ihm zu helfen. Dr. Potamjanakis setzte sich zu dem Kranken ans Bett, ergriff seine Hand und sprach leise auf ihn ein.

Es war ein ganz allmähliches Wachwerden und kündigte sich mit einem Lächeln an, erst danach schlug Eddie seine Augen auf. Er lächelte nun noch breiter, und das war schon mal nicht schlecht, dachte Zakos. Doch dann schlief der Mann erneut ein.

Daraufhin stellte die Ärztin das Kopfende des Bettes hoch und sprach weiter leise auf den Verletzten ein. Zakos fand, dass sie ein wenig wie Fani klang. Vielleicht war das der Dodekanes-Dialekt. Zakos verband mit dem Klang ein Gefühl von Geborgenheit. Wenn er mit Fani zusammen war, war sie immer für ihn da. Sie interessierte sich für seine Gedanken und kümmerte sich um ihn, darum hatte er sich mit ihr glücklich gefühlt. Sarah dagegen war ein eher fordernder, kein fürsorglicher Mensch. Zakos schloss die Augen, lauschte der beruhigenden Stimme der Ärztin und sehnte sich mit aller Macht nach Fani. In der nächsten Sekunde hatte er sich bereits wieder im Griff.

Nun schlug auch Eddie die Augen wieder auf. Zakos sprach ihn mit gedämpfter Stimme an.

»Hallo, wie geht es?«, sagte er. »Alles okay?«

»Samuel?«, flüsterte Eddie. Er klang schwach und leise, aber man konnte ihn doch verstehen.

Die Ärztin blickte Zakos fragend an. Doch der schüttelte den Kopf. Er wusste nicht, wen Eddie meinte.

»Herr Kamara, ich heiße nicht Samuel«, wandte er sich an den Verletzten. »Mein Name ist Nick Zakos, erinnern Sie sich? Sie hatten einen Unfall …«

»Samuel!«, hauchte Eddie erneut. »Es tut so gut, dich endlich zu sehen!« Dann schloss er die Augen, legte den Kopf auf die Seite und schlief wieder ein.

Im Nachhinein war Zakos ausgesprochen enttäuscht. Eddie war vollkommen neben sich gewesen, er befand sich in einer Art Delirium und war in keiner Weise auf reale Belange ansprechbar. Offenbar war das der typische Verlauf, wenn ein Mensch tagelang in ein künstliches Koma versetzt worden war. Doch das sagte man ihm erst jetzt. Immerhin hatte Dr. Potamjanakis nun durchblicken lassen, dass es auch jetzt noch eine Weile dauern konnte, bis Eddie wieder ganz klar war.

»Wie lange?«, hatte Zakos ungeduldig nachgehakt. »Und bitte konkret. Ich kann doch hier nicht ewig warten!«

»Konkret kann man es aber eben nicht sagen!«, entgegnete sie, jetzt ein wenig spitz. »Der Mann hat ein sogenanntes Durchgangssyndrom. Das bedeutet, dass er verwirrt ist und sich in der Realität nicht zurechtfinden kann. Das kann ein paar Tage anhalten, vielleicht auch Wochen.«

Toll, dachte Zakos.

»Aber er wird wieder, oder?«, fragte er. »Er wirkte so – glücklich irgendwie.«

»Kein Wunder. Was glauben Sie, was er alles gerade intus hat«, sagte die Ärztin kühl, und als Zakos perplex guckte, fuhr sie fort. »Er wurde bei uns als suizidal eingewiesen, deswegen haben wir nun bei ihm mit Psychopharmaka begonnen«, erläuterte sie.

»Die volle Wirkung stellt sich aber erst mit der Zeit ein. Wenn er zu Ihnen überstellt wird, muss er ohnehin in eine geschlossene Psychiatrie!«

Psychiatrie! Zakos war sprachlos. Er hatte Eddie gefunden, gegen jede Wahrscheinlichkeit – aber nun war der Mann total weggetreten. Seine Anwesenheit schien derzeit nur eine physische zu sein, und wer wusste schon, wann sein Zustand es erlaubte, tatsächlich mit ihm zu kommunizieren. Es war niederschmetternd.

»Verdammte Scheiße!«, entfuhr es Zakos auf dem Weg nach draußen, so dass ein altes schwarzgekleidetes Weiblein, das gebückt vor ihm ging, sich umständlich umdrehte und ihn vorwurfsvoll ansah. Als habe sie jedes Wort verstanden. Aber das war Zakos komplett egal. Am liebsten hätte er die Frau gleich mit verflucht, und das vermaledeite Krankenhaus obendrein. Und dann bei dem Alten an der Tür eine Kippe geschnorrt. Seit Fani fort war, funktionierten die Sonnenblumenkerne nämlich nicht mehr, denn das Zeug erinnerte ihn an sie. Und das machte ihn zusätzlich schlecht gelaunt. Da läutete sein Telefon.

»Wie schön, dass ich dich erreiche«, sagte sein Vater. »Wir gehen mittagessen und fragen uns gerade, ob du Lust hast, uns zu begleiten.«

Die Pizzas in dem Lokal, in dem sie sich trafen, waren nicht nach Zakos' Geschmack. Der Teig war ihm zu dick und wabbelig, außerdem war alles viel zu fettig – Zakos schätzte seine Pizza mit hauchdünnem, knusprigen Teig. Aber er hütete sich davor, dies kundzutun, um seinen Vater und seinen Bruder nicht zu kränken – beide schwärmten nur so und sagten, dies sei die beste Pizza der Stadt, und auch Dora, die er bisher wegen ihrer schlanken Linie immer nur Mini-Portionen hatte vertilgen sehen, aß mit großem Appetit. Sie war heute an ihrem freien Samstag locker und entspannt, trug ausnahmsweise keine Stöckelschuhe, sondern flache Sandalen und Jeans und hatte auch sonst alle Vornehmheit abgelegt. Sie aß ihre Pizza aus der Hand und trank ein Bier.

Es wurde ein gemütliches und lustiges Mittagessen, und es lenkte Zakos von den Ereignissen im Krankenhaus ab. Philippos, sein Halbbruder, den er beim vergangenen Treffen nur kurz mitbekommen hatte, erwies sich als die reinste Stimmungskanone. Er erzählte Anekdoten aus der Schule und imitierte ein paar der Lehrer auf eine so komische Art und Weise, dass selbst Zakos, der die entsprechenden Lehrer gar nicht kannte, Tränen lachte. Dann erzählte Dora von einem Fall aus ihrer Kanzlei, von einem alten Ehepaar mit über achtzig Jahren, das sich nun erst scheiden lassen wollte.

»Die Frau sagte, sie wollte sich nicht trennen, solange die Kinder noch zu Hause wohnten«, erzählte sie, und dann lachte sie los: »Aber die Tochter fand keinen Ehemann! Deshalb zog sie auch nicht aus! Mit fünfzig wohnte sie immer noch bei Mama und Papa. Da hatte die alte Frau irgendwann genug und hat endlich trotzdem die Scheidung eingereicht!«

Als sie bereits beim Kaffee saßen, erklärte Zakos' Vater, warum es sich um das Lieblingslokal der Familie handelte.

»Dora und ich, wir haben uns hier kennengelernt. Das war kurz nach meiner Rückkehr nach Griechenland, und ein alter Freund führte mich mit seiner Frau hierhin aus, und dann stellte sich heraus, dass sie auch Dora dazugebeten hatten – sie war auch frisch getrennt. Sie wollten uns natürlich verkuppeln!«

»Das war so furchtbar peinlich!«, lachte Dora. »Ich ahnte ja nichts, und als ich merkte, was gespielt wurde, war mir die Sache so unangenehm, dass ich fast kein Wort mehr herausbrachte, weil ich nicht wollte, dass er denkt, ich will ihn umgarnen.«

»Deswegen dachte ich zuerst, sie wäre ein extrem zurückhaltender Mensch – da habe ich mich ziemlich getäuscht«, lächelte Zakos' Vater und griff über den Tisch nach der Hand seiner Frau. »Das war damals eine der ersten Pizzerien der Stadt, ganz was Modernes!«, fuhr er dann fort. Zakos' Bruder kicherte und zwinkerte ihm zu, und er hatte plötzlich das warme und glückliche Empfinden, angenommen zu sein als einer von ihnen.

Sie saßen im Inneren des Lokals – Zakos' Familie fand es zu windig draußen, insbesondere weil Philippos etwas erkältet war –, aber plötzlich sagte Konstantinos, er wolle kurz nach draußen, um zu rauchen, und Zakos begleitete ihn.

»Ich wusste gar nicht, dass du noch rauchst«, sagte er vor der Tür zu seinem Vater und schüttelte zu der angebotenen Marlboro, die dieser ihm entgegenstreckte, den Kopf.

»Ich rauche nur ab und zu, insgesamt nur ein paar Zigaretten pro Woche«, erklärte Zakos senior. »Als reines Genussmittel nach dem Essen oder zu einem Getränk – aber nie aus Stress. Bei Stress schmeckt es mir nicht.«

»Bei mir war das anders, ich konnte eigentlich immer rauchen, und da kommt dann insgesamt eine ganze Menge zusammen«, erklärte Nick. »Deswegen habe ich auch ganz aufgehört.«

Konstantinos nickte und lächelte.

»Eine Sache wollte ich dich schon die ganze Zeit über fragen: Wie geht es eigentlich deiner Mutter?«

Zakos erzählte, dass sie schon seit Längerem am Ammersee wohnte, wo sie mit ihrem Lebensgefährten – ein und demselben schon seit vielen Jahren – zusammen einen Laden betrieb.

»Sie ist ruhiger geworden. Irgendwie ist sie endlich angekommen«, schloss er.

»Wie schön«, sagte sein Vater. »Grüße sie ganz herzlich von mir. Ich denke oft an sie und die alte Zeit.«

»Aber – bist du ihr denn gar nicht böse?«, platzte Zakos heraus – und schämte sich, weil er ein wenig wie ein kleiner Junge geklungen hatte. Aber es war tatsächlich so: Seine ganze Jugend über hatte er geglaubt, sein Vater würde seine Mutter hassen; sie war es ja gewesen, die die Beziehung beendet hatte, und Zakos konnte sich erinnern, dass sein Vater und Dora früher manchmal abfällige Bemerkungen über sie gemacht hatten, wenn sie dachten, er bekäme es nicht mit.

»Böse? Aber nein!«, sagte Konstantinos, nun seinerseits etwas baff. »Warum sollte ich?«

Nick zuckte die Schultern.

»Mir kam es jedenfalls früher immer so vor, als hättest du einen ziemlichen Groll gegen sie«, sagte er. »Damals, als

Yiayia und Papous noch lebten. Als ich die Sommer bei euch verbrachte. Da hatte ich schon das Gefühl.«

Der Vater verstand. »Es gab tatsächlich eine Zeit, in der ich nicht gerade einverstanden mit deiner Mutter war. Das war damals, als sie anfing, in der Hotelbranche zu arbeiten und dich viel zu viel allein zu lassen. Und bald darauf ging sie auch noch ganz ins Ausland, da warst du noch nicht mal mit der Schule fertig. Das fand ich absolut verfrüht. Wir stritten damals viel am Telefon deswegen, aber sie war der Meinung, du wärst reif genug, um bereits allein zu leben. Und wenn ich dich so ansehe, denke ich heute – sie hatte wahrscheinlich recht! Du hast dich jedenfalls wunderbar entwickelt, sieh dich nur an! Und nun bist du selbst Vater. Ich bin so stolz auf dich!«

Zakos' Lächeln geriet ein wenig schief – tatsächlich war es ihm gar nicht leichtgefallen, schon so früh auf eigenen Füßen stehen zu müssen. Diese Erfahrung hatte ihn seinerzeit ziemlich geprägt. Und wahrscheinlich hing sogar die Entscheidung, zur Polizei zu gehen, damit zusammen, denn er hatte sich innerlich sehr nach Halt und Struktur gesehnt. Aber davon wollte er heute ebenso wenig sprechen wie von dem Thema Elias und Sarah.

»Doch dass deine Mutter die Beziehung beendet hat, war absolut richtig von ihr!«, sagte Konstantinos. »Natürlich! Wir passten einfach nicht zusammen, und ich muss auch zugeben, dass ich damals nicht tolerant und gelassen genug war, um andere Meinungen als meine eigene zu akzeptieren. Und deine Mutter hatte grundsätzlich fast zu allem eine andere Meinung. Sie ist nun mal – sei mir nicht böse, wenn ich es so sage – eine ziemlich eigensinnige Frau. Stark, voller Energie und Ideen. Aber eben auch, nun ja, ein bisschen stur. In einem waren wir uns aber beide einig, nämlich darin, dass es für dich besser ist, wenn du nicht in einer vergifteten und von

Konflikten belasteten Atmosphäre aufwächst. Wir wollten nicht nur wegen dir zusammenbleiben, denn das wäre eine Lüge gewesen, eine Heuchelei. Und so was halte ich auch nicht für ein gutes Vorbild für ein Kind. Obwohl das manche anders sehen, ich glaube, in Griechenland noch häufiger als bei euch.«

»Ja, ja, mitunter bis zum achtzigsten Lebensjahr, schon klar. So wie das Paar aus Doras Kanzlei«, grinste Zakos.

»Genau!«, lachte sein Vater, und sie blickten beide durch die Scheibe des Restaurants, wo Philippos seiner lachenden Mutter gerade einen Film auf seinem Handy vorführte.

»Sie ist aber auch eine starke Persönlichkeit …«, begann Zakos und machte eine Kopfbewegung in Richtung Dora.

»Oh ja, und sie ist auch manchmal eigensinnig«, bestätigte Konstantinos.

»Aber ich war beim zweiten Versuch vielleicht ein anderer. Ich wollte nicht noch mal scheitern und habe mich einfach mehr bemüht. Und sieh uns an! Den Kindern geht's prima, und Dora und ich haben uns immer noch etwas zu sagen und können die Zeit miteinander genießen. Uns geht's gut. Und wenn du dich jetzt wieder öfter blicken lässt, dann ist mein Glück absolut perfekt!«

Nach dem Essen war Zakos nicht ganz schlüssig, was er mit dem Nachmittag anfangen sollte – er wusste nur, dass er nicht das geringste Bedürfnis nach seinem Hotelzimmer in Athen verspürte. Sein Vater wollte sich außerdem noch nicht von ihm trennen – er sagte, er habe ihn lange genug vermisst und wolle möglichst die Zeit mit ihm nutzen. Deswegen verabschiedeten sich Dora und Philippos, die beide noch Erledigungen zu machen hatten, und Zakos und sein Vater fuhren mit dem Trolley zum Fährhafen und bestiegen ein Hydrofoil zur Insel Aegina.

»An den Wochenenden brauche ich einfach manchmal einen Gegensatz zu der lauten Stadt, sonst drehe ich durch«, erklärte Zakos senior. »Dann fahre ich hierher. Du wirst sehen, man kommt vollkommen runter und entspannt sich total!«

Es ging Zakos ebenso: Nach einer kurzen Fahrt von 45 Minuten wähnte man sich in einer anderen Welt. Der Ort, an dem das Boot landete, Aegina-Stadt, sah aus wie ein altes Fischerdorf mit bunten Tavernen, romantischen Cafés und einem weiß gekalkten Kapellchen an der Hafeneinfahrt. Es herrschte eine himmlische Ruhe, denn es gab kaum Verkehr. Und nun außerhalb der Hauptsaison waren auch die Lokale nur spärlich besucht. Aber Zakos' Vater sagte, hier könne man Ausschau halten nach den Polit-Größen der derzeitigen Regierung.

»Man nennt sie die Aegina-Bande: Varoufakis hat hier ein Haus und Tsipras und Kamennos sind ebenfalls ständig hier und schmieden Pläne, wie sie die Welt verändern und nebenher den Sparauflagen der EU entkommen können. Wenn sie nicht gerade mit Merkel und Schäuble in Brüssel sitzen und darum kämpfen, dass ihr uns die Schulden erlasst!«

Zakos musste grinsen. Er hatte nicht gewusst, dass es ein griechisches Äquivalent zur Toskana-Fraktion gab: die Aegina-Fraktion. Aber er konnte die Anziehungskraft der Insel nachvollziehen. Er und sein Vater wanderten zum Aphaiatempel am Ende des Orts, bewunderten die Marmorsäulen und streiften durchs Gras, und Konstantinos erklärte seinem Sohn, dies sei ein ganz spezieller Kraftort für ihn.

»Hier spüre ich regelrecht, wie ich Energie auftanke«, sagte er. »Ich glaube ganz fest daran, dass all diese antiken Stätten an besonderen Plätzen errichtet wurden. Ähnlich wie viele Kirchen, die von den Christen ja oft auch an heidnischen Gebetsstätten erbaut wurden. Das waren eben ganz besondere energetische Orte.«

»Ich wusste gar nicht, dass du so spirituell bist«, sagte Nick erstaunt.

»Spirituell? Ganz und gar nicht, nein!«, erwiderte sein Vater. »Ich bin Ingenieur und wahrscheinlich das krasse Gegenteil von spirituell. Ich dachte eher an elektromagnetische Felder oder so«, meinte er, und sie lachten.

»Jedenfalls habe ich immer das Empfinden, solche Orte tun mir gut – wenn sie nicht so überlaufen sind von Menschen wie die Akropolis.«

Zakos verstand, was er meinte, doch bei ihm selbst zeigte die Wanderung durch die antike Stätte weniger Effekt: Er wusste, er entspannte und tankte eher beim Schwimmen auf, und weil die Sonne immer noch warm schien und es fast windstill war, wagte er sich etwas später sogar ins Meer. In Boxershorts, weil er keine Badehose dabeihatte.

Zuerst war das Wasser ein regelrechter Schock – es war wesentlich kühler als auf Rhodos, und Zakos musste sich erst mal warmschwimmen, doch dann wurde es ganz angenehm und er hatte das Gefühl, die stete Bewegung bringe ihn auf eine seltsame Weise wieder ins Lot, nicht nur Rücken und Nacken, die in den Tagen im Zimmer am Computer und auf der weichen Hotelmatratze gelitten hatten, sondern auch seine Gedanken und Gefühle. Er dachte dabei an Eddie und den Tag, als sie ihn an der Mole getroffen hatten; er dachte an Alexis, den er als so abweisend empfunden hatte und der tatsächlich, ohne dass Zakos es erkannt hätte, die ganze Zeit in tiefem Kummer gefangen war. Er dachte an das Mittagessen in der Pizzeria, an die Heiterkeit der drei und das unausgesprochene Einverständnis zwischen ihnen, diese fast selbstverständliche Harmonie, die er in seiner Kindheit ebenso wenig erlebt hatte wie nun in der Beziehung zu Sarah. Und er dachte natürlich an Fani, an die Tage auf Rhodos, ihre Fahrten nach Perama und zurück und die langen Gespräche dabei, ihre Augen und die gebräunten schmalen Hände, mit denen sie so lebhaft gestikulierte, und an ihre Wut, als sie sein Hotelzimmer verließ und die Tür ins Schloss warf. Aber er hatte sie gehen lassen müssen, damit musste er nun klarkommen, sagte er sich. Es gab ja sowieso keine Zukunft für sie beide.

Als er später aus dem Wasser stieg, zitterte er vor Kälte, doch er fühlte sich ruhig und klar. Sein Vater saß an einem Metalltisch in einem Café direkt am Strand in der Sonne und hielt einen Ouzo hoch.

»Zum Aufwärmen!«, rief er ihm zu, und dann: »Ich dachte schon, du schwimmst nach Piräus zurück.« Zakos lachte und war unendlich froh, hier zu sein und seinen Vater nach so langer Zeit wiedergefunden zu haben. Ein wenig später, als er sich mit seinem Baumwollpullover abgetrocknet, seine Sachen angezogen und den Schnaps hinuntergestürzt hatte und das Zittern nachließ, um einer großen Wärme Platz zu machen, stand seine Entscheidung fest. Und er wusste, jetzt hatte er die Kraft dazu, sie durchzuziehen: die Entscheidung, Sarah zu verlassen.

Kapitel 11

Zwei Tage später, Montagmorgen, war er bereits wieder in München im Büro, und Heinrich feierte ihn als Helden.

»Zehn Millionen Griechen gibt's in Griechenland, hab's grad gegoogelt«, sagte er. »Davon knapp vier Millionen in Athen. Außerdem sind da gerade noch geschätzt eine Million Flüchtlinge im Land. Und du hast DEN! EINEN! EINZELNEN! MANN!, den wir suchen, darunter ausfindig gemacht!«

Er stand auf, um Zakos die Hand zu schütteln, besann sich dann aber angesichts seiner Beinschiene und der Gehhilfen, die am Schreibtisch lehnten, anders und sank wieder in seinen Bürolehnstuhl zurück.

»Reschpeckt!!!«, posaunte er stattdessen. Astrid, Dannecker und Zickler klatschten, Leonie, Baumgartners neue Sekretärin, lachte glockenhell, und Zakos fühlte sich entsetzlich unwohl in seiner Haut. Am liebsten wäre er wieder rückwärts aus dem Raum geflohen.

»Und genau im richtigen Moment«, fuhr Baumgartner fort. »Denn jetzt machen die da drunten bald alle Banken vorübergehend dicht, lief heute Morgen schon im Radio. Das gibt ein Chaos! Aber du bist ja jetzt hier, und das alles kümmert uns nicht! Also, noch mal: Reschpeckt!«

»Leute! Leute!«, rief Zakos beschwichtigend. »Es ist alles nicht so, wie's grad ausschaut!«

»Wieso?«, lachte Baumgartner. »Ham wir ihn, oder ham wir ihn nicht?«

»Doch, schon. Wir haben ihn!«, sagte Zakos und versuchte, zuversichtlich zu klingen.

»Na, dann ist doch alles wunderbar!«, sagte Heinrich. »Und nun, Leonie, hätt ich gern einen schönen Latte macchiato. Von der neuen Maschine. Wer noch?«

Alle hoben die Hand, und Leonie, die kaum älter als zwanzig zu sein schien und die mit ihrem extra hohen Dutt, dem ausgeprägten schwarzen Lidstrich und ihrer hautengen schwarzen Leggins eher wie eine Zirkusartistin denn wie eine Bürokauffrau wirkte, marschierte ergeben hinaus, zur neuesten Errungenschaft Heinrichs: einer chromglänzenden Kaffeemaschine. Kurz darauf erklangen röhrende Geräusche wie aus einer italienischen Espressobar.

»Du hast es ja mitbekommen, die Frau Gerlach ist nun im wohlverdienten Ruhestand, wir vermissen sie alle sehr«, sagte Heinrich, wobei der fröhliche Ton in seiner Stimme ihn Lügen strafte.

»Und seither gibt's endlich einen gescheiten Kaffee hier bei uns!« Zakos erinnerte sich, dass die alte Sekretariatsangestellte sich geweigert hatte, in ihren letzten Arbeitsjahren neumodischere Gerätschaften als eine Filterkaffeemaschine zu betätigen. Nach der Verabschiedung, die Zakos wegen des Griechenlandaufenthaltes verpasst hatte, hatte Heinrich aber offenbar keine Zeit verschwendet und umgehend – sogar aus eigener Tasche – das original italienische Gerät besorgt.

Kurz darauf brachte Leonie ein schwerbeladenes Metalltablett, wobei sie jedoch einen Gesichtsausdruck zeigte, der ahnen ließ, dass sie nicht vorhatte, Kellnerinnentätigkeiten regelmäßig auszuführen. Heinrich ignorierte allerdings ihre beleidigte Schnute, nahm sich strahlend eines der hohen Gläser mit der hellbraunen Flüssigkeit, führte es an den Mund und ließ dann ein lautes »Ahhh« ertönen.

»Da geht der Tag doch gleich ganz anders los!«, fuhr er schließlich fort, um dann noch zu erwähnen, dass die neue Mitarbeiterin von nun an regelmäßig herumgehen und Geld für das qualitativ besonders gute, aber leider auch deutlich teurere Kaffeepulver einsammeln würde.

Alle nickten dazu, nur der alte Dannecker meldete sich zu Wort.

»Also, ich würd gern verzichten«, sagte er. Dannecker war ein um die Körpermitte herum etwas starker Mann, der Karohemden und gewalkte Westen trug. Er war das Gegenteil eines jugendlichen Seniors und ging in seiner Freizeit Kegeln oder spielte Schafkopf.

»Ich nehm lieber den Filterkaffee aus dem Automaten in der Teeküche. Der schmeckt mir ehrlich g'sagt besser, und ich mag eigentlich auch gar keine Milch in meinen Kaffee …«

»Puh!«, stöhnte Zickler. »Wenn wieder keiner mitmacht, dann wird's natürlich für den Einzelnen teurer!«

»Kein Problem, Dannecker«, griff Heinrich ein. »Wenn du keine Milch trinkst, kannst du auch gern von der Laura eine Soy-Latte haben!«

Dannecker setzte einen überforderten Gesichtsausdruck auf und nuschelte etwas Unverständliches vor sich hin, und Zakos, der sich eine weitere Kaffee-Diskussion ersparen wollte, versuchte, Heinrich auf ein anderes Thema zu bringen.

»Mich wundert's eigentlich, dass du überhaupt da bist – solltest du nicht in der Reha sein?«, fragte er.

»Reha, Reha!«, murrte Heinrich abfällig. »Reha ist was für alte Weiber …«

»Er ist ausgebüxt«, erklärte Astrid in Zakos' Richtung. »Stand eines Morgens urplötzlich mit Krücken und Schiene und allem, was dazugehört, im Büro.«

»Genau!«, lachte Baumgartner munter. »Wenn ich noch einen einzigen Tag dort hätte verbringen müssen, wäre ich die Wände hochgegangen. Trotz Kreuzbandriss. Diese Zimmer! Das Essen! Die Leute! Nur Omas und Jogginghosenträger, furchtbar. Da mache ich meine Krankengymnastik lieber hier, wohne daheim in meiner schönen Wohnung, ess gut und trinke im Kommissariat original italienischen Kaffee!«

Eine Weile nippten sie alle andächtig an ihrem Getränk.

»Du, Albrecht, übrigens«, ergriff schließlich Astrid das Wort. »Bloß weil einer nicht mitmacht, wird's doch nicht für die anderen teurer. Das ist doch Schmarrn. Weil der, der nicht mitmacht, der konsumiert ja auch nicht, und deshalb bleibt's sich doch eigentlich gleich, ob der Dannecker …«

»Oh mei, oh mei, Astrid!«, stöhnte Zickler. »Du musst auch immer alles besser wissen, oder?«

»Absolut nicht! Aber man darf doch wohl noch sagen, wenn was falsch ist! Rechne doch mal!«

Und damit begann eines ihrer üblichen Wortgeplänkel. Heinrich hörte aufmerksam zu und schien sich so richtig zu amüsieren, und Zakos wurde klar, dass sein Chef das Büro wirklich vermisst haben musste. Er selbst fand das Hin und Her der beiden allerdings etwas enervierend und verlor nach kurzer Zeit die Geduld.

»Habt's ihr eigentlich nichts Wichtigeres zu besprechen?«, seufzte er.

»Schon gut, Nick!«, beschwichtigte Heinrich. »An so einem Tag wie heute kann man die Dinge auch mal kurz ein wenig lockerer angehen. Immerhin hast du ja den Fall gelöst, da können wir …«

Zakos runzelte die Stirn.

»Was hast du ihm eigentlich erzählt?«, wandte er sich an Zickler.

»Alles, was du mir gesagt hast, wieso?«, kam Albrechts verwunderte Replik. »Dass du den Afrikaner geschnappt hast, dann isser allerdings vor einen Wagen, aber er wird kommende Woche nach München transportiert ...«

»Ja, aber was noch?«

Zickler blickte ihn verständnislos an.

»Hab ich was vergessen?«, fragte er treuherzig.

»Und ob! Und zwar, dass er's nicht war!«, brauste Zakos auf. »Jedenfalls nicht zwingend. Also ist der Fall auch nicht gelöst!«

»Aha«, machte Baumgartner vorsichtig. »Aber von einem Alibi hat der Verdächtige zufällig nichts erwähnt?«

Zakos schüttelte den Kopf.

»Ja, dann wird's natürlich schwer für ihn, zu beweisen, dass er es nicht war – schließlich war er nach unserem bisherigen Kenntnisstand als Letzter bei der Ermordeten. Aber das wird sich dann später in einer Verhandlung noch zeigen. Was sagt er selber denn eigentlich zu den Anschuldigungen?«

»Chef, das ist es ja. Er ist ja gar nicht vernehmungsfähig«, erklärte Zakos. »Er hat so ein Syndrom, wegen des künstlichen Komas. Er ist total wirr im Kopf.«

»Durchgangssyndrom«, brummte Dannecker. »Kenn ich, hatte meine Schwiegermutter mal nach einer OP. Das kann mitunter einige Wochen dauern ...«

Zakos nickte.

»Und wieso hältst du ihn nicht für den Mörder, Nick?«, wandte sich sein Chef an Zakos. »Reine Gefühlssache? Oder hast du was Konkretes?«

»Leider nicht wirklich. Aber der Punkt ist folgender: Der

wusste ja nicht mal, dass die Hofreiter tot ist! Der wäre fast aus den Schuhen gekippt, als er es erfahren hat. Und es kam mir auch nicht vor, als wäre das gespielt!«, erklärte er. »Aber dass das kein Unschuldsbeweis ist, das ist mir schon klar.«

»Nein, aber wir nehmen das natürlich schon auch ernst. Aber du weißt ja, wie's ist: Täuschen kann man sich trotzdem – ein Instinkt ist kein Beweis. Und wir können außerdem jetzt schlecht die Hände in den Schoß legen und abwarten, ob er was sagt. Oder wann er was sagt. Das geht ja wohl nicht.«

»Und das bedeutet?«, fragte Zickler.

»Das bedeutet, dass wir natürlich weiter ermitteln. Solange nix anderes bewiesen ist, müssen wir davon ausgehen, dass der Mörder noch frei herumläuft. Also, Leute, los geht's, trinkt euren Kaffee aus, und macht's euch wieder an die Arbeit, ich hab jetzt gleich einen Termin mit dem Innenminister. Da schaut's dann nicht besonders gut aus, wenn wir alle hier rumhocken, als gäb's nix zu tun. Ach ja, und wenn die Leonie nachher herumgeht, dann vergesst bittschön nicht, ihr das Geld abgezählt zu geben, fürs erste Packerl italienischen Kaffee!«, fügte er dann noch abschließend zu.

Sein Büro kam Zakos nach der ganzen Zeit in Griechenland kleiner und irgendwie verstaubt vor. Durchs Fenster drang wegen einer nahen Häuserwand gegenüber nicht eben viel Licht, und außerdem war der Himmel mal wieder von undurchdringlichem Grau.

»Herrlich gemütlich«, erklang Fanis Stimme in seinem Ohr, aber er versuchte, die Erinnerung schnellstmöglich von sich zu schieben, und kümmerte sich um seine Arbeit: Er verfrachtete den Stapel Post, der sich in seiner Abwesenheit angesammelt hatte, erst mal in eine Ecke – sie zu öffnen, dafür hatte er noch keinen Nerv –, baute seinen Laptop auf, fuhr

214

den Rechner schließlich hoch und ging die neueren Berichte der Kollegen durch, um sich auf den aktuellen Stand zu bringen. Dann verschickte er eine Mail mit der Bitte um eine Zusammenkunft in einer halben Stunde, und schließlich bekam er Durst auf einen zweiten Kaffee und wanderte in Heinrichs Vorzimmer.

Vom Innenminister war noch nichts zu entdecken, stattdessen stand sein Chef auf Krücken neben der neuen Kaffeemaschine und fachsimpelte mit Zickler, der sich ebenfalls vor dem Gerät aufgebaut hatte. Zakos hörte die Begriffe Pavoni, Gaggia und »echte« Crema und beschloss, diesen real gewordenen Werbespot zu umgehen. Darum drehte er auf leisen Sohlen wieder um und ging in die Teeküche zum Automaten, wo er auf den Kollegen Dannecker traf, der ebenfalls gerade einen Kaffee ziehen wollte.

»Schau an, schau an! Versuchst du ebenfalls, der Cappuccino-Diktatur zu entkommen?« fragte dieser.

»Nicht Cappuccino. Latte macchiaaaaato, Danni«, grinste Zakos und imitierte Heinrichs Tonfall, und beide kicherten.

»Wenn du grad da bist, dann klär mich bitte auf«, wandte sich der Kollege an ihn. »Was soll das bitte sein, ein Säulatte?«

»Kaffee mit Sojamilch.«

»Um Himmels willen!« Dannecker schüttelte sich, und Zakos musste grinsen: Er konnte den älteren Herrn mit dem Trachtenjanker gut leiden. Dannecker war einfach rundum normal und auch ein bisschen altmodisch. Das hatte was Beruhigendes, fand er.

»Was denkst du eigentlich über den Hofreiter-Fall?«, interessierte er sich.

»Schwer zu sagen!«, brummte der andere. »Wir haben wirklich die ganze Zeit, wo du weg warst, unter Hochdruck dran gearbeitet. Kann dir gar nicht sagen, wie viel Spuren wir verfolgt haben. Ich hab auch selten so viele Berichte verfasst, ehrlich wahr. Aber ich hab mittlerweile starke Bedenken. Vielleicht wird das so eine Sache, wo man nie erfährt, wer's war. Oder erst Jahre später.«

»Mhm«, machte Zakos. Der Gedanke war ihm auch bereits gekommen. Das Problem war: Je länger eine Ermittlung andauerte, umso mehr sank die Wahrscheinlichkeit einer Aufklärung der Tat.

»Aber was ist deine ganz eigene Theorie?«, insistierte er.

»Wenn du's wissen willst: Ich frag mich immer: Wer hat was davon? Also davon, jemanden zu ermorden.«

»So kompliziert machst du's dir?«, meinte Zakos ironisch und lachte. »Ham sie dir das in einer Fortbildung beigebracht?«

»Nein, ohne Scheiß!«, erwiderte der Kollege. »Seien wir doch ehrlich: Meistens ist es doch so. Es ist ganz einfach. Wenn du dir alles andere wegdenkst, ist das unterm Strich der Grund für einen Mord: Wer hat einen Nutzen? Mir fällt jedenfalls kein Fall ein, wo's nicht so war.«

Zakos zuckte die Achseln.

»Jedenfalls gibt's bei der Hofreiterin niemanden, der was davon gehabt hätte. Die hatte keine Feinde. Die hatte keine Probleme. Und ein Raub oder eine Vergewaltigung war's auch nicht. Und das ist das Problem!«

»Verstehe!«, sagte Zakos. »Weißt was, jetzt hätt ich beinahe nicht mehr an meinen Kaffee gedacht! Oder willst du zuerst?«

Der andere schüttelte den Kopf und ließ ihn mit einem Zeichen vor.

»Wie wär's, wenn du uns einen von deinen griechischen braust?«, sagte er. »Den hab ich echt vermisst.«

»Au, ich glaub, ich hab gar kein Moccapulver mehr!«, sagte Zakos und sah in der Dose im Hängeschrank nach.

»Tatsache! Und außerdem: Ich selber brauche von allem Griechischen jetzt sowieso erst mal eine Pause – ich war ja jetzt lang genug drüben!«

»Kann ich mir vorstellen!«, sagte Dannecker mitfühlend. »Und Frau und Kind haben dich bestimmt auch ganz schön vermisst!«

»Logisch!«, nickte Zakos.

Der Empfang zu Hause war tatsächlich überschwänglich gewesen. Sarah tat, als hätte es niemals Streit am Telefon zwischen ihnen gegeben. Sie war sogar mit dem Kleinen an den Flughafen gefahren, um ihn abzuholen. In den vergangenen Monaten vor seiner Reise nach Griechenland war sie eigentlich ständig sauer gewesen, und ihre Oberlippe war zu einer chronisch beleidigten Schnute verzogen, nun aber war sie dermaßen nett, dass er es regelrecht komisch fand. Ständig schmiegte sie sich an ihn und sagte, wie glücklich sie sei, ihn wiederzusehen.

»Wir haben dich so furchtbar vermisst!«, sagte sie, und sie hatte sogar gekocht. Das war absolut ungewöhnlich. Normalerweise war sie wegen des anstrengenden Alltags mit dem Kind zu kaputt dazu, weshalb entweder Zakos kochte oder sie einfach ein paar Brote verspeisten. Doch nun erwarteten ihn ein thailändisches Essen und eine gute Flasche Wein. Zakos hatte allerdings das Gefühl, dies gar nicht zu verdienen, und hätte am liebsten sofort mit ihr das Gespräch gesucht. Er war fest entschlossen, die Trennung durchzuziehen.

Die Sache mit Fani wollte er Sarah allerdings nicht gestehen. Die tat nichts zur Sache, fand er, und gehörte sowieso der Vergangenheit an. Am Flughafen kurz vor seinem Abflug hatte er allerdings noch in einem schwachen Moment ihre

Porträts auf ihrem Facebook-Account angesehen, Fani mit Sonnenbrille und großem, strahlendem Lachen, Fani am Strand in Jeans und Lederjacke, die kurzen schwarzen Haare vom Wind zerzaust. Einen langen, sehnsuchtsvollen Moment war er versucht, ihre Handynummer zu wählen. Doch dann wurde sein Flug aufgerufen, und er mahnte sich zur Vernunft und schaltete sein Handy aus.

Und nun war er wieder in München, und es war wichtiger, sich auf sein Leben hier zu konzentrieren, sagte er sich. Ein Teil davon war, die Trennung von Sarah anzugehen. Aber das war nicht so leicht. Er wusste nicht, wie er beginnen und welche Worte er wählen sollte.

Und dann wachte Elias mal wieder auf, und Sarah verbrachte den Rest des Abends damit, ihn herumzutragen – und Zakos konnte sie nicht mal ablösen, denn Elias hatte regelrecht Angst vor ihm. Er schien zu fremdeln, vor seinem eigenen Vater, was Zakos traurig stimmte. Der Kleine hatte sich die ganze Zeit nach seiner Rückkehr von ihm nicht mal im Arm halten lassen, ohne loszuschreien, als habe er ihn vollkommen vergessen, und selbst der Plüschhund, den Zakos in Athen für ihn besorgt hatte, half da nicht.

Als Elias endlich in den Schlaf gefallen war und die erschöpfte Sarah mit ihm, saß Zakos noch eine Weile im Wohnzimmer, trank noch ein Glas von dem Wein und fragte sich angstvoll, ob er seinem Jungen vollkommen fremd würde, wenn er auszog, so wie es bei ihm und seinem Vater der Fall gewesen war.

Erst knappe vierzehn Tage später konnte Zakos den nach Deutschland überstellten Edward Kamara treffen, und diesmal erkannte der Mann ihn sofort. Er saß auf seinem Bett in der Wachstation der Nervenheilanstalt und stand etwas schwerfällig auf, um ihm die Hand zu geben – das Bein tat ihm offensichtlich noch weh. Die Verbände am Kopf waren fort, aber der Bereich über dem Auge, das angeschwollen gewesen war, war noch etwas verfärbt.

»Lassen Sie uns rausgehen«, sagte Eddie, schlüpfte aus den Hausschuhen – weißen dünnen Frottéhausschuhen, wie es sie in Hotels gab – und zog Turnschuhe an, die auffälligen kobaltblauen Sneakers. Nun waren sie von schwarzen Flecken verunziert, und Zakos musste daran denken, dass Eddie darin regelrecht überfahren worden war, und die schrecklichen Bilder jenes Tages zogen wieder vor seinem inneren Auge herauf.

»Rausgehen« bedeutete auf der Wachstation eine vergitterte Loggia, auf der sich die Insassen trafen. Es gab eine Holzbank, die sich über die gesamte Länge an der Wand erstreckte, Tische und Stühle und einige Aschenbecher. Sofort bekam der Afrikaner von einem Mitpatienten, einem schlaksigen jungen Mann im Kapuzenpullover, eine Zigarette angeboten, die er dankend annahm.

Zakos saß neben ihm auf der Bank und sah zu, wie Eddie den Rauch inhalierte.

»Eigentlich hatte ich vor ein paar Jahren aufgehört«, sagte Eddie, als die Zigarette schon fast aufgeraucht war.

»Ich konnte es mir nicht mehr leisten. Aber hier bekomme ich ständig Zigaretten geschenkt, und es gibt sowieso nichts zu tun. Also sitze ich viel hier draußen, rauche und schaue diese Bäume an. Sehr grün.«

Eddie sprach Englisch mit ihm. Für Zakos war das ein wenig ungewohnt, es hemmte ihn. Er hatte das Gefühl, an dem Vorfall in Perama mitschuldig zu sein, und tat sich in der fremden Sprache schwer, das Gespräch zu beginnen. Doch dann ergriff Eddie das Wort, und Zakos wurde klar, dass es für ihn noch viel schwerer war.

219

»Man hat mir erzählt, was in Griechenland passiert ist«, sagte er. »Aber ich erinnere mich nicht. Ich weiß nur noch, Sie haben mich abgeholt. Als Nächstes bin ich im Krankenhaus aufgewacht. Ich verstehe es nicht. Ich schäme mich, und es tut mir leid.«

Zakos schüttelte den Kopf. Er war derjenige, der die Verantwortung trug, so sah er es.

»Wie geht es Ihnen jetzt?«, fragte er.

Eddie drückte die Zigarette aus und lächelte betrübt.

»Das sehen Sie ja!«, sagte er und blickte sich um.

»Jetzt bin ich verrückt! Ich bin hier in einer Irrenanstalt.«

»Nein, so kann man das nicht sehen!«, beschwichtigte Zakos. »Das ist hier eine Station für Menschen, die selbstmordgefährdet sind. Nicht für Verrückte.«

Eddie nickte.

»Ich weiß schon, das haben die Ärzte auch erklärt. Aber die anderen Patienten sehen das anders. Sie klären einen sofort auf, darüber, wo man gelandet ist. Ich frage mich nur: Ist das jetzt besser als Gefängnis oder nicht?«

»Besser. Ganz bestimmt!«, antwortete Zakos mit Nachdruck. Und er hoffte, dass es auch wirklich so war. Es hatte ihm selbst ziemlich vor dem Termin hier gegraust.

Die große Anlage im Osten von München, in der Eddie nun untergebracht war, nannte sich seit ein paar Jahren Isar-Amper-Klinikum – wahrscheinlich, um die Patienten nicht zu verschrecken: Früher hatte der Komplex Nervenheilanstalt Haar geheißen. Und der Begriff »Haar« war für eingesessene Münchner das Synonym für Irrenanstalt. Zudem war die Anlage größtenteils ziemlich alt, und Zakos hatte das beklemmende Gefühl, die düstere Aura aus den Zeiten, als hier psychisch Kranke mit Elektroschocks und heißen Bädern behandelt wurden, noch zu verspüren. Zu allem Überfluss war das Gelände riesig und die Wegbeschreibungen so vertrackt, dass er ewig zwischen den Gebäuden herumgeirrt war, bis er das richtige gefunden hatte. Dabei war er auch so schon zu überarbeitet für ein Gespräch mit einem Menschen nach dessen Suizidversuch. Das erforderte viel Fingerspitzengefühl und höchste Konzentration, aber Zakos war einfach nur kaputt.

Es gab noch einen zweiten Fall, an dem sie arbeiteten. Eine Mutter und ihr erwachsener Sohn hatten den gewalttätigen Vater im Schlaf ermordet. Es gab Szenen, die hatten ihn und die Kollegen stark mitgenommen. Außerdem war es wegen dieses Falles am Abend davor im Präsidium spät geworden, und Zakos fühlte sich vor Schlafmangel noch ganz matt. Aber er musste Eddie endlich sehen und auch diesen Fall weiterbringen. Nun saß er neben ihm draußen im Raucherbereich, und beide blickten lange schweigend vor sich hin.

»Eine Frage«, sagte Eddie schließlich. »Was ist eine Wachstation?« Er sprach das Wort aus, als würde es mit ck geschrieben: Wackstation.

»Wack auf bedeutet doch wake up. Das habe ich bei Anne gelernt«, fuhr er fort. »Aber warum heißt dieser Ort so?«

»Es kommt nicht von wach sein. Sondern von bewachen, to watch«, erklärte Zakos. »Das bezieht sich auf das Fenster in dem Schlafraum. Dahinter ist immer jemand, der aufpasst – also darüber wacht –, dass niemand sich etwas antut.«

»Ach so! Und ich dachte schon fast, es hätte etwas damit zu tun, dass man die ganze Nacht wach ist«, sagte Eddie düster. »Hier ist ein Mann im selben Zimmer, der schreit die ganze Nacht. Deswegen kann man hier nicht richtig schlafen. Also: Wackstation.«

Eddie stimmte ein verhaltenes Lachen an, und Zakos fiel ein.

»Auch eine Zigarette?«, sagte Eddie dann. »Ich kann eine organisieren. Die Leute hier sind großzügig.«

Zakos verzichtete dankend. Übers Rauchen war er nun glücklicherweise hinweg, wenigstens etwas. Er fand den Qualm mittlerweile sogar ein wenig widerlich.

Der Mitpatient von vorhin ging an ihnen vorbei nach drinnen, legte aber vorher die ganze Schachtel vor Eddie auf den Tisch und bedeutete ihm, ruhig zuzugreifen und die Packung nachher mit reinzubringen.

»Da haben Sie ja noch was vor!«, sagte Zakos.

»Kein Problem.« Eddie grinste ein wenig schief und zündete sich tatsächlich gleich noch eine an.

»Es beruhigt mich. Mich stört nur der trockene Mund. Aber dieses Gefühl kommt eher von den Tabletten als hiervon«, erklärte er.

Tabletten! Natürlich. Sie hatten ihn ruhiggestellt. Und jetzt sah er es auch an dessen Blick, als hingen die Lider in manchen Momenten ein winziges bisschen zu tief.

»Was hat Ihnen Anne noch alles beigebracht? Ich meine, außer dem Wort ›wach‹?«, fragte Zakos.

»Sie war eine gute Lehrerin«, sagte Eddie. »Aber ich war ein schlechter Schüler. Wir hatten ein Buch mit ähm … jetzt fällt mir das deutsche Wort nicht mehr ein. Oder doch: Obongen.«

»Übungen?«, fragte Zakos.

»Genau. Schreiben geht. Aber das Sprechen ist kompliziert für mich. Vielleicht, weil ich nicht muss: Jeder spricht Englisch mit mir. Ich glaube, andere Flüchtlinge aus Afghanistan oder dem Iran lernen viel schneller Deutsch als ich.«

»Wie entstand der Kontakt zu Frau Hofreiter?«

Eddie schwieg und dachte nach. Mittlerweile wirkte er müde.

»Weiß nicht mehr«, sagte er langsam. »Oder doch: Eine

Frau aus dem Asylbewerberheim hat mir ihre Adresse gegeben. Es gab viele Leute, die Unterricht machten. Oder andere Sachen: ins Museum gehen. München zeigen. Waiswuastessen.«

Er lächelte Zakos an, mit diesem kleinen Lächeln, das ihm schon bei ihrer Begegnung auf der Mole aufgefallen war. Und das, wie Zakos nun wusste, nur als Höflichkeit zu deuten war und auf keinen Fall als Hinweis darauf, es ginge Eddie gut.

Eine Weile saßen sie wieder nur so da und streckten ihr Gesicht ins Licht. Plötzlich bemerkte Zakos, dass Kamara eingenickt war.

»Eddie?«, fragte er leise.

Lange kam keine Antwort, doch dann machte der Mann die Augen auf, streckte sich ein wenig und wiederholte schließlich, was er bereits am Anfang gesagt hatte.

»So grün!« Er seufzte. »Zu Hause in Sierra Leone ist es ebenfalls grün.«

»Vermissen Sie Ihre Heimat?«, fragte Zakos.

»Nein – aber das Grün. Das habe ich vermisst«, sagte Eddie. »Bei uns ist es normal, man denkt nicht darüber nach. Grün mit roter Erde. In Griechenland war nur die Erde rot, aber ohne Grün. Es tut gut, Grün zu sehen.« Er war immer leiser geworden. Er entglitt Zakos, wieder einmal. Man kam nicht weiter mit ihm.

»Eddie, hören Sie!«, sagte Zakos schnell.

»Ich komme jetzt jeden Tag hierher, wir haben viel zu tun«, erklärte er. »Ich muss alles wissen über Anne und Sie. Besonders über den letzten Tag. Alles, was Ihnen einfällt. Sie müssen mir helfen, ich brauche Sie. Ich habe ebenfalls Übungen für Sie. Besser gesagt: Hausaufgaben. Bis morgen schreiben Sie alles auf, was Ihnen einfällt über Anne und diesen letzten Tag. Auch Kleinigkeiten. Nichts ist zu unwichtig, alles kann ein wichtiger Hinweis sein. Morgen komme ich wieder, und dann reden wir.«

»Sorry«, sagte Eddie und blinzelte. »Ich bin so erschöpft. Aber natürlich helfe ich.«

Zakos hatte sich bereits verabschiedet, da fiel ihm noch etwas ein.

»Eddie! Eddie! Wer ist Samuel?«

»Samuel?«, schreckte Eddie auf. »Woher kennen Sie Samuel?« Plötzlich wirkte er wach.

»Sie haben seinen Namen erwähnt, als Sie in Griechenland im Krankenhaus aufwachten«, erklärte Zakos.

»Sie dachten, ich wäre Samuel.«

Eddie lachte auf.

»Das ist komisch! Entschuldigung. Sie sehen gar nicht aus wie Samuel. Samuel ist mein Bruder, der große Bruder. Ich habe auch noch einen jüngeren Bruder, Miles. Ich träume oft von Samuel. Eigentlich träume ich jeden Tag von ihm.«

Da wusste Zakos, dass er noch bleiben sollte. Dass nun der Moment war, an dem Eddie vielleicht Vertrauen fasste.

»Erzählen Sie mir von Samuel«, bat er und setzte sich wieder auf die Bank. »Lebt er zu Hause, in Afrika?«

Eddie schüttelte den Kopf.

»Wir drei sind schon vor Jahren weg aus Sierra Leone. Das war noch vor dem Krieg. Samuel wollte eine Technikerschule in Rom besuchen, und Miles und ich haben ihn begleitet. Miles war damals vierzehn, noch ein Kind. Wir dachten, es wird leicht für uns, wir hatten ein bisschen Geld, denn als unsere Mutter starb, erbten wir etwas. Aber es wurde nicht leicht. Das Geld war bald verbraucht. Samuel musste die Schule abbrechen. Aber er fand einen Job. Ich fand keinen. Da hörte ich von einem Mann, im Hafen von Piräus gäbe es Arbeit, und ich ging mit ihm.«

»Und die Brüder blieben zurück?«

Eddie nickte betrübt.

»Zuerst war das kein Problem. In Piräus gab es viel zu tun. Es war eine sorglose Zeit. Ich hatte schöne Anziehsachen, ich wohnte mit ein paar anderen zusammen in einer Wohnung mit Terrasse und Bad. Ich schickte Samuel manchmal Geld, für Miles. Die Arbeit im Hafen war sehr anstrengend für mich, aber gut bezahlt. Früher in Freetown arbeitete ich im Büro und nicht körperlich. Ich war Buchhalter. Aber zu Hause war jetzt Krieg. Dorthin gab es kein Zurück.«

»Was wurde aus den Brüdern?«

»Rom wurde immer schlechter für sie. Ich sagte zu Samuel am Telefon, komm zu mir. Ich helfe euch. Aber Samuel ist stolz. Er wollte sich nicht helfen lassen. Und vielleicht war er böse, dass ich ihn mit Miles alleingelassen hatte. Sie gingen nach Spanien. Und das war richtig so, das weiß ich jetzt. Die beiden arbeiten in der Landwirtschaft. Samuel hat sogar eine Frau und ein Kind. Ich denke ständig an ihn. Auch an Miles, aber noch mehr an Samuel. Ich denke an unsere Kindheit, an die Spiele, die wir spielten. Kennen Sie das mit den Kieselsteinen?«

Zakos schüttelte den Kopf.

»Das dachte ich mir. Man spielt andere Kinderspiele in Afrika als hier, das habe ich schon erfahren. Bei diesem Spiel wirft man einen Kieselstein hoch und fängt ihn wieder auf, aber während er in der Luft ist, sammelt man weitere Steinchen vom Boden auf, mit der gleichen Hand. Wer alle als Erster aufgesammelt hat, hat gewonnen. Ich habe Samuel immer besiegt, aber er war nie böse. Er hat gelacht. Ich denke so viel an Samuel, dass es oft ist, als wäre er bei mir. Ich spreche mit ihm, und er antwortet mir, in meinen Gedanken.«

»Können Sie ihn anrufen? Hat er Telefon?«, fragte Zakos.

»Ja, ja«, sagte Eddie. »Aber ich mache es nicht oft. Einmal im Jahr. Im echten Leben sprechen wir kaum.«

»Wenn es an den Handygebühren liegt – ich bin sicher, dass sich da was arrangieren lässt«, sagte Zakos. »Wenn Sie wollen, rufen Sie ihn von meinem Handy aus an!«

»Das ist nicht das Problem«, sagte Eddie. »Wir sprechen nicht, denn das ist zu schwer. Es tut mir einfach zu weh.«

Kapitel 12

Tags darauf hatte Zakos eine Schachtel Zigaretten dabei. »Nehmen Sie sie schnell, sonst rauche ich sie!«, sagte er zu Eddie. »Ich habe nämlich erst vor kurzem aufgehört, und es war gar nicht so einfach, die Packung heil hierher zu bringen.«

Ab und an überkamen ihn doch noch Wellen von Nikotinsucht, besonders wenn er unter Stress stand. So wie heute: Er musste ins Präsidium, aber Elias, der sich mittlerweile zum Glück wieder an seinen Papa gewöhnt hatte, wollte sich nicht anziehen lassen, und Sarah war auf einem Kongress in Wien. Als Zakos den Kleinen endlich fertig gemacht und in der Krippe abgeliefert hatte, rief die Babysitterin an, die Elias um 15 Uhr abholen sollte, und sagte wegen Grippe ab. Zakos telefonierte wie wild herum auf der Suche nach Ersatz. Vergeblich. Da hätte er die Zigarettenpackung am liebsten aufgerissen und schnell eine inhaliert. Aber insgesamt kamen solche Anwandlungen nicht mehr häufig vor, und so blieb das Päckchen unversehrt.

Eddie zündete sich sofort eine an. Dann winkte er den Mann von gestern herbei, der ebenfalls wieder hier stand, und gab ihm die Hälfte des Inhaltes ab. Plötzlich plagte Zakos ein bisschen das schlechte Gewissen.

»Sagen Sie später aber nicht, ich hätte Sie süchtig gemacht«, witzelte er.

»Keine Sorge, ich werde nicht abhängig«, beruhigte ihn Eddie. »Ich kenne eine einfache Entwöhnungskur: kein Geld, kein Nikotin.«

Sie lachten so, dass ihnen die Tränen die Wangen herunterliefen, vollkommen hysterisch, so dass alle in der Loggia sich nach ihnen umdrehten, und Zakos spürte, wie gut ihm das tat. Er hatte Angst gehabt, Eddie wäre nach dem so privaten Ton vom Vortag peinlich berührt und verlegen, aber die Anspannung zwischen ihnen verschwand. Schließlich schlug Eddie sein Ringbuch auf.

»Ich habe sehr fleißig Obongen gemacht. Nein: Öbongen!« Er grinste, und Zakos hätte fast wieder losgeprustet.

»Oder soll ich Ausausgaben sagen?«, witzelte Eddie weiter, und stöhnte dann auf: »Diese Sprachen – furchtbar! Erst Italienisch, dann Griechisch, dann Dari und Deutsch – in meinem Kopf geht alles durcheinander!«

»Dari? Spricht man das nicht in Afghanistan?«, fragte Zakos unsicher.

Eddie nickte.

»In der Unterkunft in München waren viele aus Afghanistan. Da muss man ein bisschen Dari lernen, wenn man kommunizieren will.«

»Wenn Sie wollen, sprechen wir Griechisch miteinander.« Zakos war darin etwas sicherer als im Englischen. Doch Eddie schüttelte den Kopf.

»Lieber nicht, das kann ich auch nicht so richtig. In den Häfen kommunizieren alle auf Englisch, da lernt man die Landessprachen nun nicht gerade perfekt.«

Zakos nickte.

»Was haben Sie auf der Mole eigentlich gemacht?«

»Gelebt. Überlebt. Wie Sie wollen. Manchmal hatte ich dort einen Job. Es gab zum Beispiel zwei Männer auf Nachbarbooten, Griechen, die zum Tauchen runtergehen. Sie machen mit elektrischen Bürsten Bootswände rein. Ab und zu tauchen sie nach Ware, wenn vorne beim Containerhafen was über Bord geht. Ich habe geholfen, an Bord. Einmal die Woche, manchmal seltener. Es gab 20 Euro pro Tag. Wirklich mies, aber besser als nichts.«

»Und dann wollten Sie fort. An einen besseren Ort.«

»Eigentlich hatte ich ziemlich lange gehofft, dass in Griechenland wieder alles besser wird«, erwiderte der andere. »So wie früher. Aber das passierte nie. Es wurde schlimmer, wegen der Neonazis in Perama. Die haben es auf Refugees abgesehen. Die meisten Leute in Perama sind aber gegen die Neonazis. Sie haben uns geschützt. Wenn es irgendwo in der Gegend Probleme gab, meldeten sie per Handy Alarm. Dann machten wir die Fenster der Boote dicht und verhielten uns ruhig.«

Er sah ihn an, und dann lachte er auf.

»Geschockt?«, fragte er. »Warum? Das gibt es hier doch auch! Das habe ich gelesen, im Internet.«

»Lesen Sie auf Deutsch?«, fragte Zakos.

»Nein, dazu kann ich es nicht gut genug. Ich lese online die *Ektahimerini*, weil sie auf Englisch ist, und den *Guardian*. Und dies und das, was so gepostet wird.«

Zakos war überrascht und hoffte, Eddie hätte es nicht bemerkt. Aber warum wunderte er sich? Der Mann war ursprünglich Buchhalter, man durfte ihn nicht unterschätzen – auch wenn sein letzter Wohnort unter Obdachlosen auf einem alten Kahn gewesen war.

»Ich lese eigentlich die ganze Zeit. Magazine, Zeitungen. Meistens online, was ich finden kann«, sagte Eddie. »Ich mag nur keine Romane, denn erfundene Geschichten interessieren mich einfach nicht. Keiner von uns Brüdern mag Bücher. Sehr zum Leidwesen unserer Mutter, denn sie war Lehrerin. Aber ich schweife ab: Eines Tages sprach ein Freund mich an, Mori. Ein Mann aus dem Boot. Er war krank. Er hat es nie ausgesprochen, aber ich denke, es war Lungenkrebs. Deswegen wollte er aus Griechenland fort. Er sagte, das sei besser für ihn. Er hatte Geld gespart und bat mich, die Reise zu organisieren. Ich habe über Internet den Fahrer gefunden und alles geplant, und dafür nahm Mori mich mit, sein Geld reichte für zwei.«

»Wo ist er jetzt?«, fragte Zakos.

»Im Norden, irgendwo«, sagte Eddie und blickte auf seine Hände. »Er geht seit einer Weile nicht mehr ans Telefon. Jedenfalls ist es für ihn hier besser als in Griechenland. Für mich weniger, wie man sehen kann.« Er zeigte mit dem Kinn zu den Gittern vor der Brüstung, und Zakos beeilte sich, das Thema zu wechseln.

»Eddie, fangen wir an: Woran haben Sie sich erinnert?«

Der Mann blickte auf die karierten Seiten vor ihm.

»Das Aufschreiben war gut!«, sagte er. »Ich dachte, ich weiß gar nichts mehr, aber dann fiel mir so vieles ein: Ich habe Anne kennengelernt an dem Tag, als ihr Mann ausgezogen war. Sie hat das sofort erzählt. Sie sagte, heute ist ein guter Tag. Mein Mann ist weg!«

Eddie lachte auf, deutlich zu laut. Und da erkannte Zakos es erst: Eddie war nun etwas zu überdreht. Beim letzten Mal noch diese schweren Augenlider, die offenbar fast lähmende Müdigkeit. Und nun diese Aufgedrehtheit. War das noch normal? Aber was war unter solchen Umständen, an solch einem Ort, überhaupt normal?

Eddie sprach bereits weiter, schnell und hektisch, wie heute schon die ganze Zeit.

»Ich weiß noch, was sie anhatte: einen roten Pullover. Rote

Haare, roter Pullover. Und noch was habe ich notiert.« Er zeigte auf ein unterstrichenes Wort auf seinem Block, »Schrift. Sie hatte eine sehr schöne Schrift. Weil sie Graphikerin war. Künstlerin. Sie hat auch wundervoll gezeichnet. Aber ihre Schrift war auch wie eine Zeichnung. Wenn ich später wieder in der Unterkunft war, habe ich die Schrift betrachtet und versucht, auch so zu schreiben wie sie. Ich habe die Wörter nachgemalt, um zu verstehen: Wie ist diese Frau? Ich dachte, wenn ich dieser Schrift nachspüre, erfahre ich es.« Er schüttelte belustigt den Kopf.

»Mir kommt es so vor, Sie waren nicht nur ein bisschen verliebt. Es hatte Sie ganz schön erwischt, stimmt's?«, fragte Zakos.

»Kann sein. Aber nicht lang«, erwiderte Eddie. »Liebe ist wie Rauchen.«

»Eine Sucht?«

»Ein Luxus«, sagte Eddie. »Darum musste ich aufhören. Damals wusste ich schon, ich bleibe vielleicht nicht hier.«

»Ab wann wussten Sie das?«

»Schon Wochen zuvor. Aber ich wusste es nie mit Sicherheit. Ich hoffte, es passiert einfach nicht. Es gab einen Brief, und die Berater in der Unterbringung haben gesagt, ich bin abgelehnt. Aber andere Leute dort sagten, vielleicht passiert es nicht. Man weiß es nie. Und du wartest und wartest und kannst nichts tun. Du lernst Deutsch, und weißt nie, warum. Macht das alles überhaupt Sinn?«

»Manche verstecken sich nach einer Ablehnung«, sagte Zakos. »Sie verlassen einfach die Unterkunft.«

»Das ist nicht so leicht«, wandte Eddie ein. »Wohin sollte ich denn gehen?«

»Wie war der Tag, als Sie sich das letzte Mal sahen?«, fuhr Zakos fort.

231

Eddies Blick trübte sich plötzlich. Er schwieg und wandte sich ab.

»Eddie!« Zakos berührte ihn am Arm. »Bitte, fahren Sie fort. Wie war das beim letzten Mal in Annes Haus?«

»Das letzte Mal! Und dann nie mehr …«, sagte Eddie leise. Es klang fast wie ein Liedtext.

»Was meinen Sie damit? Ich verstehe Sie nicht!«, drängte Zakos. Eddies Verfassung schien wieder umgeschlagen zu sein. Er sah ihn mit starrem Gesicht an, und als er sprach, klang die Stimme belegt und wie von weit her.

»Ich habe in Griechenland nicht mehr an Deutschland gedacht. An nichts und an niemanden mehr. Ich wollte abschließen damit. Dann kamen Sie und haben mich zurückgeholt. Ich glaube, ich verstehe erst jetzt allmählich so richtig, dass Anne tot ist und dass ich Mori nie mehr wiedersehe. Das alles ist nicht einfach für mich.« Er machte eine Pause und Zakos gab ihm Zeit. Er hatte schon gemerkt, dass dieser Mann seinen eigenen Rhythmus hatte. Ihn zu drängen brachte nichts.

»Also, der letzte Tag!«, begann Kamara, wieder mit festerer Stimme und richtete sich ein wenig auf. »Sie wusste nichts, ich hatte nicht gesagt, dass wir uns vielleicht nie wiedersehen. Ich wusste es selbst nicht mehr. Ich glaube, ich betrog mich selbst. Den Gedanken an die Abschiebung hatte ich total verdrängt.« Er machte eine nachdenkliche Pause.

»Der letzte Tag bei ihr war dann ein komischer Tag, ganz anders als sonst. Sonst waren die Kinder da. Meistens hatte Anne extra gekocht. Alle drei erwarteten mich. Es war ein gutes Gefühl. Ein warmes Haus mit sehr viel Licht. Doch diesmal machte sie nach meinem Läuten gar nicht auf. Also ging ich hinein. Ich wusste, das war okay für sie, denn die Tür war nie zu. Manchmal sogar nur angelehnt. Die beiden Jungen liefen zum Spielen rein und raus. Noah und Finn. Aber jetzt waren keine Kinder da. Es sah unordentlich aus, viel mehr als sonst. Ich ging zur Treppe und rief nach ihr, weil ich dachte, dass sie vielleicht oben ist. Und da kam sie herunter, im Pyjama. Sie hatte geschlafen. Dabei war schon Nachmittag.«

»Sie war im Schlafanzug, ganz sicher?«, fragte Zakos. »Als wir sie fanden, trug sie einen grauen Jogginganzug.«

»Ja«, sagte Eddie. »Das meinte ich. Grau. Sie sagte, die Party war toll. Schade, dass ich nicht dabei war.«

»Warum eigentlich? Sie waren doch Freunde, dachte ich«, interessierte sich Zakos.

»Ich wollte kommen. Aber in der Unterkunft war am selben Abend auch ein Fest. Es gab Essen und Bier. Ich mag das deutsche Bier, es ist sehr effektives Bier. Eines davon ist so effektiv wie drei in Griechenland. Ich war ein bisschen betrunken und vergaß die Zeit. Als ich zur U-Bahn ging, fuhr sie nicht mehr. Ich überlegte, zu Fuß zu gehen, aber dann bin ich doch zurück und ins Bett. Anne sagte: Nächstes Mal kommst du bestimmt! Und jetzt hilf mit saubermachen.«

»Das waren Sie?«, fragte Zakos. »Sie haben mit ihr saubergemacht?«

Eddie nickte.

»Ich helfe gern. Und wir brauchten Platz am Tisch. Alles war ja voller Gläser und Schmutz. Zuerst habe ich die Glastür zum Garten und die Haustür aufgemacht, zum Durchlüften. Aber der Wind blies durch das ganze Zimmer, und plötzlich war die Asche von den Aschenbechern überall. Da sagte Anne, schnell wieder zu!«

»Was hat sie getan, als Sie aufräumten?«

»Sie hat auch aufgeräumt. Sie hat eine blaue Tüte gebracht, und dann hat sie Schaufel und Besen und einen Eimer mit Wasser und einen Schwamm geholt. Wir haben Flaschen in eine Ecke am Eingang gestellt und die Gläser und Teller vom Tisch in die Spülmaschine geräumt. Ich habe unter dem Tisch ein bisschen gefegt. Nicht alles, aber so, dass man nicht schmutzig wurde. Anne hat mit dem Schwamm die Platte gewischt. Und dann haben wir uns hingesetzt.«

Eddie erzählte weiter und weiter, und Zakos erfragte jedes noch so belanglos klingende Detail. Doch es fiel ihm nichts Aufschlussreiches auf. Schließlich verabredeten sie sich für den morgigen Tag.

Die nächsten Tage verliefen ähnlich: Zakos kümmerte sich allein um seinen Sohn, machte ihn fertig für die Krippe und lieferte ihn dort ab; er fuhr zu Eddie und ins Präsidium. Später holte er den Kleinen um halb fünf aus der Krippe ab. Für Zakos war das viel zu früh – er hatte eigentlich viel zu viel zu tun. Für Elias wiederum war 16.30 Uhr viel zu spät. Normalerweise wurde er früher geholt, doch die Babysitterin war immer noch krank. Wenn Zakos endlich auf der Bildfläche erschien, weinte der Kleine bereits. Dann schlief er bei der Heimfahrt im Auto erschöpft ein. Meistens wachte er erst zwei Stunden später in der Wohnung auf, munter und glänzend gelaunt. Dann aber war er den ganzen Abend über wach. Zakos hatte Akten und den Laptop dabei, aber zum Arbeiten kam er auf diese Weise nur schwer.

Am dritten Nachmittag resignierte er. Es war hoffungslos, mit einem munteren Kleinkind an der Seite etwas schaffen zu wollen. Draußen war es jetzt warm. Das Wetter hatte den Frühling ausgelassen und war direkt zu sommerlicher Hitze gewechselt, wie in den vergangenen Jahren so oft. Zakos brachte Elias zum Spielplatz in den Park. Als es dämmerte, schob er den Buggy zu Mimi ins Lokal.

»Das glaube ich jetzt nicht!«, empfing Mimi die beiden.

»Du mit Elias hier – das gab es noch nie!« Er hob den Kleinen aus seinem Gefährt und schaukelte ihn mit ausgestreckten Armen auf und ab:

»*Agori mou! Agori mou!*«, rief er aus, und Elias fremdelte ausnahmsweise gar nicht, sondern lachte glucksend vor Vergnügen. Ein paar Minuten später hatte Mimis dreizehnjährige Tochter Annoula den Kleinen entdeckt und ihrem Vater abgenommen.

»Sie ist eine Spitzen-Babysitterin«, sagte Mimi. »Nütz es aus! Bald interessiert sie sich mehr für große Jungs als für kleine, aber dann sperre ich sie weg. Dann kommt sie in ein abgelegenes Bergdorf in Griechenland.«

Er lachte, als er Zakos' Blick sah, der sich nicht ganz sicher war, ob diese Äußerung ernst zu nehmen sei – manchmal war Mimi als Exilgrieche sittenstrenger als die Einwohner im modernen Griechenland.

»Mache ich natürlich nicht!«, beruhigte ihn Mimi sogleich. »Und jetzt trinken wir erst mal ein Bier.«

Fast alle Tische im Gartenbereich waren besetzt, doch Mimi nahm sich trotzdem Zeit. Er hatte genug Personal da und wirkte ziemlich entspannt.

»Weißt du, ich gehe alles mittlerweile lockerer an«, erklärte er Zakos.

»Ich mache jetzt nämlich Yoga!«

»Noch einer?!«, wunderte sich Zakos. »Das glaub ich jetzt nicht! Zickler macht das auch!«

»Das glaube ICH jetzt nicht!«, rief Mimi.

Die Sache war auch Zakos sonderbar vorgekommen. Doch urplötzlich hatte Zickler seine Vorbehalte gegen das Yoga fallenlassen. Er hatte nämlich bei der Recherche in dem Studio, das Anne Hofreiter besucht hatte, eine Gratis-Probestunde angeboten bekommen, und zwar just, als es in seinem Rücken ganz besonders gezwickt hatte. Dabei war er wohl bekehrt worden.

»Und, bist du jetzt spirituell erleuchtet?«, hatte Zakos sich über ihn lustig gemacht.

»Schmarrn!«, erwiderte Ali. »Mit so was hab ich nix am Hut. Es ist auch gar nicht so esoterisch, wie ich dachte. Meinem Rücken tut das Yoga wirklich gut. Und außerdem sind da lauter hübsche Frauen!«

Das hatte Zakos zugeben müssen. Er hatte Albrecht dorthin begleitet, denn er wollte auch selbst mit dem Leiter des Studios sprechen, zumal er Anne Hofreiters Freundeskreis angehört hatte. Das Studio gefiel ihm. Im Eingangsbereich duftete es zitronig, es gab eine hübsche Getränkebar, und die Räumlichkeiten erinnerten ziemlich an ein Fitnessstudio. Hugo, der Inhaber, entpuppte sich denn auch als bodenständiger Schwuler Mitte fünfzig, mit Halbglatze und gemütlichem schwäbischen Dialekt. Er hatte berichtet, dass Anne Hofreiters Freundeskreis zum Großteil aus Frauen, vielen Schwulen und nur sehr wenigen heterosexuellen Männern bestanden habe, die aber, wie Hugo sagte, entweder »hässlich, erfolglos, oder impotent« waren.

»Die waren alle nichts für Anne«, sagte Hugo. »Sie war schon eine klasse Frau! Lustig und temperamentvoll!«

»Wissen Sie, was ich komisch finde?«, hatte Zakos sich gefragt. »Dass eine so lebensbejahende Frau gar kein Interesse an einer neuen Beziehung zu haben schien!«

Das war in der Tat ungewöhnlich. Viele andere wären einer Internet-Partnerbörse beigetreten, sie hätten regelmäßig Volkshochschulkurse besucht. Sie wären in irgendeiner Form auf die Suche gegangen. Vielleicht wären sie auch nur öfter ausgegangen. Anne Hofreiter aber hatte sich offenbar lediglich für ihre Kinder, den Job, den sie von zu Hause aus betrieb, und das Yoga interessiert. Aber auch Hugo brachte – wie auch die anderen Freunde und Bekannten der Toten, die Zickler und die Kollegen bereits befragt hatten – kein Licht in dieses Mysterium. Er hatte bloß die Schultern gezuckt und Zakos einen Mango-Bananen-Smoothie ausgegeben, den er trank, während er durch ein schmales Glasfenster zum Kursraum Zickler beobachtete. Der hievte sich währenddessen in eine Körperstellung, die Zakos aus seiner Schulzeit als Kerze kannte. Es schien ihm nicht leichtzufallen. Bei Mimi konnte Zakos sich so eine Übung schon gleich gar nicht vorstellen, schon allein wegen des Gewichts. Doch wenn er es recht betrachtete, kam ihm der Freund gar nicht mehr so füllig vor wie beim letzten Treffen – vielleicht zeigte die Turnerei bereits Erfolg.

»Ich bin jetzt viel lockerer«, erklärte Mimi nun. »Nicht nur der Rücken, auch die Seele irgendwie. Früher bin ich losgerannt, wenn ein Gast noch nicht mal selber wusste, dass er noch was bestellen wollte. Das war gut fürs Geschäft, aber nicht gut für mich. Nachts bin ich immer aufgewacht. Ich dachte, es liegt am Straßenlärm. Aber es lag an mir. Ich komme jetzt besser runter. Solltest du dir auch mal gönnen. Du siehst beschissen aus!«

Zakos nickte und starrte eine Weile trübselig auf seinen Bierdeckel.

»Weißt du, das Problem ist, ich kriege im Moment eigentlich gar nichts in den Griff«, sagte er und erzählte. Von Eddie, diesem traurigen, sonderbaren Mann, bei dem er nicht recht durchblickte, und von dem Fall, bei dem er noch immer kein Ergebnis vor sich sah. Er erzählte von Elias und von seiner Hilflosigkeit im Umgang mit ihm. Er sprach von der Reise, dieser Odyssee durch ein gebeuteltes Griechenland, und von den Treffen mit seinem Vater, die ihm gezeigt hatten, wie eine funktionierende Familie tickte. Und dass ihm dadurch klargeworden war, dass die Beziehung zu Sarah niemals so harmonisch sein würde, wie er es sich wünschte.

Elias schlummerte bereits im Buggy neben ihm, als Zakos Mimi gestand, dass er sich von Sarah trennen wollte.

»Nikos, weißt du, was du da sagst?«, fragte Mimi erschrocken. »Sarah ist doch eine tolle Frau! Die Mutter deines Kindes! Vielleicht steckt ihr einfach nur in einer schwierigen Phase. Das ist der ganz normale Familienwahnsinn!«

»Die schwierige Phase hatten wir aber auch schon davor. Und mit Sarah ist sowieso alles schwierig, nicht nur wegen Elias.«

Das Hoch nach seiner Rückkehr war von kurzer Dauer gewesen. Kurz darauf hatten sie sich schon wieder in den Haaren gelegen, weil Zakos dem Kleinen eine Brezel gekauft hatte. Das löste eine Grundsatzdisskussion über gesunde Ernährung aus, die Zakos vollkommen übertrieben fand. Dass sie unterschiedlicher Meinung waren, war dabei nicht das eigentliche Problem. Nein, es war Sarahs Art, die Zakos aufregte. Sie machte aus jeder Mücke einen Elefanten. Er fühlte sich wieder wie kurz nach dem Zigarettenentzug: Die miese Laune damals kam gar nicht nur vom fehlenden Nikotin. Tatsächlich war die Krise mit Sarah der Hauptgrund, wenn es ihm schlechtging. Mittlerweile wusste er das.

Früher war Zakos mit dem Leben nicht unzufrieden gewesen. Er war fast immer eher gut als schlecht gelaunt, und der Beruf, in dem er so häufig mit schrecklichen menschlichen Schicksalen konfrontiert war, lehrte ihn, dankbar durchs Leben zu gehen. Normalerweise lief er mit einem Lächeln im Gesicht durchs Leben. Wenn er Sarahs genervten Ton hörte, senkten sich die Mundwinkel allerdings. Und Sarah war ständig genervt, sogar wenn sie mit dem Kleinen auf dem Spielplatz oder im Schwimmbad waren. Zakos hatte immer öfter das Gefühl, sie zerstöre ihm die schöne Zeit mit seinem Sohn. Es gelang einfach nie, das Zusammensein zu genießen.

Den Gedanken an Fani erlaubte er sich nicht. Nur morgens, in den kurzen Momenten zwischen dem Aufwachen und dem Weckerläuten, tauchten Bilder von ihr vor seinem inneren Auge auf. Fani, wie sie am Strand saß, in die Sonne blinzelte und vor sich hin lächelte. Einfach den Moment inhalieren – das hatte Fani gut gekonnt. Das war auch das Schöne mit ihr gewesen. Aber Fani war weit weg, mit seinem Leben hier hatte sie nichts zu tun. Nicht mal mit der Entscheidung, sich von Sarah zu trennen, hatte Fani zu tun, dachte Zakos. Für ihn waren das zwei Paar Schuhe.

Er blickte auf seinen kleinen Sohn in dem Kinderwagen neben sich. Es würde bestimmt kompliziert werden, ihn nach einer Trennung regelmäßig zu sehen. Aber man würde eine Lösung finden. Andere schafften es auch. Plötzlich durchströmte ihn ein Gefühl der Erleichterung. Es fühlte sich fast so gut an wie Glück.

Nach einer Weile gestattete die zuständige Ärztin Zakos, mit Eddie in den Park zu gehen. Eddie sagte, er brauche endlich mehr Bewegung.

»Immer nur sitzen und rauchen – das hält man nicht aus«, sagte er. Er wirkte nun etwas ausgeglichener, nicht so schlapp und müde wie in der Anfangszeit. Aber auch Eddies lustige Überdrehtheit trat nicht mehr auf. Zakos wusste nicht, wie er das finden sollte, und er fragte sich, wie Eddie normalerweise wohl war, wenn er nicht unter Medikamenteneinfluss stand.

Auch Zakos war froh rauszukommen, auch wenn er auf der Hut war: Noch einen Vorfall im Fall Kamara durfte er nicht riskieren. Doch die Wachstation fand er immer anstrengender. Am Anfang ging es noch einigermaßen. Die Räumlichkeiten waren von innen gar nicht so schlimm, die Wände in heiterem Gelb gestaltet und die Möbel in den Aufenthaltsräumen modern. Zakos kannte mittlerweile die blonde junge Polizistin in Uniform, die im Gang für Eddie abgestellt war, und wechselte stets ein paar Worte mit ihr, und das Pflegepersonal ließ ihn bereits am Eingang ohne Nachfragen vor. Die meisten der Pflegerinnen waren ebenfalls nett und eine sogar ziemlich hübsch. Eddie flirtete mit ihr. Es gab auch andere Frauen hier, denn es handelte sich um eine gemischte Station. Nur die bewachten Schlafräume waren getrennt, und die Stimmung hatte mehr von einem Krankenhaus oder einer Rehaklinik als von einer Psychiatrie. Erst allmählich realisierte man, was hier Sache war: Einige der älteren Patienten waren nicht recht ansprechbar. Eine Frau führte laute Selbstgespräche und klang so verzweifelt, dass es Zakos in ihrer Nähe ebenfalls herunterzog. Dann gab es noch einen Mann mit geröteter Haut und verlebtem Gesicht, der seine Körperfunktionen nicht mehr im Griff zu haben schien und fast immer nasse Flecken vorne auf der Jeans trug. Zakos war jedes Mal erleichtert, die Station hinter sich zu lassen, und er konnte sich vorstellen, wie belastend der Aufenthalt hier war.

In der Grünanlage außerhalb gelang es besser zu verdrängen, wo man sich befand. Zakos und Eddie drehten eine Runde um die andere. Immer wieder gingen sie den letzten Besuch von Eddie bei Anne Hofreiter durch. Und immer wieder fielen Zakos neue Fragen ein: Was hatten sie nach dem Saubermachen getan? Gesprochen. Über was? Über das Feiern. Eddie hatte von der Party erzählt, auf der er gewesen war, und Anne von ihrer Geburtstagsfeier. Was hatte sie erzählt? Die Freunde aus dem Yoga waren gekommen, Kollegen aus einer Agentur, für die sie arbeitete, und aus zwei Zeitschriften-Redaktionen, bei denen sie früher angestellt gewesen war. Auch zwei Schulfreundinnen waren gekommen. Es gab ein neues Paar im Freundeskreis, und eine Freundin hatte Liebeskummer. Ein Mann hatte sich einen schlimmen Rausch angetrunken und dann eine Weile auf der Couch geschlafen. Wer das gewesen war? Ein ehemaliger Chef.

Weiter: Was hatte Anne Hofreiter ihm zu trinken angeboten? Tee, Kaffee, Leitungswasser. Er hatte Wasser gewählt, sie ebenfalls. Sie sagte, ihr Magen sei für Kaffee noch nicht stabil genug. Später hatte sie sich noch einen Fencheltee gekocht. Für die Stimme, hatte sie gesagt. Sie war noch heiser vom Abend davor, von den Gesprächen, dem Zigarettenrauch. Die Stimme war ihr schwacher Punkt, berichtete Eddie. Das Einzige, was ihr half, war Fencheltee.

»Das war ein Schauspieler-Tipp«, sagte Eddie. »Sie hat das einmal im Fernsehen gehört.«

Zakos nickte. Es war nun schon seit Tagen fast täglich das gleiche Gespräch. Als wären sie ebenfalls Schauspieler, Eddie und er, und würden ein Theaterstück rezitieren. Allmählich wuchs bei Zakos der Überdruss. Es brachte alles nichts, dachte er, er vergeudete wahrscheinlich nur seine Zeit. Er blickte unauffällig auf die Uhr. Heute war er ausnahmsweise mal nachmittags statt morgens hier. Doch bald müsste er zurück ins Büro.

Kamara hatte den Blick auf die Uhr bemerkt. Er blieb stehen.

»Wie viel Zeit habe ich noch?«, sagte er. »Wie viele Tage fragen Sie mich weiter aus?«

Zakos wusste es nicht. Er machte sich schon keine großen Hoffnungen mehr, aber irgendwas ließ ihn weitermachen. Es war so schwer gewesen, Eddie ausfindig zu machen, und ohnehin waren alle weiteren Spuren im Sand verlaufen. Da konnte er sich noch nicht ganz eingestehen, dass all die Gespräche umsonst gewesen waren. Und noch etwas hielt ihn vom Aufgeben ab: Solange er Eddie verhörte, gab es keine Anklage. Doch danach würde alles seinen Weg gehen. Eddie war nach wie vor der Hauptverdächtige.

Am Ende der Spaziergänge setzten sie sich immer eine Weile auf eine ruhige Bank. Der Ort wirkte verträumt, in der lauen Luft lag der Duft von Lindenblüten. Es war schön. Aber das sah wohl nur er selber so, sagte sich Zakos. Für Eddie war es sicher eher ein negativ besetzter Ort.

»Offiziell sind unsere Gespräche ein Verhör«, erklärte Zakos dem Mann, und als dieser etwas erwidern wollte, machte er eine beschwichtigende Handbewegung.

»Ich weiß schon, das wirkt jetzt nicht so«, fuhr er fort. »Aber wenn Sie nicht hier sein müssten, würden wir das im Präsidium abhalten.«

Eddie nickte gefasst. »In einem Raum im Keller mit einem Spiegel, der auf der anderen Seite durchsichtig ist. In solch einem Raum?«

»Wir haben tatsächlich solche Räume«, erklärte Zakos. »Aber anders, als man vielleicht denkt, sind wir dort gar nicht so oft!« Er führte seine Gespräche lieber in normaler Umgebung, zum Beispiel in seinem Büro. Unter anderem auch deshalb, weil die Verhörräume im Präsidium tatsächlich unten waren, wo kaum ein Lichtstrahl sich hin verirrte. Die Arbeit dort ertrug Zakos nur ganz schlecht.

»Und wenn ich keinen Hinweis liefern kann, der den Verdacht von mir ablenkt, dann bleibt der Verdacht bei mir!«, mutmaßte Eddie. Zakos leugnete es nicht, das hätte keinen Sinn gehabt. Der andere war ja alles andere als unbedarft.

»Hören Sie, ich glaube tatsächlich, Sie waren es nicht!«, stieß Zakos aus. »Aber es fehlt der Beweis. Sie sind der Hauptverdächtige. Wenn wir hier zusammen nichts finden, geht es für Sie vor Gericht.«

Eddie nickte und schwieg. Plötzlich fing er von einem ganz anderen Thema an.

»Wo gehen Sie eigentlich jeden Tag hin, wenn Sie hier fertig sind? Wie sieht Ihr Leben aus?«, fragte er.

»Also, heute zum Beispiel muss ich noch Berichte schreiben«, erwiderte Zakos. »Unter anderem über unser heutiges Gespräch – und dann ...«

»Nein, ich meinte, wie leben Sie? Leben Sie mit der Frau, die damals dabei war?«

Zakos blickte ihn an, als wüsste er nicht, wen Eddie meinte.

»Die junge, die bei Ihnen war. An dem Tag in Perama.«

»Das war eine Kollegin«, sagte Zakos. »Eine Kollegin aus Griechenland. Sie lebt nicht hier.«

»Schade. Ich mochte sie«, bedauerte Eddie.

Zakos lachte.

»Eddie, ich glaube, Sie mögen viele Frauen!«, sagte er. Sie waren mittlerweile vertraut genug für so einen Ton. »Sie mögen auch eine Pflegerin, das habe ich bemerkt!«

»The Black Swan«, sagte Eddie. »So nenne ich sie. So sieht sie aus: Wie Mila Kunis in diesem Film.«

»Sie kennen ihn?«, fragte Zakos. Es war ein Thriller, den er vor ein paar Jahren im Kino gesehen hatte, und Zakos war erneut überrascht, dass Eddie und er die gängige Alltagskultur teilten. Er hatte das nicht erwartet, nicht von einem Mann, der so lange auf einem alten Kahn gelebt hatte, der obdachlos und seit Jahrzehnten illegal in Europa gewesen war. Er hatte gar nichts erwartet. Wenn er ehrlich war, hatte er noch nie wirklich über die Menschen, die so leben mussten, nachgedacht.

»Ich kenne jeden Film!«, sagte Eddie. »Wirklich. Sie wissen ja, ich hatte in den letzten Jahren zu viel Zeit und keinen Job.

In Griechenland sind Handykarten billig, die gibt's überall, und oft gibt's freies WLAN. Aber nun geht's nicht um mich, sondern um Sie. Haben Sie ein Haus, Kinder, eine Frau?«

»Ein Haus leider nicht. Ich wohne in einer Mietwohnung. Und ja, ich habe Familie, ein Kind. Einen Jungen, er heißt Elias. Er ist noch klein, etwas über ein Jahr.«

Eddie lächelte.

»Wie schön. Ich hätte auch gern Kinder und eine Frau. Das wünsche ich mir schon so lange. Früher hätte ich nie gedacht, dass ich in meinem Alter noch keine Familie haben würde. Ich bin über dreißig. Es erschien mir früher ganz normal, später einmal eine Familie zu haben.«

»Und warum ist es nicht passiert?«

»Wie denn?«, sagte Kamara fast ärgerlich. »Wer will schon einen Mann ohne Zukunft und Geld! Es gab schon Frauen, aber eher für die Nacht, nicht für den Tag. Es ist doch so: Für mich existiert das normale Leben nicht. Ich kann keine Wohnung mieten, ich kann keine Frau heiraten. Ich bin gar nicht richtig da. Wahrscheinlich haben die meisten Leute Angst vor mir. Das hat auch mit der Hautfarbe zu tun. In Athen haben wir uns manchmal einen Spaß gemacht: Wenn jemand uns so typisch auffällig unauffällig im Bus musterte, dann machten wir BAH! Und die Leute zuckten zurück. Hier habe ich das auch schon getan, und es war nicht anders als dort.«

Plötzlich fiel Zakos etwas ein.

»Sagen Sie, Eddie, wenn hier alles ausgestanden ist, warum gehen Sie dann nicht nach Sierra Leone zurück?«, fragte er. »Der Krieg ist dort doch längst vorbei! Und Ebola ist auch am Abklingen. Sie könnten wieder als Buchhalter arbeiten.«

»Aber da ist niemand mehr«, entgegnete Eddie. »Kein Mensch, der zu mir gehört. Unser Vater starb schon, als wir Kinder waren. Unsere Mutter hat uns allein durchgebracht.

Sie konnte das schaffen, sie hatte einen guten Beruf als Schulleiterin. Dann bekam sie Krebs und starb. Und heute ist keiner mehr aus der Familie im Land, nur ein entfernter Onkel. Er hat sich unser Haus in Freetown genommen und wohnt darin, und so haben wir sogar das verloren.«

»Aber wenn es Ihr Haus ist, dann haben Sie doch darauf ein Recht! Dann bekommen Sie es zurück!«, wandte Zakos empört ein, doch Eddie schüttelte den Kopf.

»In Afrika nicht. Afrika ist anders als hier! Darum bin ich von Rom aus auch nach Griechenland zurück. Nach so vielen Jahren dort kommt Griechenland mir noch am ehesten wie eine Heimat vor. Ich wollte auf das Boot, nach Perama. So schlecht es dort auch war. Und außerdem hatte ich kein Geld. Ich hatte mein Taschengeld in Deutschland nicht gespart, ich habe Dinge gekauft. Eigene Kleidung, denn ich mochte die Sachen aus der Kleiderkammer in der Unterkunft nicht. Ich kaufte gutes Rasierzeug und eine Creme gegen trockene Haut. Ich war beim Friseur, und ich ging viel aus. Ich war auf dem Oktoberfest und bei einem Fußballspiel. Ich wollte es genießen, in Deutschland zu sein, so wie ein Tourist. Nach den schlechten Jahren tat mir das so gut. Wissen Sie, mit Armut komme ich nicht zurecht. In Rom musste ich mir Geld leihen, von einem Bekannten aus der alten Zeit. Er schuldete meinem Bruder einen Gefallen. Er gab mir fünfzig Euro, mehr schaffte er nicht. Fast vierzig gingen für die Mitfahrzentrale drauf. Auf Hitchhiking hatte ich keine Lust, da nimmt dich als Schwarzen sowieso keiner mit.«

»Sie sind mit der Mitfahrzentrale nach Griechenland zurück?«, fragte Zakos verblüfft.

Eddie nickte.

»Klar. Mit Blabla-Car.«

Kapitel 13

Schließlich drängte Heinrich Baumgartner Zakos aufzugeben. Er war der Meinung, er habe sowieso schon zu viel Zeit bei der Befragung verbracht.

»Dein Engagement in allen Ehren, Nick«, sagte er. »Aber du hast nun genug Zeit investiert. Langsam musst du einsehen: Da kommt nichts dabei raus. Der Staatsanwalt sitzt mir außerdem im Nacken. Die wollen die Sache langsam mal in den Verhandlungsstatus bringen.«

»Schon klar!«, sagte Zakos. Er wusste nicht, was er erwidern sollte. Heinrich hatte ja recht.

»Nur noch heute«, bat er seinen Chef. »Ich habe einen Ausdruck von allen Gegenständen, die Kornelius' Abteilung am Tatort aufgelistet hat, und ich dachte, den zeige ich Eddie mal. Ob dem was auffällt.«

Heinrich wollte etwas erwidern, aber Zakos bremste ihn.

»Ich weiß schon, ich weiß schon«, sagte er. »Wie gesagt: nur noch heute, dieses eine Mal. Wegen dieser Liste. Sonst habe ich das Gefühl, ich hätte nicht alles versucht.«

Untertags kam er dann aber gar nicht dazu, und plötzlich war es bereits nach 17 Uhr. Zu allem Überfluss war dann auf der Autobahn Stau, und als er im Klinikum ankam, zeigte die

Uhr bereits nach sechs. Er fand Eddie auf seinem Bett, mit müden Augenlidern und trübem Blick.

»Endlich!«, sagte er, als er ihn sah, und richtete sich auf. »Ich warte schon den ganzen Tag. Ich freue mich auf den Park!«

Sie gingen ihre übliche Runde den Spazierweg entlang, dann zum Kiosk am Haupteingang, wo sie sich ein Eis besorgten. Schließlich setzten sie sich in den Schatten auf ihre Bank. Es war heiß geworden, aber hier war es luftig, und Eddie verschränkte die Arme hinter dem Kopf und streckte die Beine aus.

»Tut so gut, draußen zu sein!«, sagte er.

»Absolut!«, seufzte Zakos. »Ich war auch den ganzen Tag noch nicht an der Luft!«

Im Park konnte man vergessen, wo man sich befand, und an manchen Tagen hatte Zakos das Gefühl, er selbst entspanne sich ein wenig hier. Die Bank im Grünen war definitiv besser als ein Verhörraum. Seit es Eddie ein wenig besserging, schweiften sie zuweilen vom Thema Anne Hofreiter ab und unterhielten sich ganz normal. Zakos' eingerostetes Englisch hatte sich dadurch enorm verbessert, denn nach wie vor kommunizierten sie in dieser Sprache. Oft ging es dabei um Filme. Eddie kannte tatsächlich fast jeden Film, außerdem viele Serien. Sie sprachen sogar über Politik, die derzeit überwiegend aus Krisen zu bestehen schien: die Griechenlandkrise, die Flüchtlingskrise. Und einmal hatte Eddie lange aus seiner Kindheit erzählt: von Ausflügen ans Meer mit den Großeltern und davon, wie sich der Schulalltag gestaltet, wenn man Sohn der Direktorin ist.

»Wenn andere Schüler etwas anstellten, dann drückte meine Mutter manchmal ein Auge zu. Aber bei ihren eigenen Söhnen: niemals!«, berichtete er. »Wenn einer von uns Brüdern etwas anstellte, nahmen oft unsere Freunde die Schuld auf sich – denn sie wurden von meiner Mutter viel eher verschont.«

Dann holte Zakos die Liste hervor, die er ausgedruckt hatte. Sie war sieben Seiten lang und eng bedruckt. Eddie las sie aufmerksam durch, doch viele der Begriffe sagten ihm auf Deutsch nichts. Zakos übersetzte sie, und Eddie schrieb die englischen Ausdrücke dazu, und manchmal schaute Zakos mit seinem Handy die Übersetzungen nach: Begriffe wie *shard of glass* für Glasscherbe und *butt* für Zigarettenstummel hätte er sonst nicht parat gehabt. Die Sache nahm einige Zeit in Anspruch.

»Sprachübungen«, sagte Zakos. »Auch für mich.« Eddie grinste.

Schließlich gingen sie die Verabschiedung an jenem Tag im Haus in der Messestadt Riem noch mal durch, das x-te Mal, und Zakos hatte wieder das etwas lächerliche Gefühl, sie übten einen Theatertext. Aber loslassen konnte er immer noch nicht. Da war so ein vages Gefühl, er hätte irgendwas übersehen.

»Also: Sie brachten Ihr Glas in die Küche und nahmen auch Annes Tasse mit. Sie wollten die Spülmaschine einschalten, wussten aber nicht, wo die Tabs sind, und Anne sagte, lass nur, das mache ich gleich.«

»Mhm. Und ich wusste sowieso nicht, wie es geht. Aber egal. Dann war die Sache mit dem Essen.«

»Genau«, sagte Zakos. »Es war noch viel übrig von dem Fest, und Sie bot ihnen an, Reissalat und Brot für Sie einzupacken, aber Sie wollten nicht.« Sie waren das wieder und wieder durchgegangen, und Zakos wusste, Eddie war ein wenig gekränkt gewesen. Er hatte das Angebot, ihm etwas einzupacken, als Almosen gesehen. Es war ein Missklang zwischen ihnen eingetreten, aber Anne hatte das vielleicht gar nicht realisiert. Zakos hatte versucht, Eddie begreiflich zu machen, dass das in Deutschland üblich war, Freunden übriggebliebenes Essen mitzugeben. Eddie hatte genickt, aber er wirkte dennoch verletzt.

»Ich sagte, wir haben Essen in der Unterkunft. Das Brot war außerdem bereits hart. Aber sie sagte, mach es feucht, und lege es in den heißen Ofen, dann schmeckt es wieder frisch. Doch ich wollte kein Brot.«

»Anne hat nicht bemerkt, dass Sie gekränkt waren?«

Eddie schüttelte den Kopf.

»Nein, das wollte ich nicht. Ich war stolz. Dann läutete es draußen, ich wurde abgeholt von dem Freund aus der Unterkunft. Anne und ich sagten *Goodbye*, und sie umarmte mich. Und das war's!«

»Und das war's«, wiederholte Zakos. Er blickte in die Baumkronen über sich und sah zwei Kondensstreifen am Himmel. Sie hatten sich bereits rosa verfärbt. Morgen würde es sicher wieder warm werden, und vielleicht schaffte er es nach der Arbeit mit dem Kleinen an die Isar. Elias saß gern am Wasser, guckte den Enten zu und patschte mit den Händchen ins seichte, kalte Nass. Vielleicht schaffte Zakos das sogar heute noch, wenn er sich beeilte. Doch zuerst musste er Eddie sagen, dass es die letzte Befragung war.

»Eddie, es tut mir so schrecklich leid, aber morgen komme ich nicht mehr hierher«, sagte er. »Es ist so weit, ich bekomme für Sie keinen Aufschub mehr, ich …«

»Verstehe, verstehe, ist schon gut«, unterbrach ihn der andere.

Zakos nickte.

»Jetzt geht die Sache zum Staatsanwalt, und dann kommt alles vor Gericht. Zumindest, wenn der Amtsarzt sagt, dass Sie verhandlungsfähig sind. Aber ich glaube, Sie sind so weit.«

»So sieht's aus«, sagte Eddie. »Und ich habe schreckliche Angst davor!«

»Das ist nicht nötig«, versuchte Zakos zu beruhigen. »Wenn Sie unschuldig sind, dann zeigt sich das schon! Und wir geben natürlich ebenfalls unsere Einschätzung ab.«

»Unschuld ist keine Garantie, fürchte ich«, sagte Eddie. »Da, wo ich herkomme, jedenfalls nicht.«

Manchmal galt das leider nicht nur für Afrika. Wer kannte keine Beispiele von richterlichen Fehleinschätzungen oder falsch interpretierten angeblichen Indizien und diversen anderen Umständen, die zur Verurteilung von Unschuldigen geführt hatten. Es passierte selten, doch bei jemandem ohne Geld und Einfluss, der sich mit einem Pflichtverteidiger zufriedengeben musste, war das Risiko durchaus existent. Dies wusste Eddie ebenso wie er.

Sie standen beide auf und sahen sich an.

»Dann ist es jetzt Zeit, danke zu sagen. Sie waren nett, obwohl ich ein Verdächtiger war.«

Zakos war verlegen und wusste nicht, was er erwidern sollte. Tatsächlich gab er sich immer noch an dem Selbstmordversuch die Schuld.

»Doch, doch, keine Widerrede. Sie waren wirklich fair«, beteuerte Eddie. »Ich konnte nicht helfen, Annes Mörder auf die Spur zu kommen, so sehr ich mir das gewünscht hatte, es tut mir leid. Aber mir haben die Gespräche geholfen, mich nützlich zu fühlen.«

Er ergriff mit beiden Händen Zakos' Rechte und schüttelte sie fest.

»Aber Eddie, das ist jetzt kein Abschied! Wir sehen uns wieder, ich besuche Sie!«

Zakos brachte ihn noch nach oben und lieferte ihn ordnungsgemäß ab, das war so vereinbart, und Eddie nickte ihm noch einmal zu. Da fiel Zakos die Liste wieder ein. Er hielt sie immer noch zusammengerollt in einer Hand.

»Halt, warten Sie noch einen Augenblick, nehmen Sie das mit. Vielleicht fällt Ihnen doch noch was auf«, sagte er zu Eddie – und bereute es sogleich. Es war Zeit loszulassen. Einfach mal was gut sein zu lassen. Vielleicht sollte er auch ins Yoga gehen. Sie hatten bei Gott lange genug an jedem Detail herumgekaut, und irgendwann war eben Schluss. Aber Eddie lächelte und nahm die Liste an.

In diesen Tagen war es Zakos ständig, als würde er bereits von Sarah Abschied nehmen. Dabei waren sie noch nicht mal getrennt, und Sarah ahnte nicht, dass er sie bereits wie in einem Weichzeichner der Erinnerung betrachtete – wie sie in ihrem weißen, ärmellosen Sommerkleid neben ihm herging, das Haar hochgesteckt, den Kleinen im Arm: Die beiden waren ein schöner Anblick, die schöne, große Frau und das Kind mit den dunklen Kulleraugen, und Zakos wusste, dass es diese Bilder waren, die ihn noch davon abhielten, endlich mit ihr zu reden. Und er ahnte, dass immer eine Traurigkeit in ihm bleiben würde, darüber, dass sie es nicht miteinander geschafft hatten. Wenn sich dann aber ihr Gesicht zu der altbekannten genervten Schnute verzog und die Augenbrauen sich unzufrieden zusammenzogen, fühlte er sich in seiner Entscheidung wieder bestärkt.

Äußerlich war noch alles beim Alten, sie lebten weiter wie immer: Nach dem Treffen mit Eddie hatte er Sarah und den Kleinen abgeholt. Jetzt, wo es draußen wärmer war, wurde Sarah ihren erzieherischen Grundsätzen über regelmäßige Zubettgehzeiten doch ab und an untreu, und Zakos war erleichtert, dass sie nicht in der stickigen Wohnung sitzen mussten. Auf dem Weg schlief Elias dann im Buggy ein, und sie hatten den Abend für sich. Zakos holte eine Radlermaß, Obatzter und eine große Breze. Aber es kam kein rechtes Gespräch in Gang, stattdessen führte Sarah einen Monolog über eine ihrer Sprechstundenhilfen, über deren Unzuverlässigkeit und die Art und Weise, wie Sarahs Gutmütigkeit andauernd bestraft würde. Es war genau die Sorte Beschwerden, die Zakos nicht ausstehen konnte. Schließlich war er froh, dass es kühler wurde und Sarah vorschlug, dann mal nach Hause zu gehen.

Dort wanderte sie direkt ins Bad und ins Bett, aber Zakos setzte sich noch vor den Fernseher, und es passierte, was in letzter Zeit öfter der Fall war: Er schlief an Ort und Stelle ein. Es war nach drei Uhr morgens, als das Handy schrillte.

»Isar-Amper-Klinikum, Kriska«, meldete sich eine weibliche Stimme. »Spreche ich mit Kommissar Zakos?«

Er war auf einen Schlag hellwach.

»Ist was passiert?«, fragte er erschrocken. »Ist was mit Eddie, Edward Kamara?«

»Alles in Ordnung, keine Sorge!«, beruhigte ihn die Frau. »Ich bin heute Nacht die diensthabende Ärztin auf der Station, aber der Patient macht gerade Probleme. Er hat offenbar schon geschlafen, aber dann ist er aufgewacht und hat darauf bestanden, umgehend mit Ihnen zu sprechen. Aber nach 22.30 Uhr sind unseren Bewohnern auf der Wachstation keine Telefongespräche mehr erlaubt. Er besteht allerdings immer noch darauf!«

»Na, geben Sie ihn mir schon!«, brummte Zakos, und kurz darauf erklang Eddies aufgeregte Stimme.

»Mir ist was aufgefallen«, sagte er statt einer Begrüßung. »Auf der Liste steht kein Brot. Aber es war da!«

Zakos presste das Handy ans Ohr und fuhr sich mit der freien Hand durchs Gesicht, um richtig wach zu werden. Er konnte sich noch nicht wirklich konzentrieren.

»Ich bin ganz sicher!«, beharrte Eddie. »Als ich dort war, gab es noch sehr viel Brot. Wir hatten doch darüber gesprochen. Jemand muss es mitgenommen haben, also war noch jemand da, bevor der Mörder kam. Oder der Mörder selbst hat das Brot mitgenommen!«

Es klang sonderbar. Wer sollte schon nach einem Mord daran denken, sich trockenes Brot zum Aufbacken mitzunehmen. Es sei denn, es gäbe dafür einen ganz bestimmten Grund …

»Was war das eigentlich für ein Brot?«, erkundigte er sich.

»Kein deutsches Brot. Es war hell, wie das Brot in Griechenland. Lange Stangen.«

Zakos nickte.

»Und wo lag es? Lag es in einem Korb, oder war es in Tüten verpackt?«

»Ein bisschen verpackt«, erklärte Eddie. »Bis zur Mitte ungefähr. In Tüten aus dunkelrotem Papier.«

»Ich kümmere mich darum, keine Sorge«, sagte Zakos. »Gehen Sie wieder ins Bett. Gute Nacht!«

Er musste jetzt erst mal nachdenken. Nachdem er aufgelegt hatte, ging er in die Küche und trank ein großes Glas Leitungswasser. Sein Nacken fühlte sich vom Schlafen auf der Couch etwas steif an, aber müde war er nun nicht mehr.

Brot, dachte er. Das war doch Quatsch. Das Brot stand sehr wohl auf der Liste. Sie waren sie mit den Kollegen x-mal durchgegangen. Und zuletzt gemeinsam mit Eddie, von Zeile zu Zeile. Brot war drauf, er war sich so gut wie sicher. Er meinte fast, die Schrift vor sich zu sehen, inklusive Grammangabe. Oder dachte er das bloß? Wenn man Dinge zu häufig durchging, hatte es oft den Effekt, dass man nichts mehr wirklich wahrnahm. Vielleicht spielte die Erinnerung ihm einen Streich. Er musste sofort nachsehen.

Weil er keinen Ausdruck der Liste parat hatte, fuhr er den Laptop hoch und suchte sich die entsprechende Datei heraus. Dann holte er sich noch ein Glas Wasser und ging sie Zeile für Zeile durch. Es dauerte seine Zeit. Dann ging er sie noch mal und noch mal durch.

Kein Brot. Kein Baguette, keine Semmeln, keine Brezeln, nichts. Plötzlich verstand Zakos. Sein Herz begann zu pochen, das Blut rauschte in seinen Ohren. Er schaute auf die Uhr: fast halb fünf. Er griff nach dem Handy und rief Zickler an.

»Setz schon mal Kaffeewasser auf«, sagte Zakos in den Hörer. »Ich bin in zwanzig Minuten bei dir!«

Der Morgen war noch kühl und roch nach frischgemähtem Gras und nach Abgasen, die von einem Fahrzeug des Straßenreinigungsdienstes stammten. Der kleine orangefarbene Wagen mit den Bürsten an der Unterseite drehte besonders viele Runden vor dem Eingang des Cafés, und Zakos musste wegen des aufgewirbelten Staubs husten. Endlich zog er ab, und Zickler betätigte die Tür. Sie war nicht abgesperrt.

Warme Luft und der köstliche Duft von frischgebackenem Brot schlug ihnen im Inneren entgegen. An den bodenlangen Fenstern hatte sich unten ein kleiner Kondensstreifen gebildet. Obwohl es draußen schon hell war, war das elektrische Licht noch eingeschaltet. Anscheinend wurde hier bereits seit einer Weile gearbeitet. Es war eine heimelige Atmosphäre, die von dem Grauen, von dem sie nun Kenntnis hatten, keinerlei Ausdruck zeigte.

»Wir sind noch nicht geöffnet!«, erklang die ihnen bereits bekannte Stimme mit dem niederbayerischen Einschlag, dann wurde ein geröteter Kopf zwischen Tür und Rahmen sichtbar. Er erkannte sie sofort.

»Ah, ihr seid es! Habt ihr mal wieder hier zu tun?«, fragte er, jovial wie stets. »Ich komm sofort!«

Kurz darauf trat er aus dem hinteren Raum, der offenbar Küche und Backstube war, hervor und lächelte sie breit an.

»Kaffee Crema?«, sagte er zu Zickler, der Zakos daraufhin etwas unsicher ansah. Aber der fand, es sei nichts dagegen einzuwenden, darum nickte er. Er brauchte ohnehin noch ein wenig Zeit. Ein Kaffee und noch ein ruhiger Moment wäre gut, um sich in aller Ruhe auf die Situation einzustellen.

»Zwei bitte«, sagte er deshalb.

Der Mann nickte und machte sich an die Arbeit, und eine Weile war nur das Klappern von Geschirr und Gläsern und das heisere Prusten der Espressomaschine zu hören – einer Pavoni, wie Zakos, der nun eingeweiht war, erkannte, ähnlich, aber größer als die seines Chefs.

Als die Kaffees fertig waren, stellte der Mann sie vor sich auf die Theke, doch Zakos wollte bei dem, was nun kommen würde, nicht stehen. Er nahm Untertassen und Tassen und trug sie an einen Tisch.

»Setzen Sie sich bitte zu uns«, sagte er zu Danilo in einem Ton, der keinen Widerstand duldete.

Der Mann sah ihn fragend an, eine leichte Spur von Genervtheit im Blick. Doch dann nickte er.

»Klar, etwas Zeit hab ich noch. Wenn's hinten läutet, muss ich aber ein Blech aus dem Ofen ziehen«, sagte er. »Aber vorher mache ich mir selbst noch schnell einen Kaffee!«

Endlich saßen sie sich gegenüber. Zakos führte das heiße Getränk an seinen Mund. Es schmeckte wie immer hervorragend.

»Hat sich immer noch nichts getan bei dem Todesfall vorn im Schärenweg, stimmt's?«, fragte der Cafébesitzer und nippte ebenfalls an seiner Tasse. »In der Zeitung stand jedenfalls nichts davon. Oder ich hab's vielleicht übersehen.«

»Sie würden es sicher nicht übersehen«, widersprach Zickler. Man sah ihm an, dass seine Sympathie für Danilo erloschen war. Zicklers Gesichtsausdruck war kühl und reserviert, fast glaubte Zakos darin auch eine Spur Enttäuschung zu sehen – darüber, von dem Mann vor ihm getäuscht worden zu sein. Der gab sich nach wie vor ahnungslos, rutschte allerdings nervös auf dem Sitz herum. Zakos fiel auf, wie groß und kräftig Danilo war. Die kleine braune Kaffeetasse machte sich in seinen Händen aus wie Spielzeuggeschirr.

»Eigentlich ist jetzt noch geschlossen«, sagte Danilo und trank aus seiner Tasse. »Aber um sieben mache ich auf, da ist dann gleich einiges los. Darum: Auf geht's, fragen Sie!«

»Wir haben keine Fragen. Wir wissen Bescheid«, sagte Zakos sehr ruhig. Es war ihm selbst klar, dass er die Sache jetzt durchaus genoss. Es war, als würde er Rache nehmen für die ermordete Frau, und auch für Eddie, dem der Umstand, als Täter verdächtigt zu sein, so sehr zugesetzt hatte.

»Obwohl, eine Sache ist mir noch nicht ganz klar«, fuhr Zakos fort. »Und zwar das Warum. Das würde mich jetzt noch interessieren!«

Einen ganz kurzen Moment lang flackerte Angst in dem Blick der Mannes auf, dann hatte er sich wieder im Griff. Er schaute Zakos nun direkt ins Gesicht, als wollte er es durchdringen und seine Gedanken lesen. Dann setzte er ein Lächeln auf, nur ein klein wenig verkrampft.

»Ich verstehe Sie nicht«, sagte er. »Was meinen Sie damit?«

»Ich bin sicher, Sie verstehen uns sehr gut!«, sagte Zickler. »Und ich bin ebenso sicher, dass unser Spurenteam Hinweise finden wird. Kriminaltechnisch bleibt denen heutzutage nichts mehr verborgen, die sind echt genial«, fuhr er fort. Zakos musste über das Lob innerlich schmunzeln – in Kornelius' Anwesenheit hätte Albrecht so was nie gesagt.

»Wenn zum Beispiel auch nur eine Spur von dem Blut an jenem Tag auf Ihrer Kleidung war, dann finden die das, auch jetzt noch. Die finden sogar was, wenn die Kleidung gar nicht mehr hier ist. Auch dann hat sie hier Spuren hinterlassen. Oder wenn sie gewaschen wurde. Ich könnte mir zum Beispiel vorstellen, dass Blutflecken der Grund waren, dass Sie an jenem Tag die Schürze so super eng rumgewickelt hatten. So war es doch, oder? Des fiel mir damals sofort auf.«

Er hatte recht. Auch Zakos erinnerte sich an diese bodenlange, enge Schürze. Es war alles genau vor ihren Augen gewesen, zum Greifen nah. Nur hatten sie nichts davon geahnt. Sie hatten hier gesessen, am selben Tisch, und hatten nicht gewusst, was vorgefallen war.

»Es musste alles ganz schnell gehen. Sie eilten zurück in Ihr Café, sperrten wieder auf, aber da war dieser Fleck, oder vielleicht waren es auch mehrere. Die durfte natürlich niemand sehen!«

Mittlerweile waren zwei Einsatzfahrzeuge vor das Café gefahren, zwei uniformierte Kollegen und Astrid stiegen aus. Auch Danilo sah sie, und sein Gesicht wurde fahl.

»Blut ist sehr schwer zu verstecken, mit den Mitteln der technischen Spurensicherung können heute immer Spuren ermittelt werden«, fuhr Zickler fort. »Von Fasern ganz zu schweigen.«

Nun setzte Zakos wieder ein.

»Vor diesem Hintergrund ist es fast egal, ob die Mordwaffe gefunden wird oder nicht. Aber falls doch – eines noch am Rande: Auch darauf gibt es meist noch brauchbare Spuren. Auch wenn sie gereinigt wurde. Die Forensik ist da sehr weit. Das machen sich die meisten nicht klar.«

»Warum erzählen Sie mir das?«, fragte der Cafébesitzer, nun um eine unnahbare Miene bemüht. »Das alles interessiert mich nicht!«

»Ich teile Ihnen das mit, weil nun gleich unser Kollege Kornelius Wagner mit seinem forensischen Team anrückt und hier alles auseinandernimmt. Der gerichtliche Beschluss dazu liegt ihm vor. Er wird Ihnen den Mord an Anne Hofreiter in jedem Fall nachweisen. Da wäre es für Sie sicherlich besser, Ihr Geständnis vorher abzulegen.«

In diesem Moment klingelte es aus dem Backraum, und der Cafébesitzer richtete sich automatisch auf. Doch Zakos schüttelte den Kopf.

»Sie können sitzen bleiben«, sagte er. »Das machen jetzt andere für Sie. Danni, holst du das Blech? Bevor's hier noch brennt!«

»Klar!«, hörte man die brummige Stimme des alten Dannecker, dann ein kurzes Rumoren, schließlich das Geräusch der Ofenklappe. Natürlich hatten Zickler und er Kollegen hinten postiert, die die Backstube über den Hintereingang betreten hatten. Alles war exakt synchronisiert.

»Wahrscheinlich hatten Sie das Messer bereits dabei, als Sie Anne Hofreiter an jenem Tag aufsuchten. Oder ging es erst dort mit Ihnen durch? Nun ja, das müssen später andere herausfinden. Mich interessiert, wie gesagt, eher der Grund. Was hatten Sie davon?«

Der andere schwieg, also sprach Zakos weiter.

»Also gut, dann sage ich es Ihnen: Sie mussten sie zum Schweigen bringen. Denn Sie waren ihr Freund gewesen, Ihr Verhältnis. Es ging schon eine ganze Weile, vielleicht sogar vor der Trennung von ihrem Mann. Aber es sollte niemand erfahren.«

Das war auch der Grund, warum da kein anderer Mann

gewesen war. Und auch kein Interesse an anderen. Es war nun alles so absolut klar. Sie war nicht auf der Suche gewesen, denn sie war bereits fündig geworden. Sie hatte ihn, Danilo.

»Ist ja sehr interessant, was Sie da erzählen. Soll das eine Märchenstunde sein?«, sagte Danilo nun, griff nach einem Papiertuch aus dem Spender und tupfte ein wenig Kaffeeschaum von seinem Bart.

»Anne Hofreiter hatte ihr Büro zu Hause«, fuhr Zakos fort. »Ab und zu hat sie bei Ihnen Kaffee geholt. Da lernten Sie sich kennen. Vielleicht hat sie geklagt über ihren kleingeistigen, spießigen Mann. Sie waren anders, ein Genießertyp. Sie umschmeichelten sie. Und so kamen sie zusammen. Aber es gab ein Problem.«

»Es wird immer spannender«, sagte sein Gegenüber. »Doch jetzt möchte ich trotzdem langsam meinen Anwalt sehen.«

»Den werden Sie auch brauchen«, versetzte Zakos. »Aber davor hätte ich endlich gern eine Antwort auf meine einzige Frage: Warum?«, wiederholte er. »Warum dieser Hass? Warum die Schläge? Das vollkommen zerschmetterte Gesicht? Dreizehn Stiche in Bauch und Brust?« Er schüttelte den Kopf.

Der Barista blickte Zakos hasserfüllt an, die Augen zu schmalen Schlitzen verengt.

»All das, nur weil sie wollte, dass Sie sich endlich zu ihr bekennen? Dass alle es wissen können?«, spekulierte Zakos. »Dass die alberne Heimlichtuerei ein Ende hat? Doch dann hätte eine andere Frau es erfahren. Rosa Bohl. *Café Rosati*! Daher der Name, auf den die Gaststätte eingetragen ist, nicht wahr? Sie ist Ihre Lebensgefährtin. Sie hat Ihnen Ihre Existenz finanziert, das Café mitbezahlt.«

»Lassen Sie meine Verlobte aus dem Spiel«, sagte der Mann, die Stimme dumpf.

Zakos nickte, er hatte richtig spekuliert.

»Doch eine Sache hat Sie verraten«, fuhr er fort. »Eine Nebensächlichkeit. Ohne die wären wir wohl nie darauf gekommen: Es war kein Brot mehr im Haus.«

Der andere blickte verstört auf.

»Sie haben richtig gehört. Manchmal sind es nicht die Dinge, die da sind, sondern die, die fehlen. Und nach diesem Mord fehlte jede Spur von Brot. Ein Fest mit Salaten und Käseplatten und was auch immer ohne Ciabatta oder Baguette? Sonderbar, nicht wahr? Aber das Spurenteam fand kein Brot. Auch keine Reste von Brot. Keine Tüten und Verpackungen, in denen Brot enthalten gewesen sein könnte. Nichts, auch nicht im Müll. Denn Sie hatten alles mitgenommen und beseitigt. Sie dachten, Sie hätten auf diese Weise Ihre Spur verwischt. Doch woher sollte Anne Hofreiter ihr Brot sonst bezogen haben, wenn nicht aus dem Laden ums Eck?«

Die Luft im Café wurde langsam zu warm. Zakos überlegte, die Tür zu öffnen, doch als er hinausblickte, besann er sich: Draußen hatte sich ein Grüppchen Menschen gebildet. Mittlerweile stand auch Kornelius da, gemeinsam mit einem Mann aus seinem Team. Auch einige Passanten hatten sich vor dem Lokal postiert, von der Polizei in sicherem Abstand gehalten. Es waren zwei Mütter mit Schulkindern, die wohl noch nicht kapiert hatten, dass sie heute hier nichts kaufen konnten. Außerdem ein Mann mit Hund und ein paar Frauen im Joggingoutfit. Ein Gesicht erkannte er: Christine Zimmermann, die blonde Nachbarin, mit der er an dem windigen Mordtag hier gesessen hatte. Sie starrte durch die Fensterfront und wirkte geschockt.

»Das Brot hat alles erklärt. Es hat Sie verraten, obwohl es gar nicht mehr da war. Aber ein Zeuge hatte es noch im Haus gesehen und sich erinnert. Übriggebliebenes Brot. Verpackt in weinrote Tüten. So wie dieses Rot.«

Er zeigte auf den Serviettenhalter am Tisch, und Danilo folgte seinem Blick und starrte auf das Chrombehältnis und auf seine Hand, in der er immer noch die dunkelrote zerknüllte Serviette hielt. Dann ging ein Ruck durch seinen Körper. Er beugte sich nach unten und stieß einen Schwall Erbrochenes auf den Holzboden aus. Sie zogen die Füße weg und sprangen auf. Und dann, nach einer Weile, zerrten sie den Mann hoch und geleiteten ihn raus, wo die uniformierten Kollegen übernahmen und ihn in das Einsatzfahrzeug verfrachteten.

Zakos setzte sich mit Zickler draußen an einen Tisch. Der Himmel war klar und so blau, dass es ihn in den müden Augen schmerzte. Es würde wieder ein heißer Tag werden, das war jetzt schon zu sehen. Er fühlte sich erschöpft, aber heiter und sehr ruhig, und Zickler neben ihm summte ein wenig vor sich hin. Astrid setzte sich dazu und schwieg mit ihnen, und sie reagierten nicht mal, als sie hörten, wie Kornelius im Café ein paar Flüche wegen des besudelten Bodens ausstieß. All dies ging sie heute nichts mehr an. Ihre Arbeit war getan, nun waren andere dran. Es war ein gutes Gefühl. Nur das Brummen eines leise gestellten Handys störte den schönen Moment, und nach einer Weile fiel Zakos auf, dass es seines war.

Es war Eddie.

Zakos nahm den Anruf entgegen und sagte nur einen Satz: »Keine Sorge, jetzt wird alles gut!«

Epilog

*E*s war das letzte Mal, dass Zakos seinen Audi über das Gelände der Nervenheilanstalt steuerte, und er war darüber mehr als erleichtert: Trotz des üppigen Parks hatte ihn das Gefühl der Beklemmung hier nie ganz losgelassen, und selbst Zickler, der ihn heute begleitete und dem atmosphärische Betrachtungen meist fern waren, sagte, er fände es zum Kotzen hier, was er überflüssigerweise auch noch mit einem entsprechenden Geräusch untermauerte.

Nach wie vor hatte Zakos Eddie häufig hier besucht, und seit der Afrikaner die Wachstation verlassen und in einen offenen Wohnbereich verlegt worden war, hatte er ihn auch in die Stadt mitgenommen, zu Mimi ins Lokal. Zickler war auch ab und an dabei gewesen. Eddie und er hatten ihre gemeinsame Leidenschaft für alte Western entdeckt und eine Weile darüber rumphilosophiert, und Zakos hatte sich insgeheim über Zicklers bayerischen Einschlag im Englischen amüsiert, der John Wayne wie *Tschonn Wehien* aussprach. Dann war Mimi mit hinzugekommen, der *Tssson Uwähin* sagte, und es wurde total skurril. Aber alle hatten sich, im wahrsten Sinne, ziemlich gut verstanden an diesen schwülen, hochsommerlichen Abenden, an denen man sich im *Pirgos* mit seinen hellblauen Stühlen und den mediterranen Düften aus der Küche fast wie im echten Griechenland fühlte und nicht nur wie in einem Untergiesinger Ersatz-Hellas. Doch nun wurde es allmählich herbstlich, das Oktoberfest war in Gang, Eddie wurde aus Haar entlassen, er würde künftig in einer Asyleinrichtung in Franken untergebracht sein. Den Sommer über waren Heerscharen von Flüchtlingen am Münchner Hauptbahnhof angekommen, alle Unterkünfte in der Stadt waren mehr als ausgelastet, und die Menschen übernachteten sogar in Hallen auf Isomatten auf dem Boden. Und so war Zakos' Anliegen, Eddie doch bitte nicht in die Ferne zu verfrachten, auf taube Ohren gestoßen – zum derzeitigen Zeitpunkt könne man bei Gott keine Sonderwünsche erfüllen, hatte es bei der zuständigen Stelle geheißen, auch nicht auf Wunsch des Kommissariats. Darum waren Zakos und Zickler heute hier, um Eddie zu seinem neuen Wohnort zu fahren.

Das Wetter machte den miesen Frühling vom Anfang des Jahres gründlich wett: Nach einem Jahrhundertsommer war es im Oktober immer noch fast sommerlich warm, sogar am frühen Morgen bereits, und Zakos hätte später gern seinen Sohn gesehen, um mit ihm auf einen Spielplatz zu gehen. Elias liebte es, den Sand durch seine Fingerchen rieseln zu lassen. Aber leider war Zakos an diesem Samstag nicht dran: Sein Sohn würde dieses Wochenende bei Sarah verbringen, und Zakos würde ihn erst in ein paar Tagen treffen. Er war schon vor ein paar Wochen ausgezogen, übergangsweise in ein etwas dunkles Erdgeschoss-Apartment in München-Neuperlach. Sein Vater hatte ihn dazu ermutigt und ihn unterstützt – zumindest mit telefonischem Zuspruch. Sie standen seit der Griechenlandreise kontinuierlich in Kontakt.

Anders, als sein Sohn es erwartet hatte, war Konstantinos gar nicht überrascht gewesen von den Trennungsplänen. Er sagte, er habe ihm bei dem Treffen in Piräus, als Nick die

Handyfotos seiner kleinen Familie zeigte, angemerkt, dass keineswegs alles so harmonisch lief, wie er es darzustellen versuchte. »Auch wenn wir uns lange nicht gesehen hatten: Ich bin nun mal dein Vater«, sagte Konstantinos. »Ich kenne dich. Vergiss das nicht!«

Die erste Nacht allein im neuen Apartment war zwar hart, doch bald zeigte sich, dass der Auszug richtig war: Es ging Zakos gut, er fühlte sich zunehmend erleichtert. Die Trennung fühlte sich nicht an wie ein Scheitern, sondern wie ein Neuanfang.

Eddie kam die Treppe herunter, und als er sie sah, strahlte er – und zwar besonders in Zicklers Richtung. Albrecht und er mochten sich. Jedenfalls war er in seiner Anwesenheit meist gut gelaunt. Nun gab es ein großes Hallo und eine Menge Schulterklopfen.

»This guy!«, sagte Eddie dann und deutete mit dem Daumen auf Albrecht. »Wenn er da ist, muss ich lachen.«

Zickler machte dazu ein etwas schiefes Gesicht und zwinkerte, aber es war schon klar: Eddies Ausspruch war freundlich gemeint.

Zur Verhandlung von Danilo, der mit vollem Namen Daniel Paul hieß, musste Eddie nicht als Zeuge auftreten: Das Detail mit dem verschwundenen Brot, das zur Aufklärung des Falles geführt hatte, war nun nicht mehr so wichtig. Paul hatte gestanden, sein Anwalt hatte ihn dazu gebracht. Er plädierte auf Mord im Affekt, ob er damit durchkommen würde, war aber ungewiss. Denn die Mordwaffe war ein Messer aus dem Café-Bestand gewesen – Taucher der Polizei hatten es tatsächlich auf dem Grund des Buga-Sees entdeckt und geborgen, an einem Sommermorgen, an dem Dutzende jugendliche Schulschwänzer auf der Liegewiese herumsaßen und eine Handvoll Rentner ihre Bahnen durch das Wasser pflügten. Nun war strittig, ob Danilo schon mit dem Plan, Anne Hofreiter zu ermorden, in ihrem Haus aufgekreuzt war – und sich dazu mit einem seiner Messer gerüstet hatte – oder ob er sie ohne diesen Vorsatz besucht hatte, wie er behauptete. Dann waren sie in Streit geraten, weil sie gedroht hatte, seiner Verlobten alles zu erzählen. Da habe er im Affekt ein Messer ergriffen, das dort auf der Anrichte lag. Und zwar – dies war der Knackpunkt – zufällig genau jenes, das er selbst am Tag davor zum Brotschneiden mitgebracht hatte, gemeinsam mit dem gelieferten Baguette. So lautete seine Version. Das hieße: kein Vorsatz. Zakos bezweifelte dennoch, dass Danilo richterliche Gnade erfahren würde. Dafür war die Tat zu brutal.

Schließlich hatten sie Eddies Tasche im Kofferraum verstaut und standen noch eine Weile nur so herum, denn Eddie wollte noch eine Zigarette rauchen vor der Fahrt. Zakos suchte derweilen auf der Navigationsfunktion seines Handys nach dem Bestimmungsort: Untersteinach, nahe Kulmbach.

Er zeigte Eddie auf seinem Handy ein paar Bilder, aber da trübte sich Eddies Blick, von der Fröhlichkeit war auf einmal nichts mehr zu sehen.

»Ich weiß, ich habe es schon im Internet angeschaut«, sagte er mit plötzlich veränderter Stimme. »Es ist ein kleines Dorf. Ich habe noch nie in meinem Leben in einem Dorf gelebt.«

Nach wie vor hatte er Stimmungsumschwünge, trotz der Mittel, die man ihm hier verschrieb. Was seinen Asylantrag anging, war das wahrscheinlich ein Glück – aufgrund der nachgewiesenen psychischen Probleme stiegen seine Chancen, hierbleiben zu dürfen. Allerdings lief die Sache wahrscheinlich erst mal auf eine Duldung hinaus. So zumindest hatte Zakos die Beraterin verstanden, die er gemeinsam mit ihm besucht hatte. Eddies Begeisterung über die Duldung hielt sich in Grenzen, sosehr Zakos auch versuchte, ihn zu trösten.

»Das ist schlecht«, sagte Eddie. »Denn es bedeutet, dass ich nicht arbeiten kann. Aber ich muss arbeiten, denn dann ist das Leben normal. Ohne Arbeit ist es nicht normal, und es geht mir weiterhin schlecht.«

Eddies Leben war schon sehr lange nicht mehr normal, das wusste Zakos, und bei den Bildern von den Flüchtlingen, die nun über Griechenland und dem Balkan zu ihnen nach Deutschland strömten, war ihm nun stets auch Eddies Schicksal gewahr. Er hatte sich schon vor so langer Zeit auf den Weg gemacht. Aber eigentlich war er nirgendwo in einem richtigen Leben angekommen. Wie viele von diesen neu Ankommenden würden es hier wohl schaffen? Und wie viele würden ebenso scheitern wie er?

Sie standen immer noch vor dem Auto herum, und Eddie rauchte schon wieder. Zakos freute sich jedes Mal, dass er das selbst hinter sich hatte. Es hatte wirklich eine halbe Ewigkeit gedauert, aber mittlerweile war er endlich von der Sucht befreit, nur noch wenn er Alkohol trank, kamen Anflüge davon auf, aber nur ganz leicht.

»Also dann, packen wir's an«, sagte Zickler schließlich.

Eddie drückte die Zigarette an einem Baumstamm aus, schnipste die Kippe mit den Fingern in den Mülleimer und verschränkte die Arme über der Brust, als würde er trotz der warmen Temperaturen frieren.

»Es wird schwer, schon wieder an einem neuen Ort zu sein«, sagte er mit Grabesstimme. »Wo niemand mich kennt. Am liebsten wäre ich in Almeria, wo meine Brüder sind. Sie haben Jobs. Agriculture.«

»Agrikaltscha, not so good«, sagte Zickler. »Lot of plästik. Nick, was heißt eigentlich Treibhäuser?«

Aber Eddie hatte schon verstanden.

»Egal!«, sagte er auf Deutsch. Mittlerweile hatte er doch ein paar deutsche Wörter in seinen Sprachschatz aufgenommen.

»No, no!«, insistierte Zickler. »It's betta in Tschermany!«

»Lass gut sein, Albrecht«, sagte Zakos. Er hatte in Eddies Augen schon wieder diesen Blick aufflackern sehen. Diesen Blick wie aus einem tiefen, dunklen Tal.

Und dann hatte er plötzlich eine Idee.

Sie fuhren schon eine Weile auf der Autobahn, Eddie saß auf dem Beifahrersitz und starrte hinaus, und Zickler machte hinten ein Nickerchen, doch dann meldete er sich auf dem Rücksitz mit einem Knurren zurück.

»Ich versteh ned, warum du am Handy nachschaust und dann doch falsch fährst«, sagte er. »Des is fei nicht der richtige Weg.«

»Passt schon!«, sagte Zakos. »Du hast doch sowieso gesagt, dass du dieses Wochenende nichts Besonderes vorhast, stimmt's?«

»Nein, des passt überhaupt nicht! Des is ein vollkommener Schmarrn, wie du fährst«, sagte er. »Am besten, du fährst gleich die nächste raus und dann …«

Und plötzlich kapierte er.

»Des kannst du doch nicht machen!«, sagte er. »Du spinnst ja!«

Zakos zuckte die Schultern.

»Ich find schon, dass ich kann«, sagte er gelassen. »Ich find sogar, ich muss – weil wer weiß, wie lange die Grenzen in diese Richtung noch offen sind.«

Beim Übergang nach Österreich wurden seit einer Weile wieder alle Papiere kontrolliert, aber von Deutschland nach Frankreich in Richtung Spanien war das noch nicht der Fall.

»Aber des geht doch ned!«, machte Zickler. »Du bist doch VOLLKOMMEN durchgedreht!«

Doch Zakos konnte im Rückspiegel sein Grinsen sehen – von einem zum andern Ohr.

»Und dass wir's bis Montagmorgen niemals rechtzeitig zurückschaffen, ist dir schon auch klar, oder?«, gab Albrecht nun zu bedenken.

»Des is nämlich SAUWEIT!«

Zakos zuckte erneut die Schultern.

»Dann müssen wir Heinrich eben anrufen und irgendwas erzählen. Uns fällt schon was ein, wir haben ja jetzt Zeit zum Nachdenken!«, sagte er.

»Ich glaub es einfach nicht!«, sagte Zickler und schlug sich auf den Schenkel, doch dann stutzte er einen Moment: »Hoffentlich hab ich daheim die Kaffeemaschine ausgemacht.«

Schließlich bekam auch Eddie mit, dass etwas anders war.

»What's going on?«, fragte er verblüfft. Da war Zickler schon so aufgeregt, dass er nur noch schrie: »Eddie, my friend!«, er packte ihn von hinten an der Schulter, »we go to Spain!«

»Spain? Noooo!«, machte der andere.

Er schaute Zakos zweifelnd von der Seite an.

Zakos lächelte.

Auf einen Schlag begannen sie alle drei zu johlen und zu schreien. Und es wurde eine sehr lange, aber fröhliche Fahrt.

Stella Bettermann

Griechischer Abschied

Kommissar Nick Zakos ermittelt

Kriminalroman.
Taschenbuch.
Auch als E-Book erhältlich.
www.ullstein-taschenbuch.de

Ein deutscher Kommissar ermittelt auf einer griechischen Insel

Nick Zakos, Halbgrieche und Star der Münchner Mordkommission, ist urlaubsreif. Doch aus Ferien wird nichts, weil auf einer griechischen Insel die Leiche einer deutschen Urlauberin gefunden wird. Da es sich um die Ehefrau eines ranghohen bayerischen Politikers handelt, wird Nick um Amtshilfe gebeten. Nick ist alles andere als begeistert – Griechenland kann ihm gestohlen bleiben, seit sein Vater die Familie verlassen hat. Doch als er schließlich auf der Dodekanesinsel ankommt, erwacht seine griechische Seele zum Leben – nicht zuletzt wegen der attraktiven Inselpolizistin Fani. Und in genau diese Seele muss er eintauchen, um den äußerst verwickelten Fall zu lösen, denn griechische Rache ist süß ...

Remy Eyssen

Tödlicher Lavendel

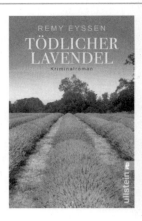

Kriminalroman.
Taschenbuch.
Auch als E-Book erhältlich.
www.ullstein-taschenbuch.de

Ein deutscher Rechtsmediziner in der Provence: Leon Ritters erster Fall

Eigentlich hatte sich Rechtsmediziner Dr. Leon Ritter auf einen entspannten Job in der Sonne gefreut. Doch kaum im Örtchen Lavandou angekommen, liegt schon sein erster Fall auf dem Tisch. Ein Mädchenmörder geht in der Provence um. Zwei weitere Mädchen sterben, und alle Spuren laufen scheinbar ins Leere. Ritter kämpft nicht nur gegen einen perfiden Mörder, sondern auch mit dem Laisser-faire der südfranzösischen Behörden. Als plötzlich die Tochter seiner Kollegin Isabell Morell entführt wird, wird es heiß in Lavandou, sehr heiß sogar. Und Ritter merkt, dass sogar sein eigenes Urteilsvermögen getrübt ist.

»Ein Roman, der Spannung mit Urlaubsgefühlen packend verbindet und in schöne Zeilen gießt.«
Rhein-Zeitung